SOCIETATI REGIÆ LONDINI
GULIELMUS HAMILTON
·BALN·ORD·EQUES·
·D · D · D·
CIƆIƆCCLXXIX·

Maurice Krafft wurde am 25. März 1946 in Mülhausen im Elsaß geboren. Als Geologe und Vulkanologe gründete er zusammen mit seiner Frau Katia, einer Geochemikerin, das Centre de Volcanologie Volcain, das sich auf die Beschreibung und Dokumentation der Erscheinungsweise vulkanischer Eruptionen spezialisierte. Während eines Vierteljahrhunderts haben die beiden Hunderte aktiver Vulkane in allen Teilen der Erde aufgesucht und studiert. Sie haben dabei einhundertfünfzig große Vulkanausbrüche aus unmittelbarer Nähe beobachtet.

Maurice und Katia Krafft sind am 3. Juni 1991 beim Ausbruch des Vulkans Unzen in Japan ums Leben gekommen. Beim Versuch, die Dynamik des wohl gefährlichsten Phänomens explosiver Vulkane, der nuées ardentes, zu dokumentieren, wurden sie von einer dieser Glutwolken erfaßt. Die vulkanologische Gemeinschaft auf der ganzen Welt war über diesen Verlust wie gelähmt, und in vielen Nachrufen wurden die Beiträge beider zum Verständnis vulkanischer Erscheinungen gewürdigt. Die vorliegende deutsche Ausgabe ihres letzten Buches sei der Erinnerung an das außergewöhnliche Lebenswerk von Maurice und Katia Krafft gewidmet.
Jörg Keller

Deutsche Textfassung und wiss. Bearbeitung: Prof. Dr. Jörg Keller

Die Deutsche Bibliothek – CIP-Einheitsaufnahme

Vulkane, Feuer der Erde: Die Geschichte der Vulkanologie / Maurice Krafft. [Dt. Textfassung, wiss. Bearb.: Jörg Keller. Red. der dt. Fassung: Ursula Behrendt-Roden]. – Ravensburg: Maier, 1993 (Abenteuer Geschichte; 32) (Ravensburger Taschenbuch)
Einheitssacht.: Les feux de la terre
ISBN 3-473-51032-7
NE: Krafft, Maurice; Keller, Jörg [Bearb.]; Behrendt-Roden, Ursula [Red.]; EST; 1. GT

ABENTEUER GESCHICHTE

Deutsche Erstausgabe als Ravensburger Taschenbuch
© 1993 Ravensburger Buchverlag Otto Maier GmbH

Die Originalausgabe erschien unter dem Titel
„Les feux de la Terre – Histoires de volcans"
© 1991 Editions Gallimard, Paris

Redaktion der deutschen Fassung: Ursula Behrendt-Roden

Alle Rechte dieser Ausgabe vorbehalten durch
Ravensburger Buchverlag Otto Maier GmbH
Satz: Eduard Weishaupt, Meckenbeuren
Printed in Italy by Soc. Editoriale Libraria

5 4 3 2 1   97 96 95 94 93

ISBN 3-473-51032-7

VULKANE, FEUER DER ERDE
Die Geschichte der Vulkanologie

Maurice Krafft

Otto Maier Ravensburg

ERSTES KAPITEL
MYTHEN UND LEGENDEN

Vulkane erzittern, grollen, explodieren, entleeren sich … Ohnmächtig gegenüber den Naturgewalten stellt sich der Volksglaube übermenschliche Kräfte aus einer übernatürlichen Welt vor, um eine Erscheinung zu erklären, die er nicht verstehen kann. Legenden wuchern und spiegeln oft die gleichen Vorstellungen bei Völkern wider, die nie miteinander in Berührung standen.

Einen ersten Beweis für das Interesse des Menschen an vulkanischen Erscheinungen liefert diese Freskenmalerei eines Vulkanausbruchs, wahrscheinlich des Hasan Dag, die J. Mellaart in der neolithischen Siedlung Çatal Hüyük in der Türkei entdeckt und ausgegraben hat. Achttausend Jahre später zitieren französische Jakobiner das Motiv der „befreienden Kraft" vulkanischer Eruptionen in der Revolutionskunst.

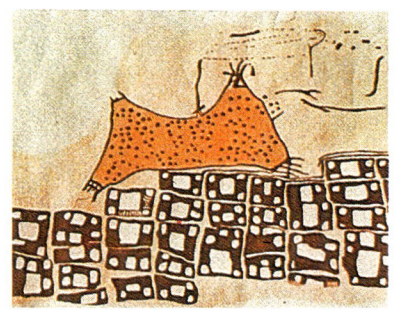

**„Im Zeitraum eines einzigen Tages und einer schreck-
lichen Nacht wurde das ganze Heer auf einen Schlag
von der Erde verschlungen, und die Insel Atlantis selbst
stürzte ins Meer und verschwand."**

Heute weiß man, daß eine der ältesten Legenden, die von
Atlantis, auf vulkanische Ereignisse zurückgeht. Im „Kritias"
und „Timaios" berichtet der griechische Philosoph Platon
vom plötzlichen Verschwinden eines Kontinents und seiner Bewohner, den Atlantiden. Die Atlantiden waren wohlhabend, liebten die Künste, verehrten Stiere und Stier-
bilder, erbauten prunkvolle Paläste und strebten nach
sozialer Gerechtigkeit. Ihre Zivilisation erstreckte sich mit
vergleichbarer Macht und Wohlstand über den Ozean,
wie Ägyptens Pharaonen über die Kontinente herrschten.
Plötzlich stürzte alles zusammen…

Im Mai 1967 entdeckt
der griechische Archäo-
loge Spyridon Marinatos
auf Thera, der Haupt-
insel der Santoringruppe,
die minoische Siedlung
von Akrotiri. Sie war
nach der Vulkankata-
strophe von 1600 v. Chr.
unter mehreren Meter
dicken Bimssteinschich-
ten begraben. Ans Licht
kommen jetzt mehrstök-
kige, freskengeschmückte
Häuser, Keramikstücke
und Werkzeuge. Eine
der Fresken zeigt eine
Schiffsparade in einer
Meeresbucht, die wahr-
scheinlich ein Teil der

Die Forschungen der Archäologen und Geologen
haben nach und nach gezeigt, daß Atlantis, wenn es jemals
existierte, nur im Ägäischen Meer auf der Insel Santorin
gelegen haben kann. Tatsächlich wird dort um 1600 v. Chr.
durch eine ganz ungewöhnliche Folge vulkanischer Explosionen, von denen einige bis in 45 km Höhe reichen, ein
riesiger Krater in der Mitte der Insel gebildet. Dies ist wohl
die schwerste Vulkankatastrophe der letzten 4000 Jahre.
Eine bis 30 m hohe Flutwelle wird durch den Eintritt von
gewaltigen Glutlawinen ins Meer ausgelöst und fegt über
die Küsten Kretas und des ganzen östlichen Mittelmeeres

bereits vorhandenen
Caldera von Santorin
darstellt. 197 v. Chr. entstand in der Mitte der
eingestürzten Insel
Thera ein neuer Vulkan:
Kameni, die „verbrannte
Erde" (oben eine Ansicht
von der Vulkanaktivität
von Kameni im Jahre
1866).

kursive Begriffe **siehe
Glossar Seite 210.**

hinweg. Santorin wird unter einer 30 m dicken *Bimsstein-decke* * begraben. Noch in der Türkei, Hunderte von Kilometern entfernt, lagert sich eine mehrere Dezimeter dicke *Aschenschicht* ab. Die Zivilisation, die von dieser Naturkatastrophe betroffen wird, ist mit Sicherheit die der Minoer, deren Zentrum und Hauptstadt Knossos auf Kreta war.

Viele Legenden haben wahrscheinlich ihren geschichtlichen Ursprung in der Eruption von Santorin.

Auch die Deukalionische Flut, in der Poseidon, der Gott des Meeres, aus Rache an Zeus das Gebiet von Attika, die Argolis, die Bucht von Saloniki, Rhodos und die Mittelmeerküsten von Lykien bis Sizilien überflutet, geht wahrscheinlich auf die durch die Eruption Santorins ausgelöste Flutwelle zurück. In einem anderen Bericht schleudert der

Ausgrabungen und Fresko von Akrotiri. Nur ein Teil der Siedlung wurde bereits entdeckt.

Bronzeriese Talos „Felsblöcke" auf die Argonauten, als diese vor Diktos vor Anker gehen. Aber Medea besiegt das Monstrum, „dessen Blut wie geschmolzenes Blei ausfloß, worauf es unter fürchterlichem Krachen hinstürzte". Als Sieger verlassen die Argonauten die Insel, während „ein fürchterlicher Dunstschleier das Meer verdunkelte".

Die Felsblöcke, das geschmolzene Blei, das fürchterliche Krachen, die Nebel, die das Meer verdunkelten, sollte dies nicht alles auf die vulkanischen Bomben, Lavaströme, Erdbeben und Aschenfälle des Santorinausbruchs zurückzuführen sein?

Vulkane, Heimstätten der Götter.

Für die alten Griechen ist die vulkanische Aktivität des Ätna das Werk von Hephaistos, dem Gott des Feuers. In seiner unterirdischen Schmiede bearbeitet er, in Rauch und Funken gehüllt, die Waffen der Götter mit Hammerschlägen auf dem Amboß. Denselben Gott nennen die Römer Vulcanus, der als Wohnsitz das Innere von Hiera auf den Äolischen Inseln, dem heutigen Vulcano, vorzog. Von Vulcano leitet sich seit dem ausgehenden Mittelalter der Name für alle Vulkane ab. Bis dahin nannte man sie „Ätna" oder „Hiera".

Hephaistos ist in seiner unterirdischen Schmiede nicht allein. Seine Gehilfen sind die Kyklopen, deren einziges Auge im bildhaft-allegorischen Sinn an den runden, gluterfüllten Krater des Ätna erinnert. Wann immer sie das Eisen für das Zepter von Zeus bearbeiten, bricht das Feuer aus dem Vulkan hervor, manchmal mit so großer Gewalt, daß es die Dörfer im Umkreis vernichtet.

Der Krater von Vulcano aus der Vogelschau von Jean Houel, einem königlichen Hofmaler des 18. Jahrhunderts, erinnert an das Auge Polyphems. Dieser Kyklop half der Sage nach Hephaistos (unten), die Pfeile Apolls, die unsichtbare Rüstung des Herkules und den Schild Achills zu schmieden.

Nach Vergil wurde der Riese Enkelados, als er sich gegen die Götter auflehnte, von Athene unter dem Berg Ätna begraben. Die Erdbeben sind sein Aufbegehren, das Grollen des Vulkans seine klagende und flehende Stimme, die vulkanischen Ausbrüche sein brennend entflammter Atem. Auch sein Bruder Minas wurde von Hephaistos unter den Vesuv verbannt. Das Blut anderer besiegter Giganten brodelt unter den Phlegräischen Feldern. Die Feinheiten in den griechischen und römischen Heldengeschichten spiegeln bereits die große Vielfalt der vulkanischen Erscheinungen wider.

Auch in neuzeitlichen Legenden werden Vulkanberge als Sitz der Götter, böser Geister, unglückbringender Dämonen oder als Ort der Seelen Verstorbener gesehen.

Diese Mächte werden als sehr reizbare gefürchtet. Sie quälen die Lebenden und rächen sich für deren Vergehen, sie senden Blitz und Donner. Hilfe erhalten die Menschen dagegen nur sehr selten von ihnen.

Im Gebiet des Pazifiks und des ihn umgebenden Feuergürtels sind solche abergläubischen Vorstellungen sehr oft anzutreffen. Alle großen Vulkane Japans werden als heilig verehrt, zahllose Tempel umgeben sie. Der berühmteste unter den japanischen Vulkanen, der Fujiyama, ist das Reich des Sonnengottes. In Peru hat der Sonnengott den Krater des Vulkans Misti mit einem Eispropfen verschlossen, um den bösen Geist des Vulkans zu strafen, dessen üble Laune wiederholt den Ort Arequipa verwüstet hatte.

Die Indianer Oregons erzählen, daß die unheilbringende Gottheit des Feuers unter dem Mount Mazama lebt, der wohltätige Gott des Schnees dagegen den Kegel des Shasta bewohnt. Eines Tages gerieten die Götter in Streit, in dessen Verlauf der Feuergott besiegt und enthauptet wurde. Als Zeichen der Niederlage des Mount Mazama besitzt dieser seither einen riesigen Krater, den Crater Lake.

D er Vulkankrater des Ngauruhoe auf Neuseeland (oben) bezeugt mit seinem aktiven Gipfelkrater die Verbindung des Zauberers Ngatoro mit seiner Lieblingssklavin, die auf dem Gipfel des Berges erfror.

D ie in Säulen erstarrte Lavaintrusion des Devil's Tower, des „Teufel-Turms" in Wyoming, hat sich nach der Legende der einheimischen Indianer wie ein Pfropf herausgehoben, um sieben kleine Mädchen zu retten, die von einem Bären verfolgt wurden.

Wir wissen heute, daß der riesige Crater Lake vor 6 000 Jahren entstanden ist und daß die Indianer Zeugen dieser gewaltigen Eruption gewesen sind.

Vulkanische Liebschaften.

In der Vorstellungswelt vieler Kulturen lieben und leiden Vulkane wie die Menschen. Das klassische Schema: Zwei männliche Vulkane lieben dieselbe „Vulkandame". In den Sagen Neuseelands entflammten Taranaki (der heutige Mount Egmont) und Ruapehu für die schöne Tongariro (heute Ngauruhoe). Taranaki warf sich auf seinen Rivalen, der sich mit Fontänen kochenden Wassers aus seinem Kratersee verteidigte. Der Angreifer antwortete mit einem Steinhagel, der den Gipfel der Ruapehukegels zerstörte. Dieser verschlang dies alles, schmolz es ein und spuckte es wieder über den fliehenden Taranaki aus. Noch heute weigern sich die Maoris, auf der so entstandenen Verbindungslinie vom Egmont zum Ruapehu zu leben oder dort ihre Toten zu bestatten.

Der ebenmäßige Kegel des Fujiyama, der hier durch den Holzschnitt des Künstlers Hokusai stilisiert ist, wird als das Werk eines Riesen interpretiert. Dieser wollte den Pazifischen Ozean auffüllen. Er füllte deshalb in Sibirien und Asien eine ganze Nacht lang Erde in Säcke und entleerte diese in den Ozean. Im Morgengrauen erkannte er, wie wirkungslos seine Titanenbemühungen waren. Deshalb gab er sein Vorhaben auf, schüttete aber seine letzte Ladung über Japan aus und bildete so den Fujiyama.

Man findet ganz ähnliche Legenden in Oregon und auf Java. Im Westen der USA werden der Mount Adams und der Mount Hood als männliche Symbolfiguren interpretiert, die Vulkandame ist der Mount St. Helens. Hier trennte schließlich eine einstürzende Brücke die beiden Kämpfer. In Indonesien liebte eine Königstochter den Merbabu, doch der Merapi war ebenfalls in sie verliebt. Damit Merbabu nicht mehr zu seiner Schönen gelangen konnte, blockierte der Merapi den Weg mit seinen gefürchteten Glutlawinen und Schlammströmen.

Die Bestrafung der nachlässigen Gläubigen.

Als 1963 auf Bali der Vulkan Agung nach 600 Jahren Ruhe wieder aktiv wird, schließen die Balinesen sofort daraus, daß die guten Götter ärgerlich geworden sind. Alle 100 Jahre wird im Hindutempel von Besakih am Fuße des Agung die große Zeremonie des Eka Dasa Rudra begangen. Anscheinend sind diesmal die Eröffnungsriten von den Priestern nur nachlässig absolviert worden. Die Rache der Götter ist schrecklich, der Vulkan erwacht. 1184 Opfer kommen in den *Glutwolken* und *Schlammströmen* um. Manche Gläubige sind seither überzeugt, daß beim nächsten Jahrhundertfest in Besakih wieder eine Vulkankatastrophe zu erwarten ist.

Um die Macht der Vulkane zu besänftigen, werden in manchen Kulturen sogar Menschenopfer dargebracht.

Die Indianer in Nicaragua stürzten Jungfrauen in den Lavasee des Masaya. Im benachbarten El Salvador führten die Bewohner die unterseeische Eruption von 1879 – 1880 im Ilopangosee auf den Zorn der dort ansässigen

Die Azteken glaubten, daß die mexikanischen Vulkane (oben der Popocatepetl) ausbrachen, weil die Conquistadores ihre Tempel entweiht hatten. In Nicaragua warfen die Indios die schönsten Mädchen den Göttern zum Opfer in die Lavasee des Masaya (nebenstehende Abbildung).

Die Vulkankatastrophe des Tarawera in Neuseeland (linkes Bild) verschüttet 1886 drei Dörfer und tötet ungefähr 100 Personen. Zwei Erklärungen haben die Maoris dafür: Entweder hatten die Dorfbewohner vom verbotenen wilden Honig gegessen, oder sie waren durch die Begegnung mit den Europäern verdorben worden.

Göttin zurück. Sie wäre erzürnt, weil die Regierung auf dem See ein Dampfschiff in Dienst gestellt hatte. Das Opfer eines Kindes, das an Händen und Füßen gefesselt in den See geworfen wurde, soll die Gottheit beruhigt haben.

Vulkane in christlicher Vorstellungswelt.

„Rauch stieg aus seinen Nasenlöchern, und ein verzehrendes Feuer stieg aus seinem Mund, aus dem glühende Kohlen hervorquollen ..." Jawhe, der Gott der Israeliten, ähnelt in seltsamer Weise einem Vulkan. Er läßt, berichtet die Heilige Schrift, „Schwefel und Feuer regnen über Sodom und Gomorra". Alle diese vulkanischen Erscheinungen verbinden sich mit der Vorstellung vom ewigen Feuer, der „Gehenna", der Hölle der biblischen Texte.

Im Jahr 1104 erschüttert in Island eine gewaltige Eruption den Vulkan Hekla. Schreckgeschichten breiten sich in der christlichen Welt aus. Könnte dies der Anfang der Hölle sein? So stellen es auf jeden Fall die Zisterziensermönche im Anschluß daran dar, allen voran der Kaplan Herbert aus der Abtei von Clairvaux. Was wäre wirkungsvoller, um den Abtrünnigen Angst einzuflößen, als ihnen auf der Erde zu zeigen, wie die Hölle aussieht!

Ebenfalls in Island tritt im Jahr 1000 das Althing, das erste demokratische Parlament, in Thingvellir zusammen. Der Gesetzesplatz ist eine weite Lavaebene mit parallelen Spalten und Lavaklippen, die eine außergewöhnliche Akustik aufweist. Wichtigster Beratungspunkt: Soll Island das Christentum annehmen oder weiterhin die nordischen Gottheiten verehren? Die Diskussionen werden sehr hitzig, jede Partei erklärt die andere als außerhalb der Gesetze stehend! Genau zu diesem Zeitpunkt bringt ein Bote die Nachricht, daß Lava aus einer Spalte hervorbricht und bereits das Dorf des Wikingerführers Thorodd bedroht. Die Heiden jubeln: „Klar, daß unsere Götter erzürnt sind über eure Vorschläge, ihr Christen ..." Aber ein anderer Häuptling, Snorri, der ein Verfechter des Christentums ist, nutzt die Neuigkeit zu seinem Vorteil. Er deutet auf die weite Ebene erstarrter Lava,

die das ganze Tal von Thingvellir bedeckt, und fragt: „Und über wen waren die Götter erbost, als all diese Lava ausgeflossen ist?" Diese stammte in der Tat aus einer Zeit, als es auf Island noch keine Christen gab. Und so fällt die Abstimmung zugunsten des Christentums aus.

In Peru hüllt im Jahr 1600 der wiedererwachte Huaynaputina die 70 km entfernte Stadt Arequipa durch seine Aschenfälle in eine beängstigende Dunkelheit. Für die Christen ist das Ende der Welt gekommen. Denn die Eruption wird als Zeichen des göttlichen Zorns über die Sünden der Menschen gewertet. Außerhalb des Gesetzes lebende Paare heiraten rasch, säumige Zahler begleichen ihre Schulden ... Die Indios erkennen darin den Aufstand ihres Vulkans gegen die Spanier. Auch sie glauben an den Weltuntergang. Deshalb töten sie ihre Schafe, Hühner und Schweine bei ausgelassenen Feiern und erwarten den Tod, während ihre Zauberer Lamas opfern. Die Indios sind erstaunt, daß der Misti sich nicht ebenfalls regt, um dem Huaynaputina gegen die Besatzer zu Hilfe zu kommen ... Aber sie finden auch bald eine Erklärung: Der Misti war ja christlich geworden, die Spanier hatten ihn getauft und nach dem heiligen Franziskus benannt.

Thingvellir, der Gesetzes- und Volksversammlungsplatz der wikingischen Isländer (oben), ist zerfurcht von klaffenden Spalten, die in Verlängerung des Mittelatlantischen Rückens Island durchziehen.

„Aus dem bodenlosen Abgrund der Hekla, oder gar aus der Hölle selbst, steigt melancholisches Schluchzen und heiseres Wimmern auf. Man hört das Klagen im Umkreis von vielen Kilometern (...) Wenn irgendwo auf der Erde Krieg geführt wird, ertönt aus der Hekla schreckliches Geschrei, Weinen und Zähneklappern. "
Caspar Peucer

![illustration]

Noch 1980 wird die gewaltige Explosion des Mount St. Helens im Westen der Vereinigten Staaten von Adventistenpriestern als göttliche Strafe ausgegeben und als Warnung an alle, die fluchen und Alkohol trinken.

Am Ätna und Vesuv werden die Heiligen als Schutzpatrone bei Vulkanausbrüchen angerufen.

Nur die Schutzpatrone können die bedrohlichen Eruptionen stoppen. Santa Agatha schützt Catania, der heilige Januarius Neapel. Am Ätna ereignet sich das erste Wunder am 5. Februar 253, ein Jahr nach dem Martyrium der Agatha in Catania. Als die Catanesen die Lava gegen ihre

Bei allen Vesuveruptionen ist immer wieder vom heiligen Januarius die Rede. Im Jahr 1660 macht dieser sich angeblich dadurch bemerkbar, daß er kleine schwarze Kreuze um den Vulkan herum regnen läßt. Was für ein Wunder! In Wirklichkeit handelt es sich dabei um kleine verzwillingte Augitkristalle, die durch die Eruption dem Magma entrissen und aus dem Krater ausgeworfen worden sind.

Stadt strömen sehen, halten sie dem
Strom den Schleier entgegen, der das Grab der Heiligen
bedeckt hatte. Der Lavastrom teilt sich und hält an. Erneut
werden die Reliquien der Heiligen bei der schrecklichen
Eruption von 1669 angerufen, allerdings mit weniger
Erfolg, denn die Lava verschlingt ein Drittel der Stadt
Catania. 1971 knien sich die Dorfbewohner von San Alfio
mit den Reliquien ihres Schutzpatrons vor den glühenden
Lavablöcken nieder und flehen den Himmel an, sie zu
verschonen. Ihr Flehen wird erhört.

In Neapel führt jeder größere Ausbruch des Vesuvs zu
einer Prozession mit der Reliquie des heiligen Januarius.
Das Kirchenregister hilft dem Vulkano-
logen W. Hamilton, die Liste der
Vesuvausbrüche zu vervollständigen.

LA DOMENICA DEL CORRIERE

M it Nagelpeitschen peinigen sich Büßer bis aufs Blut, andere weinen und raufen sich die Haare, Frauen schleppen große Steine oder Holzkreuze, Mönche streuen sich Asche auf das Haupt, singen Psalme, auf die die Menschen mit „Misericordia" antworten. Dieser Menschenstrom, „lava di gente" (wovon sich das Wort Lava ableitet, das am Vesuv erstmals gebraucht wurde), sammelt sich am Dom. Von seinem Balkon aus erteilt der Erzbischof Segen und Absolutionen und gibt die Reliquie des heiligen Januarius heraus, damit der Vesuv einhalten möge. Die katholische Kirche verbindet mit den Vulkanen nicht mehr die Hölle, dennoch ist es sehr wahrscheinlich, daß beim nächsten Erwachen des Vesuvs wieder die Statue des heiligen Januarius zu sehen sein wird.

Erstaunlich lebendiger Glaube.

Die Legende von der Geburt des Vulkans Paricutin auf einem Acker in Mexiko im Jahr 1943 ist bis jetzt jedes Jahr Anlaß für Pilgerfahrten der Bewohner zur Stelle ihres ehemaligen, vom Vulkan zerstörten Dorfes. Menschenopfer gibt es nicht mehr, doch noch bis vor wenigen Jahren haben in Japan einsame alte Leute, enttäuschte Liebende und ruinierte Geschäftsleute ihrem Leben durch den Sturz in den offenen Krater von Oshima, der Vulkaninsel im Süden von Tokio, ein Ende gesetzt. Jedes Jahr ersteigen Heerscharen von Pilgern die Vulkane Aso, Ontake und besonders den Fujiyama, um Reinheit zu erlangen. Sie legen dabei Opfergaben an den Tempeln nieder, die den Aufstieg säumen. Bedeutende Shinto-Zeremonien eröffnen und beschließen die Zeiten der Ersteigung der geheiligten Vulkane.

Nur Fassade und Chor der Kirche San Juan Parangaricutiro haben den Lavamassen des Paricutin widerstanden.

Während des alljährlichen Kesodo-Festes kommen Tausende Indonesier mit ihren Priestern an den Kraterrand des Bromo in Ostjava, um zu beten und um Brahma Opfergaben in Form von Geldmünzen, Blumen, Früchten, Reis und Hühnern darzubringen.

Die Zornesausbrüche von Madame Pele, der berühmtesten Vulkangottheit im Pazifik.

Der Sage nach stammt die Göttin Pele aus Tahiti, von wo sie von ihrer Schwester Namakaokahai nach einem fürchterlichen Streit vertrieben worden war. Ihre lange Flucht endete im Halemaumaukrater des Kilauea auf Hawaii. Alle Eruptionen der Insel werden von Pele ausgelöst. Da sie sehr jähzornig ist, öffnet sie Krater mit einem einzigen Fußstoß und ergießt Lavafluten über ihre Gegner. Vor jeder Eruption erscheint sie als runzelige Alte, bisweilen aber auch als sehr schönes junges Mädchen.

Die meisten Vulkane der Indonesischen Inselwelt sind heilig gesprochen. Auf Java gehört der Merapi dem Sultan, ein Wächter verwahrt symbolisch den Schlüssel. Einmal im Jahr besteigt ein Priester den Gipfel, um dort Gegenstände und Kleider des Sultans niederzulegen. Bis in unsere Tage steigen Weise zur Meditation in Kälte und Nebel zum Kraterrand des Semeru und des Guntur auf. Sie sind ganz in Weiß gekleidet und tragen als Zeichen ihrer Friedfertigkeit keinerlei Metallgegenstände bei sich.

Unzählige Legenden ranken sich um Pele und beziehen sich oft auf wirkliche Eruptionsereignisse. So erzählt man, daß sie sich eines Tages in zwei junge Stammeshäuptlinge aus dem Osten von Hawaii verliebte. Die beiden waren Meister im „Holua", einer Art Schlittenrennen auf steilen Grashängen. Pele erschien ihnen als wunderschöne Prinzessin und nahm am Schlittenfahren teil, wo sie sich als wahre Meisterin erwies. Aber die beiden Männer erkannten sie und flüchteten ängstlich. Wütend stampfte Pele mit dem Fuß, die Erde erbebte, wurde heiß und spie gewaltige Lavamassen über die gesamte Gegend aus. Die beiden hawaiianischen Helden liefen zur Küste, wurden aber von der Lavaflut eingeschlossen und von ihr begraben.

An der Küste Na Puu a Pele („Hügel der Pele") zeigen zwei abgeflachte Kegel inmitten der schlackigen Lavaebene die versteinerten Körper der unglücklichen Helden an.

Wo Legenden und geologische Beobachtung sich treffen.

Das Abenteuer der beiden Schlittensportler weist auf ein durchaus wirkliches Geschehen hin: Ein Lavaausbruch, dessen Ströme sich ins Meer ergossen. Durch starke Explosionen bildeten sich beim Zusammentreffen von geschmolzener Lava und Meerwasser an der Küste zwei sogenannte Litoralkegel. Ebenso ent-

Jedes Jahr versammeln sich Hawaiianer in historischen Festgewändern am Kraterrand des Kilauea, um Pele zu verehren. Der Glaube an ihre übernatürlichen Kräfte wurde jedoch im letzten Jahrhundert erschüttert, als Kapiolani, die christliche Gattin eines hawaiianischen Häuptlings, Pele am Rande eines Lavasees herausforderte: Sie warf Steine in den Lavasee, doch Pele rührte sich nicht. Viele Bewohner Hawaiis hielten fortan Pele nur für einen Mythos und wurden Christen.

spricht der unterirdische Weg, den Pele nach dieser
Vorstellung von ihrer Wohnstätte im Kilaueakrater
zum Meer genommen hat, genau den unterirdischen
Kanälen und Tunneln des *Magmas*. Eine letzte
Legende nimmt auf die geologische Entwicklung der
ganzen Inselkette von Hawaii Bezug. Um ihrer
Schwester zu entkommen, schwamm Pele von Insel
zu Insel. Angefangen im Nordwesten, markierte sie
ihre Flucht mit Kratern, bis sie in Richtung Südosten
in Hawaii ankam: Erst Diamond Head auf der Insel
Oahu, dann Haleakala auf Maui und schließlich
Kilauea auf der Insel Hawaii. Diese Wanderung entspricht genau dem Alter der Vulkane, die nach Südosten
immer jünger werden.

  Wie anderswo, so sind auch auf Hawaii die „vulkanischen Gottheiten" beachtenswerte Konkurrenten für die
Vulkanologen und ihre Wissenschaft.

D ie mythische Ge-
genwart von Pele
ist so stark, daß die
Hawaiianer ihre Gestalt
in den Feuerfontänen
und Lavaströmen zu
erkennen glauben.

ZWEITES KAPITEL

UNTERIRDISCHE WINDE UND ERDBRÄNDE

Seit der Antike suchen die Gelehrten Natur-katastrophen zu erklären. Sie stellen sich vor, daß Vulkane und Erdbeben durch Orkane ent-stehen, die in unterirdischen Höhlungen toben. Die Kraft der Orkane bringt deren Wandungen zum Erzittern und löst dadurch Erdbeben aus. Brennbare Materialien entzünden sich zu unter-irdischen Feuern, die sich den Weg zur Erdober-fläche bahnen und dort Vulkane bilden. Mehr als 2000 Jahre lang kann sich die Vulkanologie nur mit Mühe von diesen Vorstellungen lösen.

Der Ausbruch des Vesuvs im Jahr 79 n. Chr. hat durch den Untergang von Pompeji und Herculaneum mit 2000 Opfern Geschichte gemacht. 18 Jahrhunderte später gießt der Archäologe Fiorelli Gips in die in der Asche entdeckten Hohlräume und fertigt so Abgüsse der Körper der Toten an.

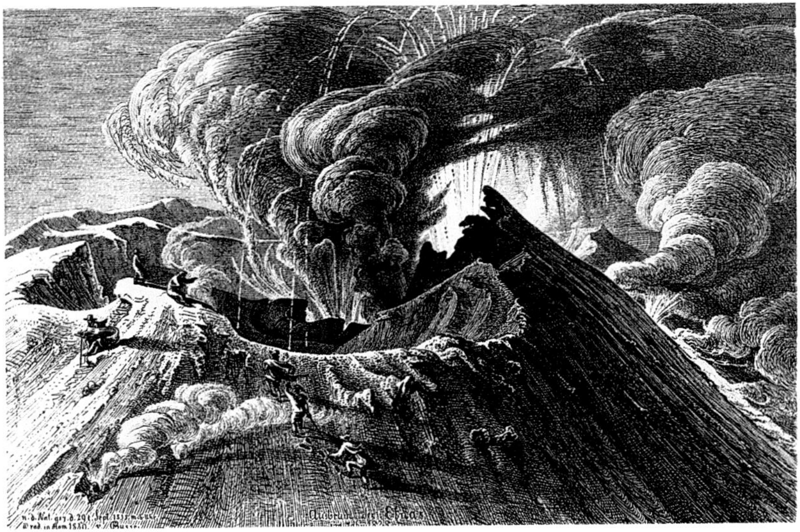

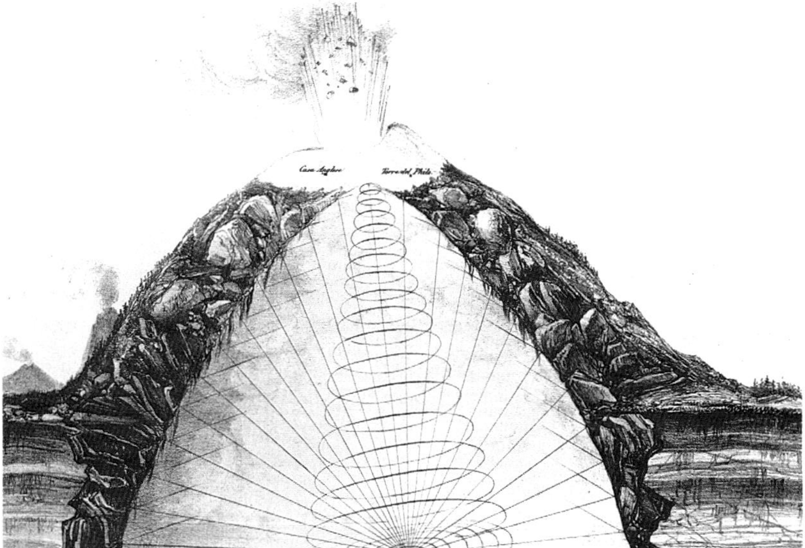
Casa Anglese
Torre del Filos.

Die erste Erklärung des Vulkanismus stammt von Thales von Milet, dem griechischen Mathematiker des 6./7. Jahrhunderts vor Christus. Es ist wohl anzunehmen, daß es vor ihm auch von Babyloniern, Phöniziern und Hebräern Erklärungsversuche gegeben hat, doch wir wissen davon nichts. Thales stellt sich vor, daß alle Zuckungen und Krämpfe der Erde durch das Wasser verursacht werden. Die Erde sei in Wirklichkeit eine auf dem Ozean schwimmende Scheibe, und bei jedem Sturm entstünden Erdbeben. Sein Schüler Anaximander (611 – 546 v. Chr.) glaubt, daß eine höhere Macht in der Natur die Hitze und die Kälte schafft und daß durch deren Vermischung das Feuer entsteht.

Vom 5. Jahrhundert v. Chr. an heißen die beiden Schlüsselworte zur Erklärung des Vulkanismus „Wind und Feuer".

Äschylos (525 – 456 v. Chr.), der Vater der griechischen Tragödie, erwähnt eine Eruption des Ätna von 479 v. Chr. Einige Jahre später beschreibt der Dichter Pindar (522 – 442 v. Chr.) einen Ausbruch dieses Vulkans: „Ausgespien aus seinen unterirdischen Schlünden steigen aus dem Berg die reinsten Quellen des unergründlichen Feuers…"
Der Ätna ist die Säule des Himmels, aus dem die Gewässer hervorbrechen, die das Meer in den Schlund der Charybdis fließen läßt. Der etwa 495 v. Chr. in Agrigent geborene Philosoph Empedokles erklärt die Welt als von vier Elementen regiert, die der „Ursprung aller Dinge" sind: Das unterirdische Feuer, das Wasser, die Luft und die Erde. Er soll sich am Kraterrand des Ätna niedergelassen haben, um in die Geheimnisse des Vulkans einzudringen. Weil er keine Antwort auf seine Fragen fand, soll er sich in den Krater gestürzt haben.

D er Wind spielt eine wichtige Rolle in den Erklärungen der Darstellungen des Ätna (links) zeigen die eingeschlossene Luft, die wie durch die Kraft einer Feder gespannt, in Sturmböen hervorbricht.

E mpedokles (unten) beschreibt die Lavaströme des Ätnas pragmatischer: „Feuermassen dringen hervor, vor ihnen her rollen wirr durcheinander unförmige Felsblöcke, Wolken schwarzen Sandes werden mit Lärm durch die Luft getrieben (…) Ein ruhiger Strom läßt seine Fluten treiben (…) Nichts hält seinen Lavafluß auf, kein Damm kann ihn aufstauen."

Platon reist nach Sizilien, um den Ätna zu sehen, und erfindet im „Phaidon" das Zentralfeuer.

Nach Platon (428 – 347 v. Chr.) sind „die unterirdischen Welten durch zahllose Kanäle verbunden", in denen „die unerschöpflichen Flüsse aus heißem und kaltem Wasser fließen". In der Tiefe nährt ein gewaltiger, gewundener Feuerstrom, der „Pyriphlegeton", die vulkanischen Öffnungen. Als erster erklärt Platon die Lava: „Manchmal, wenn die Erde durch das Feuer geschmolzen wird und sich wieder abkühlt, entsteht ein Stein von schwarzer Färbung."

Aristoteles (384 – 322 v. Chr.) vergleicht die Erde mit einem lebendigen Organismus, der geboren wird, lebt und stirbt. Seine inneren Zuckungen, die Erdbeben und Vulkanausbrüche, sind Fieberstöße, die von Keuchen und Krämpfen begleitet werden. Das unterirdische Feuer erklärt er als „Entzündung zersplitterter Luftteile beim Einpressen in enge Gänge". Aristoteles gibt den Eindellungen am Gipfel vulkanischer Kegel den Namen „Krater".

„Seinen Feuerkratern ist der Brennstoff ausgegangen."

Es ist die Rede vom Vesuv. Der griechische Geograph Strabo (58 v. Chr. – 21 n. Chr.) erkennt dessen vulkanischen Ursprung. Zu seiner Zeit jedoch lag der Vulkan in tiefem Schlaf und war bis zum Gipfel mit dichter Vegetation überzogen.

Die Erklärungen der griechischen Philosophen zum Vulkanismus beruhen viel eher auf gedanklicher Spekulation als auf direkter Naturbeobachtung. Im Zeichen einer neuen Einstellung beschreibt der Historiker Poseidonios (135 – 50 v. Chr.) Vulkanausbrüche, heiße Quellen und vulkanische Landschaften mit den Augen eines Wissenschaftlers. Seine Schriften sind uns nicht erhalten, aber Strabo hat sie gekannt und die darin enthaltenen Beobachtungen überliefert. Es sind wertvolle Dokumente für die Vulkanologie. So beschreibt Strabo mehrere Eruptionen im Meer, insbesondere jene von 126 v. Chr. bei Panarea auf den Äolischen Inseln und die Geburt der Insel Hiera 126 v. Chr. in der Mitte der *Santorin-Caldera*: „Sie erhob sich wie unter der Wirkung von Spannfedern."

Unter Bezugnahme auf den „Timaios" von Platon berichtet der Geograph auch von einem Vulkanausbruch auf Ischia im Golf von Neapel, der von einer Flutwelle begleitet war: „Das Meer zog sich zuerst zurück und kam

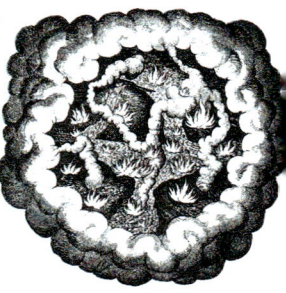

ORIENS.

A.
Ex foruin mon-
tium Terra ac lapidi-
bus Sulphur conficitur.
B.
Ex his albicantibus magna
sit copia aluminis.

Aqua hic est perennis nigra ar-
pectu et crossa ita ferula ut
ouum crudum insinctum
costu extrudatur. cu mare
exestuat usq; ad 24.
palmas civiliss sese
attollitur.

DUM EXPLENDAR.

dann nach kurzer Zeit wieder. Die Woge überflutete die Insel und erstickte das vulkanische Feuer."

Aber Strabo ist auch selbst ein großer Beobachter und unermüdlicher Reisender. Er beschreibt die Äolischen Inseln, Lipari, „seine heißen Quellen und sein Feuerkeuchen", Vulcano, „die Feurige", mit ihren „drei Rauchfahnen, die drei Krateröffnungen anzeigen". Dann Strongyle, das runde Stromboli, „gering nach der Gewalt der Flammen, aber alle anderen übertreffend in seinem Schauspiel"… und den Vesuv.

Im Altertum wird die Solfatara in den Phlegräischen Feldern bei Neapel nach Strabo das „Forum Vulcani" genannt (oben).

Der Pyriphlegethon Platons, in einer Darstellung des 17. Jahrhunderts (linkes Bild).

Das campanische Erdbeben von 62 v. Chr. war vielleicht ein Vorläufer des Vesuvausbruchs von 79 n. Chr. Es zerstörte in Pompeji viele Baudenkmäler, darunter auch den Jupitertempel.

„Der Wind kommandiert, und das Feuer dient unter diesem großen General". Das umfangreiche Gedicht „Aetna" überliefert uns sehr eindrucksvoll und bildhaft die Vorstellungen der Römer über den Vulkanismus.

Ein unbekannter Dichter des Altertums – das Werk wurde manchmal Vergil (70 – 19 v. Chr.) zugeschrieben – schildert in 643 dem Ätna gewidmeten Versen das Aussehen des Vulkans und die verschiedenen Phasen seiner Eruptionen. Die römischen Gelehrten stützen sich weniger als die Griechen auf philosophische Spekulationen, sondern suchen rationale Erklärungen für die Erscheinungen der Natur. Der Dichter Lukrez (98 – 55 v. Chr.) schreibt, daß der Ätna ein völlig ausgehöhlter Berg sei, in dessen Innern ein ungeheuer starker Wind strömt, der am Rand des Meeres in die Tiefe gezogen wird. Die dabei entstehenden Flammen treten längs geradliniger Spalten an der Erdoberfläche aus. Dies ist ein erster Hinweis auf tektonische Verwerfungslinien an Vulkanen.

Wenig später legt Ovid, der von 43 v. Chr. – 17 n. Chr. lebende römische Dichter, dar, daß der Ätna sich durch „Veränderung seiner Atemwege" entwickelt, in dem er eine Höhlung schließt und dafür eine andere öffnet. Er führt aus, daß die vulkanische Aktivität aufhört, „wenn die Erde den Flammen weder Nahrung noch brennbares Öl nachliefert. Dann verläßt die gefräßige Natur, die keinen Hunger erträgt, diesen Ort".

In derselben Zeit führt Vetruvius aus, daß „der Schwefel, das Alaun und Bitumen die Hitze in der Tiefe unter den großen Feuern" nähren. Vetruvius ist Architekt und beschreibt Bimssteine und Puzzolanerden aus der Umgebung des Vesuvs und betont deren Nützlichkeit zur Herstellung von schnell erhärtendem Mörtel. Auch er hat erkannt, daß der Vesuv ein Vulkan ist.

Am 5. Februar 62 n. Chr. wird Campanien von einem starken Erdbeben erschüttert.

Seneca (4 v. Chr. – 65 n. Chr.), der Hauslehrer Neros, schildert dieses Erdbeben sehr beeindruckend und kommt in seinen Schriften wiederholt darauf zurück. Er legt für die Vulkanologie zwei neue Erklärungen vor, die auch heute noch Gültigkeit haben.

Dieses Fresko aus Pompeji ist die älteste Darstellung des Vesuvs. Es zeigt den bewaldeten Vulkan mit nur einem Gipfel, dem Monte Somma, und den Weingott Bacchus an seinem Fuß. Strabo hat als erster die vulkanische Natur des Berges erkannt. Er bringt vielfach neue Gedanken vor, so zum Beispiel, daß Vulkane mit regelmäßiger Aktivität keine großen Eruptionen erzeugen, weil sich die unterirdischen Kräfte nach und nach befreien. Diese Erklärung hat auch heute noch Gültigkeit. Für Strabo sind

Zum einen betont er die außerordentliche Bedeutung der Gase und Dämpfe, die die „unterirdischen Explosionen und Brände auslösen, indem sie sich bis zum Bersten ausdehnen". Das Prinzip des Überdrucks vulkanischer Gase als Antrieb vulkanischer Ausbrüche ist damit entdeckt. Dann erklärt er auch, daß jeder Vulkan durch einen lokalen Herd, eine Art Reservoir unter seinem Vulkanbau gespeist wird.

Vulkane die Überdruckventile des Planeten, und er schreibt, daß der „schwarze Schlamm", wie er die Laven des Ätna bezeichnet, durch Erstarrung zum Mühlstein-Fels wird. Er entdeckt auch, daß sich die Vulkanasche am Fuß des Ätna sehr rasch zu großer Fruchtbarkeit entwickelt: „Was auf diesen aschebedeckten Gebieten wurzelt, mästet die Weidetiere bis zum Ersticken…"

Siebzehn Jahre nach dem Erdbeben löscht der Vesuv Pompeji aus.

In seiner gewaltigen 37-bändigen Enzyklopädie „Historia Naturalis" stellt Plinius der Ältere (23 – 79 n. Chr.) auch eine Liste der bekannten tätigen Vulkane zusammen. Es sind kaum ein Dutzend. Er führt an, daß unmittelbar vor

Die Briefe von Plinius dem Jüngeren an Tacitus, in denen er die Vesuveruption von 79 n. Chr. beschreibt und über die Umstände des Todes seines Onkels in Stabiae berichtet, sind von erstaunlicher wissenschaftlicher Genauigkeit.

einem Erdbeben oder einem Vulkanausbruch die Luft ungewöhnlich windstill und das Meer von einer trägen Ruhe sind. Die Ruhe vor dem Sturm.

Dieser Sturm bricht über ihn selbst am 24. August des Jahres 79 herein, als der Vesuv nach sehr langer Ruhe wiedererwacht. Dennoch wird erst sein

Zahlreiche Ausbruchserscheinungen und ihre Auswirkungen sind mit allen Einzelheiten genau geschildert: Die Erdstöße, die dem Ausbruch vorangehen, die außerordentliche, senkrecht aufsteigende Eruptionswolke aus Asche und Gasen, die, von Blitzen durchzuckt, die Form einer schirmförmigen Pinie annimmt und die wir heute Plinianische Eruptionssäule nennen, der Regen vulkanischer Aschen und Bimssteine, der die Gebäude verschüttet, ihre Dächer zum Einsturz bringt und die Atemwege der Menschen verschließt. Die totale Dunkelheit, giftige Schwefelgase, unaufhörliche Beben, die die Häuser rissig machen, die Glutwolken und die horizontalen Eruptionswogen, dazu die Flutwellen im Meer als Folge plötzlicher Bodenbewegungen...

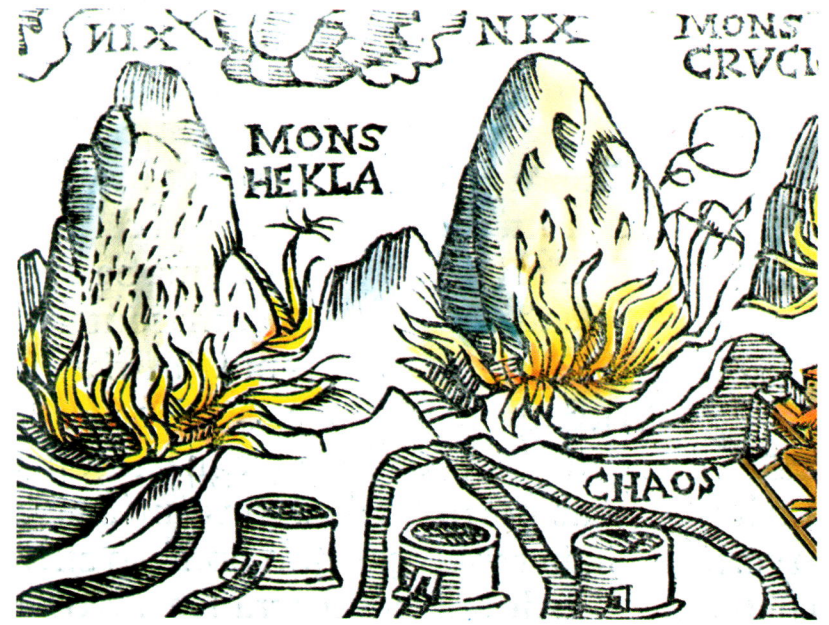

Neffe Plinius der Jüngere (62 – 114 n. Chr.) durch seine zwei Briefe an Tacitus mit den Berichten über den Ausbruch zum ersten Vulkanologen der Geschichte. Diese Briefe stellen ein wichtiges Dokument in der Vulkanologie dar: Die erste genaue Beschreibung einer Vulkankatastrophe, und dies sogar von einem unmittelbaren Augenzeugen.

Erstes Modell eines Vulkans.

Der Historiker Prokop aus Byzanz schreibt im Jahr 580, daß „nachdem der Vesuv Aschen ausgeschleudert hatte, die Ernten der umliegenden Ländereien sehr reichhaltig waren". Im gleichen Jahrhundert beschreibt der Mönch Benedeit in seinem Gedicht über die Reise Sankt Bredans nach Island eine Eruption, wahrscheinlich einen Ausbruch der Hekla: „Die Erde ist vom Rauch ganz neblig und düster, stinkender als Tierkadaver ... und schleudert „Feuer und Flammen, brennende Balken und Schrott, Pech und Schwefel bis zu den Wolken hoch, bis dann alles in den Abgrund zurückfällt."

Die Hekla ist einer der aktivsten Vulkane Islands. Seit dem gewaltigen Ausbruch im Jahr 1104, der zusammen mit der Eruption des Öraefajökull 1362 die größte explosive Eruption Islands in historischer Zeit war, ist die Hekla 167mal wiedererwacht, zuletzt im Januar 1991. Die Gehalte an Fluorwasserstoff in den Gasen und Aschen der Heklaausbrüche vergiften die Weiden und das Weidevieh. Oft beginnen die Ausbrüche mit einer mehrstündigen explosiven Phase, auf die dann gewaltige, meist wochenlang anhaltende Lavaergüsse folgen.

Es scheint, daß das Wort „Vulkan" seine heutige Bedeutung erst im 12. Jahrhundert erhält. Der englische Naturalist Alexander Neckam (1157–1227), ein Milchbruder von Richard Löwenherz, gebraucht dieses Wort für Orte, wo das unterirdische Feuer brennt. Ein Jahrhundert später erfindet Albertus Magnus (1207–1280) das erste experimentelle Modell eines Vulkans: Ein Bronzegefäß mit zwei Öffnungen, in dem Wasser über einem Feuer zum Kochen gebracht wird. Der Druck des Dampfes sprengt entweder den oberen Deckel auf und erzeugt so eine Dampfwolke, oder er bricht den unteren Verschluß auf. Weil sich dabei kochendes Wasser über das Feuer ergießt, werden Glut und heiße Asche explosionsartig umhergeschleudert!

Gegen Ende des Mittelalters führen zahlreiche Universitätsgründungen und die Einführung des Buchdrucks zu einem Aufschwung naturwissenschaftlicher Forschung.

Mit der Entdeckung der Buchdruckkunst im 15. Jahrhundert beginnt eine außerordentliche Verbreitung von Gedanken und Wissen in Europa. Die Kirche erkennt hierin Gefahren und unterstellt alle Veröffentlichungen ihrer Zensur. Alle Bücher müssen mit der Heiligen Schrift in Einklang stehen und die Vorstellungen von Hölle und Sintflut anerkennen. Mit diesen Einschränkungen mußte man rechnen und sich darauf einstellen.

„Am 27. und 28. des vergangenen Septembers spürte man das Beben der Erde in Pozzuoli Tag und Nacht ohne Unterlaß. (…) Gleichzeitig fiel das an die Ebene angrenzende Meer um ungefähr zweihundert Schritte trocken, so daß die Fische auf dem Sand eine leichte Beute der Bewohner wurden. (…) Am 29. öffnete sich die Erde neben dem See und zeigte ein schreckenerregendes Loch, das Rauch, Feuer und Steine ausspuckte. (…) Die Steine waren durch die gefräßigen Flammen in Bimsstein umgewandelt worden, von denen manche größer als ein Ochse waren. "

Pietro Giacomo de Toledo ist 1538 Zeuge der Entstehung des Monte Nuovo.

de conflagratione

M·BARBARO

SOLFOTARA

MISENO   C·DIBAIE

MOTE NOVO

TLRHNE DEL MARE DE PRIMA

PÓTE DI CALIGVLA

GVDA TOIO

POZZVOLO

Allem Anschein nach hat die nur 4 km entfernte Solfatara beim Ausbruch des Monte Nuovo keinerlei Zeichen des Wiederauflebens ihrer Aktivität erkennen lassen. Der Name Solfatara leitet sich vom Schwefel ab, der sich in Kristallen an den Austrittsstellen der Fumarolen absetzt. Früher wurde der Schwefel zur Schießpulverherstellung abgebaut (linkes Bild). Auch Cortéz hat die Azteken gezwungen, Schwefel für seine Armeen im Krater des Popocatepetl abzubauen.

Viel häufiger als auf den Kontinenten entstehen neue Vulkane auf dem Meeresboden. Island, Italien, Griechenland, die Kanarischen Inseln und die Azoren haben mehrfach Eruptionen im Meer erlebt, bei denen sich vorübergehend neue Inseln gebildet haben, so auch im Jahr 1638 vor der Azoreninsel San Miguel (unten).

In Italien bricht am 28. September 1538 ein Vulkan unter den Häusern von Tripergola in den Phlegräischen Feldern hervor, der Monte Nuovo. Als die Eruption nach einer Woche wieder abklingt, ist der „Neugeborene" 140 m hoch! Das Ereignis erregt die Gemüter der Gelehrten in ganz Europa. Sie werden dieses Beispiel von nun an immer als Beweis für das schnelle Entstehen von Bergen und von geologischen Ablagerungen anführen.

Das 16. Jahrhundert erlebt die ersten großen überseeischen Entdeckungen. Reisende beschreiben Vulkane auf den Antillen, im Pazifik und dem Indischen Ozean.

In Mittelamerika bietet der Vulkan Masaya das jahrzehntelang andauernde Schauspiel eines feuerflüssigen, im Krater wogenden Lavasees. Mehrere spanische Historiker schildern dieses Phänomen bis ins einzelne Detail, aber die

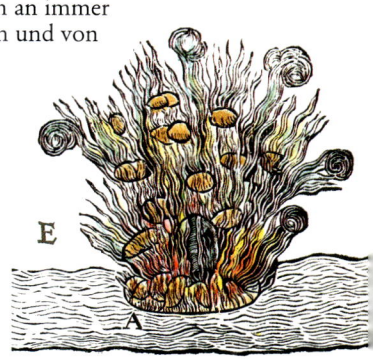

wissenschaftliche Welt nimmt von ihren Berichten keine Notiz. Auch der Ausbruch des San Jorge auf den Azoren findet 1580 kaum mehr Beachtung. Allerdings beschreiben dort Augenzeugen zum ersten Mal „ardente nuvem", Glutwolken.

Wissenschaftler, die Feldstudien betreiben oder Laborexperimente durchführen, sind noch selten. Hiergegen wendet sich 1571 P. Severinus, Professor für Literatur, Meteorologie und Medizin: „Verbrennt Eure Bücher, nehmt Eure festen Schuhe und besteigt die Berge, erkundet Täler und Wüsten (…), um selbst eine Anschauung über die Natur zu gewinnen. Kauft Kohle und konstruiert Brennöfen, beobachtet und experimentiert, ohne jemals müde zu werden."

Neue Erklärungsmodelle von Gelehrten aus der Schweiz und aus Deutschland.

Unter dem Namen Agricola ist Georg Bauer (1494–1555) zum Vater der Mineralogie geworden. Er tritt gegen die astronomischen Theorien seiner Zeit an, die das unterirdische Feuer, Vulkane und Erdbeben von den Sonnenstrahlen ableiten, die in den Planeten Erde eindringen. Für Agricola bringen die unter Druck stehenden Dämpfe den Schwefel und das „Bergöl" zum Brennen, genau wie die Wolken, die Blitze verursachen.

Er bringt den Begriff „*Basalt*" wieder in Gebrauch, den Plinius der Ältere für ein Gestein aus Äthiopien „erfunden" hatte. Der Schweizer Conrad Gesner (1516–1565) schreibt in seinem Buch „De Rerum Fossilium, Lapidum et Gemmarum Figuris", daß Basalt durch Kristallisation aus dem Wasser entstünde. Dieser Gedanke wird 200 Jahre später von den Neptunisten wieder aufgegriffen.

Johannes Kepler (1571–1630) formuliert seine Erklärung des Vulkanismus wie folgt: „Wie der menschliche Körper Tränen und Exkremente erzeugt, bringt die Erde Bernstein, Bitumen, Schwefel und unterirdische Feuer hervor." Der Begründer der allgemeinen Geographie, Bernhard Varenius (1622–1650), veröffentlicht einen Katalog der bekannten Vulkane und kommt nun schon auf die Zahl 27. Der Dominikaner Giordano Bruno aus Neapel (1548–1600) stellt fest, daß die meisten Vulkane sehr nahe am Meer liegen, und leitet daraus ab, daß die Vulkantätigkeit aus dem Zusammenwirken von Wasser und Feuer hervorgerufen werden muß.

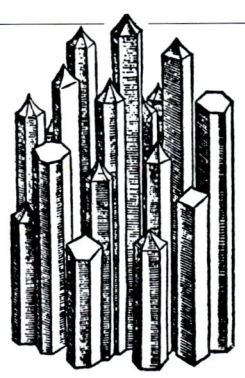

Nach Conrad Gesner sind Basaltsäulen aus dem Wasser auskristallisiert. Er zeichnet diese deshalb (um 1550) mit Pyramidenspitzen wie Quarzkristalle. Zu Unrecht glaubt er, daß diese Säulen nicht an aktiven Vulkanen wie dem Ätna auftreten könnten, sondern auf sedimentäre Bildungen beschränkt seien.

Descartes stellt eine universelle Erdgeschichte vor.

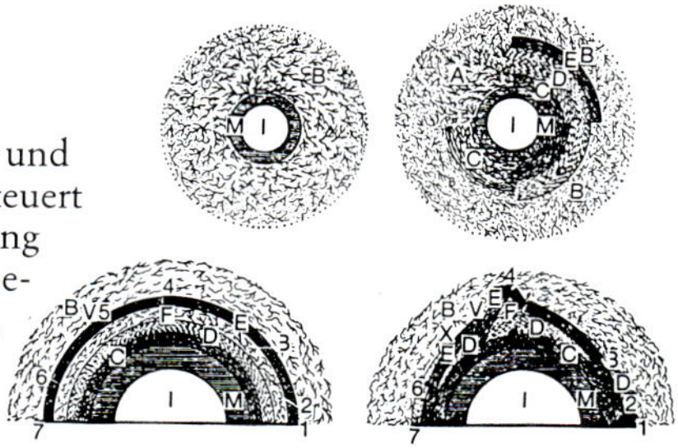

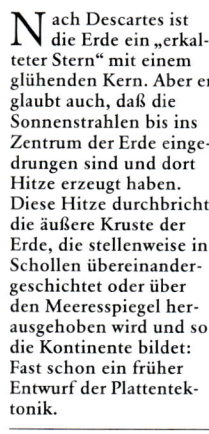

Der französische Mathematiker, Physiker und Philosoph René Descartes (1596 – 1650) steuert einen sehr wichtigen Beitrag zum Ursprung und zur Struktur des Erdkörpers bei. Er beginnt sehr vorsichtig mit der Beteuerung, daß seine Hypothese falsch und erdacht sei und die Erde selbstverständlich in einem einzigen Augenblick von Gott erschaffen worden war. Nach diesen Vorsichtsmaßnahmen erläutert er dann, daß die Erde aus drei aufeinanderfolgenden Erdschalen aufgebaut sei.

Gottfried Leibniz (1646 – 1716) entwickelt diese Vorstellungen zum Bild einer ursprünglich feuerflüssigen

Nach Descartes ist die Erde ein „erkalteter Stern" mit einem glühenden Kern. Aber er glaubt auch, daß die Sonnenstrahlen bis ins Zentrum der Erde eingedrungen sind und dort Hitze erzeugt haben. Diese Hitze durchbricht die äußere Kruste der Erde, die stellenweise in Schollen übereinandergeschichtet oder über den Meeresspiegel herausgehoben wird und so die Kontinente bildet: Fast schon ein früher Entwurf der Plattentektonik.

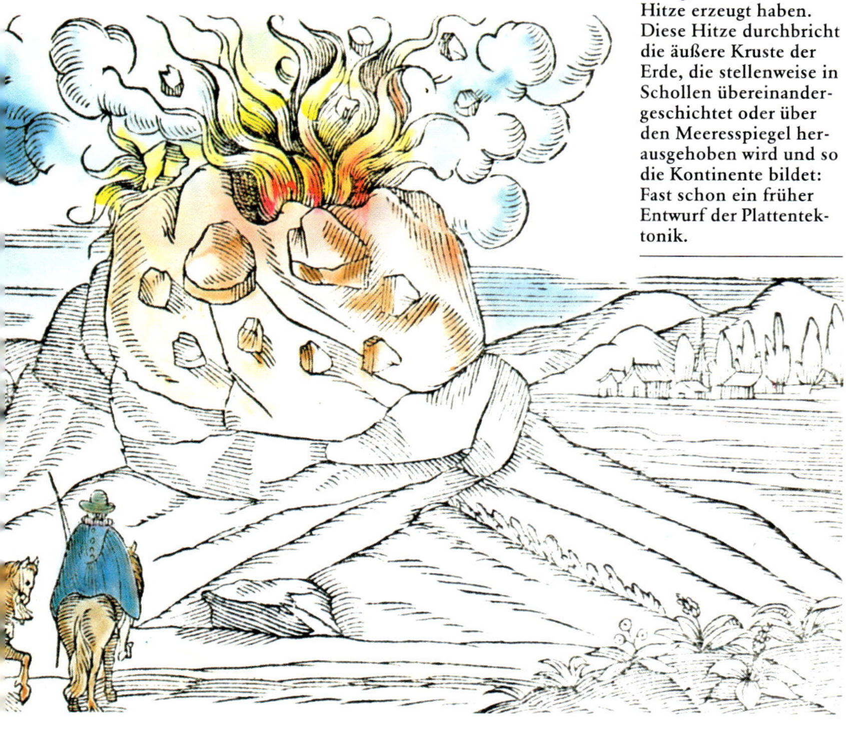

Erdkugel weiter. Diese kühle sich seit ihrer Entstehung ab und ziehe sich zusammen, wobei die Oberfläche rauh und uneben wird.

Für Athanasius Kircher ist das Erdinnere ein Labyrinth.

Der Jesuitenpater Athanasius Kircher (1602 – 1680) ist Zeitgenosse von Descartes und schreibt mit der Veröffentlichung seines eindrucksvollen Werkes „Mundus Subterraneaus" Zeitgeschichte. Er steht ganz auf dem Gedankengut von Aristoteles und faßt die überkommenen Anschauungen, nur manchmal durch neue Gedanken erweitert, noch einmal zusammen. So stellt er sich im Innern des Globus zahllose Feuerherde vor, die Pyrophylacien. Dies sind Magmaherde, die mit ebenso zahlreichen „Lüftungslöchern", den Vulkanen, in Verbindung stehen. Kircher hatte die Temperaturzunahme in Bergwerksschächten beobachtet und stellt sich vor, daß man *Vulkanschlote* „kaminfegen" könne, um Eruptionen zu verhindern.

Athanasius Kirchers Schnitt durch den Vesuv aus dem Jahr 1638 zeigt das Vorhandensein einer Magmakammer im Innern des Kegels.

Gegen Ende des 17. Jahrhunderts wird auch die Chemie für die Erklärung des Vulkanismus herangezogen.

Der englische Mathematiker Robert Hooke (1635 – 1703) und sein Landsmann, der Arzt Martin Lister (1638 – 1711), betonen, daß die unterirdischen Feuer entfacht werden, wenn

Schwefelkies und Schwefel mit Luft und den Salzen des
Meerwassers zusammenkommen, genau wie sich Heuhau-
fen durch Gärung entzünden können. Der französische
Apotheker Nicolas Lémery (1645–1715) beschreibt, wie
sich ein Gemisch aus Eisenfeilspänen und Schwefel
nach dem Anfeuchten mit Wasser spontan erhitzt,
glühend wird und dadurch heftige Dampfentladun-
gen und Auswürfe verursacht. Er glaubt, einen
kleinen künstlichen Vulkan konstruiert zu haben.

Etwa zur gleichen Zeit leben die beiden italienischen Mönche Recupito und Filoteo am Fuß des
Vesuvs und des Ätnas. Sie haben uns akribisch und
in allen Einzelheiten über die vielfältigen Aktivitäten
der beiden Vulkane berichtet. Zwei wichtige Eruptionsereignisse beherrschen das 17. Jahrhundert: 1631 kommen beim Wiederaufleben der Vesuvaktivität über 4000
Menschen in „torrentes cineris", das heißt wohl in Glutlawinen und Glutwolken um. 1669 begräbt der Ätna einen
großen Teil der Stadt Catania unter seinen Lavamassen.
Bei dieser Katastrophe versuchen die Bewohner zum ersten
Mal mit gewissem Erfolg, einen Lava-
strom abzulenken, indem sie eine
Bresche in seine seitliche
Schlackenmoräne schlagen.

Als einer der ersten
hat Kircher die Tie-
fen des Erdballs mit ins
einzelne gehenden Vor-
stellungen dargestellt. Er
stellte sich Feuerherde
vor, die miteinander
in Verbindung stehen.
Vulkanausbrüche waren
für ihn vom Wind an-
gefachte Feuerbrände.
Dies erstaunt nicht,
denn Äolus, der Gott der
Winde, herrscht über
die Äolischen Inseln,
eine Vulkankette mit
noch zwei aktiven Vul-
kanen, Stromboli und
Vulcano. Nach heutiger
vulkanologischer Vor-
stellung stehen die Mag-
maherde nicht mit dem
Erdkern in Verbindung,
sondern befinden sich
in Tiefen von einigen
Kilometern in der Erd-
kruste oder in einigen
zehn bis wenigen hun-
dert Kilometern im
Erdmantel. Beispiele
hierfür sind Vesuv,
Stromboli und Ätna.

Die Vorzeichen eines großen Streites.

1707 erhebt sich die neue Vulkaninsel Nea Kameni in der Mitte der Santorin-Caldera. Der italienische Abt Lazzaro Moro (1687–1740) zitiert dieses Ereignis und die Geburt des Monte Nuovo von 1538 und betont, daß die Tätigkeit der Vulkane besonders darin bestünde, daß die unterlagernden Schichten herausgehoben würden. Alle Kontinente, Inseln und Gebirge seien auf diese Weise entstanden. Alle Schichtgesteine sind demnach vulkanischen Ursprungs. Moro ist eine Art „Ultravulkanist", aber für den Ursprung des vulkanischen Feuers hat er nur die eine Erklärung: „Dies hat Gott so gewollt!"

Auf der anderen Seite sehen wir Benoît de Maillet (1656–1738), den französischen Konsul in Ägypten, für den alle Gesteine der Erde Meeresablagerungen darstellen. Das Feuer der Vulkane ist von zweitrangiger Natur und entsteht durch Verbrennung des Fettes von Tieren, die in den Sedimenten begraben wurden. Da de Maillet sich über die Sintflut lustig macht und den Bannstrahl der Kirche fürchtet, verlangt er, daß seine Werke nicht früher als zehn Jahre nach seinem Tod unter dem aus seinem Namen abgeleiteten Pseudonym Telliamed veröffentlicht werden dürfen.

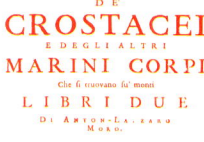

Lazzaro Moros Werk „Von Krebsen und anderen Meeresschalen, die auf hohen Bergen gefunden werden" ist ein Plädoyer für die Bedeutung des Vulkanismus für alle geologischen Erscheinungen.

Dreimal in der Geschichte von Catania wurden Teile der Stadt von den Laven des Ätna überflutet, zum letzten Mal 1669 (oben). Bei der Vesuveruption von 1631 (unten) rasten tödliche Glutlawinen durch die radialen Talrinnen des Kegels hinab.

DRITTES KAPITEL

DER STREIT DER NEPTUNISTEN UND DER PLUTONISTEN

D as 18. Jahrhundert ist eine entscheidende Periode für die Wissenschaft von den Vulkanen. Die Gelehrten dieses „Jahrhunderts der Aufklärung" bereisen ganz Europa, sammeln Lavaproben, vergleichen die bereits bekannten Vulkane und entdecken neue. Es entstehen zwei sich widersprechende Theorien zum Vulkanismus. Ein grundsätzlicher und gnadenloser Streit bricht los.

Zahllose Künstler waren von den Vulkanen fasziniert. Einige haben sehr naturgetreu gemalt, wie Saverio Della Gatta (links) bei der Darstellung der Plinianischen Eruptionswolke vom 18. Juni 1794 am Vesuv. Andere haben vulkanische Erscheinungen in symbolhaften oder humoristischen Zeichnungen verwendet, so auch Rudolf Erich Raspe in seinen Illustrationen zum „Baron von Münchhausen".

„Wie aus einer Riesenkanone, deren Mündung oft über eine halbe Meile weit ist, schleudert dieser Feuerschlund Ströme von Flammen und Rauch aus, Flüsse von Erdöl, Schwefel und geschmolzenem Metall, Wolken aus Aschen und Steinen (…) Dort findet man Pyrite (…), die bei Berührung mit Luft oder Feuchtigkeit sofort aufbrausen. (…) Feuer entfacht sich und erzeugt Explosionen, die um so stärker sind, je mehr brennbares Material vorhanden ist. (…) Genau dies ist ein Vulkan in den Augen eines Physikers."

Georges Louis Leclerc, Graf Buffon, faßt mit diesen Sätzen sehr treffend die Vorstellungen zusammen, die in der Mitte des 18. Jahrhunderts über den Vulkanismus herrschen.

Leclerc (1707–1788), Hüttendirektor und Naturgelehrter, fügt hinzu, daß „die Gewalt der unterirdischen Feuer sich nur in der Nähe des Meeres bemerkbar machen könne, wo diese mit der großen Wassermasse zusammenprallen". So lassen sich die Ruhepausen zwischen den Ausbrüchen des Ätna erklären. Als sich das Meer zu Homers Zeiten an den Küsten Siziliens weiter zurückgezogen hatte, war der Vulkan auch ziemlich ruhig. Zu Lebzeiten Pindars wird die Aktivität stärker, weil die Straße von Gibraltar eingebrochen sei und so das Meer den Fuß des Ätna wieder erreichen und ihn mit Wasser speisen konnte. Buffon

Ausbruchsphasen des Vulkans Ternate auf den Molukken (Zeichnungen von Henri Muche um 1680).

Von Buffon stammt die ironische Bemerkung, daß sich Geologen, gleich den römischen Auguren, nicht begegnen könnten, ohne über ihre wissenschaftlichen Interpretationen lachen zu müssen.

schlägt folgerichtig vor, die Vulkane mit Dämmen vom Wasser abzuschneiden, um sie zum Erlöschen zu bringen!

Für Buffon liegen die Herde der Vulkantätigkeit nicht in großer Erdtiefe oder gar nahe am Zentralfeuer, sondern oberflächennah dicht unter dem Gipfel. So könnten die starken Winde die Verbrennung in Gang halten. Als Beispiel führt er den Vulkan Ternate auf den Molukken an, der nach Reiseberichten „eine stärkere und flammenreichere Tätigkeit während der Äquinoktien zeigt (…), weil dann bestimmte Winde herrschen und jene Stoffe erhitzen, welche das Feuer entfachen".

Ebenso versichert der Abbé de la Caille (1713–1762), daß der Vulkan auf der Ile Bourbon, der heutigen Insel Réunion, während der Wirbelstürme heftiger tätig wird.

Erste Berichte über Piton de la Fournaise auf Réunion stammen aus dem Jahr 1644. Seither sind über 170 Eruptionen dieses Vulkans bekanntgeworden. Während Vulkanologen eine Häufung der Ausbrüche während der Regenzeiten feststellen, betont der Volksglaube, daß in Jahren mit Wirbelstürmen keine Eruptionen vorkommen.

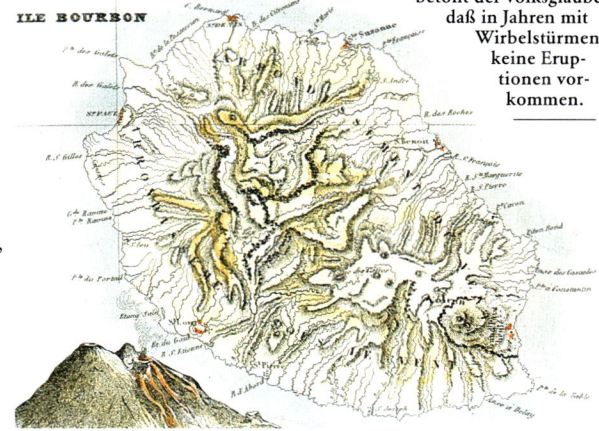

ILE BOURBON

Buffon baut seine Theorie der Erde ausschließlich auf den Berichten zeitgenössischer Gelehrter auf. Zu diesen zählen Pierre Bouguer (1698 – 1758) und Charles Marie de la Condamine (1701 – 1774), die 1742 auf ihrer geodätischen und astronomischen Expedition nach Peru die Eruption des Cotopaxi miterlebt haben. Der Ausbruch hat das Gletschereis des Vulkankegels zum Schmelzen gebracht und mit seinen Schlammströmen 800 Menschen und 500 Häuser

Das Wappenschild der Hauptstadt von Guatemala zeigt eine Vulkanreihe. Drei Vulkane sind dort häufig aktiv: Der Pacaya, der Fuego und der Santa Maria, dessen große Eruption im Jahr 1902 6000 Opfer gefordert hat.

Ohne die Kirchenmänner (rechts der Stiftsherr Recupero), die in gleicher Weise von der Hölle fasziniert und für die Wissenschaften engagiert waren, wären viele Vulkanausbrüche nie beschrieben worden.

verschüttet. Er wird deshalb von den Beobachtern als „Wasser-Vulkan" bezeichnet, eine Gruppe,
zu der auch der Vulkan Agua in Guatemala gerechnet wird. Zu den „Feuer-Vulkanen" zählen sie
dagegen zum Beispiel den Vesuv.

Für die Beschreibung dieses Vulkans kann
sich Buffon besonders auf die Patres Giuseppe
Maria Mecatti und Giovanni Maria Della Torre
stützen, die in wichtigen Werken über den Vesuv
die Geschichte aller seiner Ausbrüche geschildert
haben. Della Torre ist ein sehr genauer Beobachter und klassifiziert die verschiedenen Typen der
Lavaströme des Vulkans sehr detailliert. Er erklärt,
daß es unter der Erde kein Feuer geben kann, weil
dort die Luft für die Verbrennung fehle. Dies ist eine
wahrhaft revolutionäre Idee. Er stellt auch fest, daß
die Menschen überall dort ungewöhnlich bösartig
und lasterhaft seien, wo die Luft von Schwefeldämpfen
und vulkanischen Ausdünstungen erfüllt ist.

JOSEPH CANONICUS RECUPERG
*Elig predigen flanig und gen et aut
luget gut Valle an d’ mare Morte habet*

Buffon läßt sich von den
schwärmerischen Schriften des
englischen Reisenden Patrick
Brydone, aber ebenso von den
Beobachtungen des Kanonikers
Giuseppe Recupero, des Autors
der eindrucksvollen „Storia del
Etna" anregen. Diese Männer
sind sich in Sizilien begegnet
und haben die Tätigkeit von
Ätna und Vesuv miteinander verglichen. Beim ersteren brauchen
die ausgeworfenen Steine 21
Sekunden bis zum Aufschlagen,
berichtet Recupero, beim Vesuv
treffen sie nach neun Sekunden
auf dem Boden auf, stellt
Brydone fest. Daraus schließen
sie, daß der Ätna ein größerer
Vulkan als der Vesuv sein müsse.
Die Luft des Ätna sei sehr
elektrisch, behauptet Brydone,
worauf der üppige und kräftige
Pflanzenwuchs am Fuß des
Vulkans zurückzuführen sei.

Fig. 2

Fig. 3

„Der letzte Feuerausbruch des Cotopaxi, der 1742 in unserem Beisein stattfand, hat nur durch das Schmelzen des Schnees Unheil angerichtet. Obgleich er einen neuen Krater seitlich mitten im dauernd schneebedeckten Teil geöffnet hatte, stiegen die Flammen auch aus dem abgestumpften Gipfel des Vulkankegels aus. Es gab zwei Schlammfluten, am 24. Juni und am 9. Dezember, wobei die zweite unvergleichlich stärker war. (…) Die Wogen waren im freien Land über 60 Fuß hoch und schwollen an manchen Orten auf 120 Fuß an. (…) Sie müssen eine Geschwindigkeit von 40 oder 50 Fuß pro Sekunde gehabt haben. "
Ch. M. de la Condamine und P. Bouguer: Die Gestalt der Erde, 1749

Pater Bertholon St. Lazare behauptet 1779 sogar, daß die „aus lauter kleinen Feuerteilchen" bestehende Elektrizität die Ursache des Vulkanismus sei und daß man nur lange Eisenstangen zur Ableitung der Elektrizität in die Erde einlassen müsse, um mit diesen „Vulkan-Ableitern" Ausbrüche zu verhindern.

Am 10. Mai 1752 verkündet Jean-Etienne Guettard vor der Akademie der Wissenschaften in Paris, daß die Berge der Auvergne „erloschene Vulkane" seien.

Noch drei Jahre zuvor herrschte zur Zeit der Veröffentlichung der ersten Ausgabe von Buffons Erdgeschichte völlige Unkenntnis über die Entstehung des französischen Zentralmassivs und seiner Vulkane. Zwar hatte ein gewisser Guillaume Rivière bereits 1717 vom Vorkommen „von einer Menge Bimsstein, der auf dem Wasser schwimmt" auf einem Berg 20 km nördlich von Bézier berichtet. Auch teilte der Chemiker Gabriel François Venel 30 Jahre später mit, er habe in der Gegend von Pézenas die Überreste von Vulkankegeln entdeckt. Aber die Puys in der Auvergne werden noch immer für Abraumhalden von Bergwerken oder von großen Schmiedeöfen der Römer gehalten. Es ist Jean-Etienne Guettard (1715–1786) vorbehalten, deren wahre Natur zu erkennen.

Guettard ist Doktor der Medizin, Botaniker und Mineraloge, Konservator des Naturalienkabinetts des Herzogs von Orléans und entwirft 1746 die erste geologische Karte von Frankreich. Um diese zu vervollständigen, unternimmt er 1751 in

Begleitung des Botanikers Males-herbes eine Reise ins französische Zentralmassiv. Er hatte noch nie einen Vulkan gesehen, aber er hat in den Sammlungen des Herzogs von Orléans Lavaproben vom Vesuv und von der Insel Réunion untersucht.

Im Städtchen Moulins bemerkt er die Verwendung schwarzer, poröser Bausteine und erkennt darin sofort vulkanische Lava. Die Bewohner erklären, daß das Gestein aus Volvic käme. In großer Spannung gelangen die beiden Gelehrten zunächst nach Riom. Fast die ganze Stadt ist aus diesem Gestein erbaut! Die Steinbrüche von Volvic sind nicht weit, und die beiden besuchen diese, verfolgen den „Lauf der Lava" bergauf und gelangen zu einem über dem Dorf gelegenen Kegel. Guettard stellt fest, daß dieser aus bei einer Eruption ausgeworfenem Material besteht und daß sein Gipfel von einer trichterförmigen Einmuldung, also einem Krater gekrönt ist.

Am nächsten Tag besteigt Guettard in Begleitung des Apothekers Jean-François Ozy den Puy de Dôme. Er schlußfolgert aus den „gebrannten Materialien", daß es sich auch hier um einen Vulkan handelt. Vom Gipfel aus identifiziert er die Kegel der gesamten Chaîne des Puys als Vulkane und erkennt auch die magmatische Entstehung des Mont-Dore.

Während starker Vesuveruptionen, wie der von 1779, als eine Lavafontäne kilometerhoch aufstieg, durchzucken unaufhörliche Blitze, sogenannte „ferilli", die aschebeladenen Eruptionswolken. Schreckenerregende Donnerschläge begleiten die elektrostatischen Entladungen. Ursache ist die gegenseitige Reibung der Lavapartikel und die Ionisierung der Gase in der Atmosphäre. Es überrascht folglich nicht, daß manche Gelehrte in den „Elektrischen Theorien" des 18. Jahrhunderts einen elektrischen Ursprung des Vulkanismus vorgeschlagen haben.

Brunnen aus Lavagestein im Auvergnestädtchen Moulins.

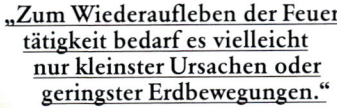

„Zum Wiederaufleben der Feuertätigkeit bedarf es vielleicht nur kleinster Ursachen oder geringster Erdbewegungen."

Von Guettard erscheint 1752 seine berühmte Mitteilung an die Pariser Akademie über die Vulkane der Auvergne: „Über einige Berge Frankreichs, die einmal Vulkane waren". Er begnügt sich nicht mit der Feststellung von Vulkanformen, sondern schreibt auch, daß die Kegel der Chaîne des Puys wahrscheinlich nur schlafende Vulkane sind. Er fordert sogar die Bewohner auf, auf mögliche Vorzeichen einer Eruption zu achten und „bei Erdbeben klugerweise Vorsichtsmaßnahmen zu treffen, deren man sich in vergleichbaren Situationen nicht zu schämen braucht". Hatte nicht der Bischof von Clermont, Sidoine Apollinaire, im 5. Jahrhundert geschrieben, daß „die Erschütterungen der Erdbeben die Mauern von Vienne zum Schwanken brachten" und „die Berge Feuer auswarfen"?

25 Jahre nach Guettards Entdeckung veröffentlicht Barthélémy Faujas de Saint Fond (1741–1819), der erste Geologieprofessor am Naturhistorischen Museum in Paris, sein bedeutendes Werk über die erloschenen Vulkane des Vivarais und des Velay („Recherches sur les volcans éteints du Vivarais et du Velay"). Darin ist auch ein Brief des Apothekers Ozy abgedruckt, der Guettard die Priorität der Entdeckung streitig macht. Ozy habe schon ein Jahr vor Guettard den Puy de Dôme mit dem Iren Bowls und dem

Mehrere Jahre vor Faujas de Saint Fond hat Pater Mortesagne bereits Vulkane in der Umgebung von Puy-en-Velais erkannt. Faujas (im Bild links als königlicher Bergbaukommissar) interessiert sich sehr für das Vorkommen von Puzzolanerde in den vulkanischen Gebieten Frankreichs und fördert deren Verwendung als Zement. Mit Buffon verbindet ihn eine enge Freundschaft. Dieser verfügt, ihm nach seinem Tod sein nach Art der Ägypter in einer Urne aufbewahrtes Gehirn zukommen zu lassen.

Engländer Olendorff auf deren Rückreise vom Vesuv
besucht und dabei von diesen gelernt, Krater und Laven
zu erkennen. Die beiden Fremden seien also die echten
„Entdecker" der vulkanischen Auvergne.

Wasser oder Feuer? Der Ursprung des Basalts.

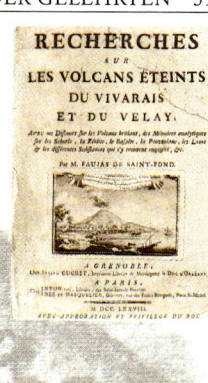

Guettard geht trotz allem von der wässerigen Entstehung
des Basalts aus. Er unterstreicht, daß Basalte durch chemische Ausfällung im Meerwasser entstehen. „Warum findet
man keine Basaltsäulen von den rezenten Eruptionen des
Vesuvs oder anderer aktiver Vulkane, wenn diese vulkanischen Ursprungs sein sollen?" Faujas dagegen betont die
magmatische und vulkanische Entstehung des Basalts und
stützt sich dabei auf seine genauen Beobachtungen an den
Säulenbasalten des Velay, des Vivarais und in Schottland.

Ungewollt wird Guettard zum Urheber der zwei Lehr-
meinungen, die sich nun für eine lange Zeit heftig be-
kämpfen. Seine Vorstellungen über den Basalt werden von
den nach dem Gott des Meeres genannten Neptunisten
aufgenommen, während seine Beobachtungen über die
Vulkane der Auvergne den Vorstellungen der Vulkanisten,
die nach dem Gott der Tiefen Plutonisten genannt werden,
entgegenkommen.

Abraham Gottlob Werner, der große Lehrer des Neptunismus.

A. G. Werner (1749–1817) wurde bereits mit 25 Jahren
Professor an der Bergakademie in Freiberg. Die Stellung
bekleidet er 40 Jahre lang. Er ist ein ausgezeichneter
Kenner der Mineralien und veröffentlicht bereits 1774

ein umfassendes mineralogisches System mit dem heute für die Mineralogie seltsam klingenden Titel „Von den äußeren Kennzeichen der Fossilien". Obgleich sich seine Geländebeobachtungen auf das Erzgebirge, Sachsen und Böhmen beschränken, wird er sehr bald zum anerkannten „Orakel der Geognosie" seiner Zeit. Seine klaren und anschaulichen Vorlesungen begeistern Schüler, die es aus ganz Europa nach Freiberg zieht. Er hat eine große Abneigung gegen das Schreiben, so daß nur wenige Veröffentlichungen und kürzere Notizen zum Druck kommen. Dafür überläßt er es seinen Schülern, seine Erkenntnisse und Lehrsätze auf der ganzen Erde zu verbreiten.

Seine „Geognostische Theorie" ist im Einklang mit der Genesis. Sie geht von der Annahme aus, daß der Globus innen erkaltet und seit langem von einem Urozean bedeckt sei. Daher sind fast alle Gesteine durch chemische Ausfällung, durch Kristallisation und Sedimentation im Meer entstanden, darunter der Basalt, *Obsidian*, Bimsstein und Granit. Vulkane gehen somit auf ganz junge Ereignisse zurück und sind ohne Bedeutung für die

Werner, der „Papst des Neptunismus", ist eigentlich durch nichts prädestiniert, um für einen Urozean zu kämpfen, in dem die chemische Ausfällung die Hauptrolle bei der Entstehung der Gesteine spielt. Er lebt in einer an erloschenen Vulkanen reichen Gegend und war darüber hinaus als junger Mann „Hüttenschreiber" der Hüttenwerke Sachsens.

Erdgeschichte. Sie sind nichts anderes als durch brennende Kohleflöze geschmolzene Nebengesteine, die dann als Laven geflossen seien. Warum würden denn sonst die Vulkanberge Böhmens direkt neben den Kohleformationen liegen?!

Unter den bedeutendsten Schülern von Werner sind Leopold von Buch, Alexander von Humboldt und F. d'Aubuisson zu nennen. Johann Wolfgang von Goethe bekennt sich an vielen Stellen seiner „Schriften zur Geologie" zu Werner. „(…) so muß es mir mit Gewalt abgenötigt werden, wenn ich etwas für vulkanisch halten soll, ich kann halt nicht aus meinem Neptunismus heraus", schreibt er beim Besuch des Laacher Sees und der Mendiger Laven. Den Kammerbühl bei Eger hat Goethe jedoch in mehreren Abhandlungen als Vulkan beschrieben. Schon um 1798 schreibt er ein Essay „Vergleichsvorschläge, die Vulkanier und Neptunier über die Entstehung der Basalte zu vereinen". Selbst in seinem poetischen Werk, z. B. im „Faust II", lassen sich neptunistische Vorstellungen wiedererkennen.

Säulenbasalte auf der Burg Stolpen bei Dresden beinhalten für Werner nicht eine Spur einer magmatischen Schmelze. Die Ausbildung von Säulenprismen weise auf Austrocknung hin, wie Trockenrisse im Schlamm.

Die Grafik unten zeigt einen auf Sedimentgesteinen aufsitzenden Vulkan und Basaltsäulen.

Der Schotte James Hutton ist Wortführer der entgegengesetzten Schule, der der Plutonisten.

Hutton (1726–1797) ist Arzt und Chemiker, auch Begründer einer gutgehenden Ammoniakfabrik, und beschäftigt sich schließlich mit der Landwirtschaft, um sein Landgut in Berwickshire zu nutzen. Dort im Gelände, auf seinen Feldern, entdeckt er die Geologie. Wohlhabend geworden, beschließt er, sich seinen geologischen Studien zu widmen, und gründet den Oyster Club, dessen gelehrte Mitglieder aus Edinburgh sich wöchentlich treffen, um über die großen wissenschaftlichen Fragestellungen der Zeit zu debattieren. Zu den einflußreichsten Mitgliedern zählen zum Beispiel der Chemiker John Black, der Entdecker des Kohlensäuregases, und der Mathematikprofessor John Playfair.

Hutton erforscht in Schottland den Castle Rock, dann Arthur's Seat und Salisbury Crags. Unvoreingenommen reiht er Beobachtung an Beobachtung und versucht dann eine Erklärung – ganz im Gegensatz zu Werner, der seine Theorie immer und um jeden Preis den Beobachtungen überstülpen will. Zwei Jahre vor seinem Tod veröffentlicht Hutton im Jahr 1795 seine „Theorie der Erde, mit Beweisen und Illustrationen". Darin wird der Grundstein des Plutonismus gelegt. Hutton stellt sich gegen das Buch der Genesis, da er in der Geschichte der Welt weder Anfang noch Ende erkennt. Wenige Jahre

später legt John Playfair die Gedanken des Meisters in den „Erläuterungen der Huttonschen Theorie der Erde" in einem so klaren Stil und mit so großer Genauigkeit des Ausdrucks dar, daß dies ein Meisterwerk der geologischen Literatur genannt werden kann.

Vulkane stehen nach Hutton in direkter Verbindung mit dem *Erdkern*, der aus unbekannten Gründen schmelzflüssig ist. Er glaubt nicht an unterirdische Brände. Für ihn wird die innere Hitze des Globus von Zeit zu Zeit durch vulkanische Eruptionen gemildert. Die magmatischen Schmelzen erzeugen dabei bedeutende *Intrusionen* in der *Erdkruste* und bewirken Aufwölbungen des Erdbodens. Hutton bleibt sein ganzes Leben lang davon überzeugt, daß die in Schottland auftretenden vulkanischen Gesteine unter der Erdoberfläche erstarrt seien. Er kann sich nicht vorstellen, daß sich diese an die Oberfläche ergossen haben könnten. Die im Wasser abgelagerten Sedimente würden bei den Intrusionen durch die Hitze im Erdinnern gehärtet und in feste Gesteine umgewandelt: Dies ist die Gesteinsmetamorphose der modernen Petrologie.

Die Theorie Huttons wird zunächst im Land ihrer Entstehung heftigst bekämpft.

Der Dubliner Mineraloge Richard Kirwan (1733 – 1812) eröffnet zunächst mit der Feststellung, daß er in Nordirland Meeresfossilien im Basalt gefunden hätte, den Meinungsstreit. Hutton beweist, daß es sich um eine fossilführende Tonablagerung handelt, die im Kontakt mit einer Lava durch Hitze verhärtet worden war.

Mit noch größerem Eifer versucht der Edinburgher Professor Robert Jameson, der ein begeisterter Schüler Werners ist, die neptunistischen Gedanken zu stützen.

Hutton und sein Assistent untersuchen nahe bei Edinburgh von einer Basaltschicht bedeckte Sedimentgesteine (oben). Der Aufschluß in einem Abwasserkanal in der Frederik Street von Edinburgh (links) zeigt eine basaltische Intrusion, die in Sedimentgesteine eingedrungen ist.

James Hutton (links), der Vater des Plutonismus, schreibt unter dem Eindruck religiöser Erklärungsversuche des Vulkanismus: „Vulkane sind nicht dafür gemacht, abergläubische Geister zu erschrecken und diese derart in Frömmigkeit und Verehrung zu stürzen. Der Vulkanismus ist vielmehr das Ergebnis eines natürlichen Schmelzofens."

Er bezeichnet die plutonistischen Theorien als „Monstruositäten" und stellt in autoritärer Weise fest, daß es in Schottland keinerlei Vulkanreste gäbe. Schließlich gründet er sogar in Edinburgh die „Wernerianische Naturgeschichtliche Gesellschaft". Sie veröffentlicht nur neptunistische Anschauungen, bleibt aber nicht lange bestehen.

Dennoch lehrt Jameson bis an sein Lebensende den „Wernerianischen Nonsens", wie es der spätere Evolutionsbiologe Charles Darwin (1809 – 1882), einer seiner letzten Hörer, ausdrückte. Darwin schrieb: „Wenn ich mich an die Vorlesungen von Jameson erinnere, wundere ich mich nicht über meinen Entschluß, nie mehr Geologie zu betreiben…"

Die Entdeckung der Vulkane Deutschlands.

Ein deutscher Wissenschaftler hat noch vor Hutton den vulkanischen Ursprung der Basaltsäulen vom Giant Causeway, der „Chaussée der Riesen" in Nordirland, und von der Insel Staffa in Schottland erkannt. Es ist Rudolf Erich Raspe (1737 – 1794). Er versucht sogar, deren prismatische Form als Folge von submarinen Eruptionen zu erklären. Raspe hat einen sehr wechselvollen Lebenslauf und ist

Die Basaltsäulen der Fingalgrotte auf der schottischen Insel Staffa haben Mendelssohn zu einer Komposition inspiriert. In dieser Meereshöhle erzeugt das Plätschern der Wellen eine Folge musikalischer Töne.

nacheinander Bibliothekar und Herausgeber der Werke von Leibniz, dann Mineraloge beim Landgrafen von Hessen, Spion, Unternehmer und romantischer Dichter. Schon 1769 erkennt er zusammen mit seinem Freund, dem schwedischen Mineralogen Johann Ferber (1743 – 1790), die Reste von Vulkanen in Deutschland. Seine Entdeckung beschreibt er 1770 in einem Brief an die Royal Society in London („A short account of some Basalt Hills in Hassia"). Mit diesem Beitrag und der 1771 in den Schriften der Göttinger Gesellschaft der Wissenschaften erschienenen „Nachricht von niederhessischen Basalten und den Spuren eines erloschenen Vulkans am Habichtswalde" ist Raspe wohl der Entdecker des Vulkanismus in Deutschland.

Der Giants Causeway in Irland wird von einem 50 Millionen Jahre alten Basaltstrom gebildet, der in ein weites Tal geflossen ist. Durch das langsame Erkalten erstarrte das Innere des Stroms durch Abkühlungsschrumpfung in prismatischen, fünf- bis achtseitigen Säulen.

Die Nachwelt kennt Raspe aus ganz anderen Gründen. In Diensten des Grafen von Hessen begeht er einige Unregelmäßigkeiten, die ihn zwingen, nach England zu fliehen. Dort wird er aus der Royal Society ausgeschlossen, als man von seinen gerichtlichen Verwicklungen erfährt. Raspe zieht sich in die Schriftstellerei zurück. Er veröffentlicht einen Roman, den „Baron von Münchhausen".

Baron von Münchhausen verwirklicht einen Vulkanologentraum: Er steigt hinab in den Ätna-Krater, um dort mit Vulcanus über die Ausbruchsmechanismen zu diskutieren.

Ein junger Mineraloge, James Hall, bestätigt als begeisterter Experimentator die Huttonsche Theorie im Labor.

Hutton legt wenig Wert auf Experimente im Labor. Paradoxerweise tragen jedoch gerade diese wesentlich zur Stützung seiner Theorie bei. James Hall (1761 – 1832), der ebenfalls Mitglied des Oyster Clubs ist, kann den wichtigsten Einwurf gegen Hutton entkräften, daß nämlich durch Schmelzen von Gesteinen nur dichte, glasartige Massen entstehen können. Er hat gehört, daß das Glas in einer Glasschmelze in Leith versehentlich kristallisiert sei, weil die Arbeiter die Schmelze zu langsam hatten abkühlen lassen. Hall entnimmt Proben, schmilzt diese auf und kühlt sie schnell oder langsam ab. Einmal erhält er Glas, das andere Mal kristallisiert das Material aus. Er wiederholt die Versuche mit Basalt und erhält in Abhängigkeit von der Abkühlungsgeschwindigkeit entweder Glas oder ein kristallines Gestein, das einer natürlichen Lava ähnelt. Also sind vulkanische Gesteine das Ergebnis von Aufschmelzungsprozessen.

Auf einer Reise nach Italien beobachtet Hall, daß die zahlreichen vulkanischen Gänge am Monte Somma am Rand glasig und im Zentrum kristallin sind. Richtigerweise schließt er daraus, daß hier Schmelzen in Spalten eingedrungen sind und durch den Kontakt mit den kalten Oberflächen schnell und glasig abgeschreckt wurden, während sie im Innern langsamer kristallisieren konnten. Wenige Jahre später gelingt es auch George Watt, dem Sohn des berühmten Erfinders der Dampfmaschine, künstliche Basaltsäulen in einem Schmelzofen zu erzeugen.

In der Eifel und um den Laacher See finden sich neben Schlackenkegeln Staukuppen zähflüssiger Lava und die Explosionskrater der Maare. Die meisten vulkanischen Bildungen sind während der letzten 500 000 Jahre entstanden, doch die jüngsten vulkanischen Ausbrüche in Deutschland gab es hier vor ungefähr 10 000 Jahren.

Der Sommakegel am Vesuv wird von vulkanischen Gängen durchzogen.

Ursprung und die Natur von Säulenbasalten" zu publizieren. Danach nimmt er die erste geologische Karte der Chaîne des Puys und des Mont-Dore auf, eine Kartierung von erstaunlicher Genauigkeit.

Desmarest geht vom heutigen Zustand aus und rekonstruiert die Vergangenheit der Auvergne-Vulkane. Er unterscheidet drei Epochen.

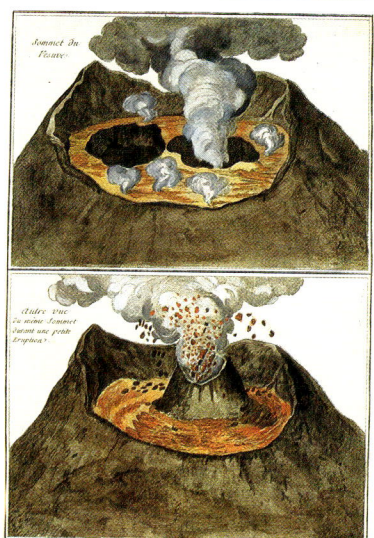

Die erste Epoche umfaßt die rezenten Vulkane, die erst vor kurzem erloschen sind und deren Lavaströme mit ihrer Schlackenbedeckung noch gut erhalten sind. Vulkane der zweiten Epoche sind bereits durch die Erosion verändert. Durch das Einschneiden der Flüsse in die Lavadecken wird „das Relief der Lavaströme und der Täler vertauscht". Dies wird in der heutigen Geomorphologie „Reliefumkehr" genannt. Die Laven der dritten, ältesten Epoche sind schließlich zwischen Sedimentschichten eingelagert. Vulkane der Limagne sind aus „Pépérin" (den Peperiten) aufgebaut, aus mit Sedimentgestein vermischten Lavafragmenten, die durch Zerspratzen der Schmelze beim Kontakt mit Wasser entstehen. Auch hier formuliert er eine seiner Zeit weit vorauseilende Interpretation.

Als Desmarest das Hochplateau von Prudelle zwischen Clermont und dem Puy de Dôme besteigt, beobachtet er säulenförmige Basalte, die den Granit des Sockels überdecken. Dazwischen liegt eine „Schicht von Schlacken und von der Hitze gefrittetem Boden". Bedeckt sind die Säulen von einer sehr blasenreichen Lava, einer Art „Schaum, der oben aufgeschwommen ist". Er folgt der Säulenlava im Gelände und entdeckt, daß diese einen „Strom bildet, der aus einem benachbarten Vulkan ausgeflossen ist".

Der Puy de Pariou in der Chaîne des Puys der Auvergne (links).

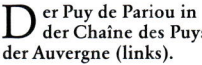

Es gibt nur zwei Irrtümer in seinen Beobachtungen: Er glaubt, daß Basalt durch Aufschmelzen von Granit entstünde, denn er hatte Granit-Einschlüsse in den Laven gesehen. Weiter glaubt er, daß der Puy de Dôme aus Granit bestünde, welcher an dieser Stelle selbst aufgeschmolzen worden sei. Desmarest argumentiert ganz als Plutonist, begibt sich aber nie in Diskussionen mit den Neptunisten. Diesen hält er nur entgegen: „Geht und seht selbst."

Die Anzahl wissenschaftlicher Untersuchungen wächst, neue Vulkane werden entdeckt.

Captain Cook entdeckt im Jahre 1778 Hawaii und seine Vulkane, Bougainville segelt 1766 – 1769 rund um die Welt, und Pallas erkundet Sibirien und Kamtschatka. Wenige Jahre danach besucht der Colonel, Abgeordnete und Naturfreund Geneviève Jean Baptiste Bory de Saint Vincent (1778 – 1846) nacheinander die Kanarischen Inseln, die er für die Reste des versunkenen Atlantis hält, dann Réunion und die Kykladen.

In seinem 1804 erschienen Werk „Reise zu den vier wichtigsten Inseln des Meeres von Afrika" beschreibt er mit vielen Einzelheiten den Piton de la Fournaise auf Réunion, dessen Gipfelkrater damals mit einem glühenden Lavasee gefüllt war. Es entgeht nichts seiner Beobachtung: Die verschiedenen Typen der Lavaströme, Gesteine mit oder ohne Olivinkristalle und unterirdische Lavatunnel. Er beobachtet sogar die feinen Fäden aus vulkanischem Glas, die fünfzig Jahre später auf Hawaii „Peles Haare" genannt werden … Und er trägt auch zur genauen Erklärung all dieser Phänomene bei.

ESSAIS

SUR

LES ISLES FORTUNÉES

ET L'ANTIQUE ATLANTIDE,

OU

PRÉCIS

De l'Histoire générale de l'Archipel des Canaries,

PAR J. B. G. M. BORY DE ST.-VINCENT,

OFFICIER FRANÇAIS.

Als Bory de Saint Vincent 1801 den Piton de la Fournaise auf der Insel Réunion aufsucht, hatte sich durch Akkumulation von kleinen, zähflüssigeren Lavaströmen über einer Ausbruchsstelle ein „Mamelon" gebildet (Bild).

Die wichtigsten Krater des Piton de la Fournaise benennt er nach berühmten Gelehrten. Auch sich selbst vergißt er nicht: Der Gipfelkrater heißt Bory! Durch Bory de Saint Vincent wird die vulkanologische Erforschung des Piton de la Fournaise eröffnet. Graf de Montloisir (1785–1838) entwickelt in seiner Schrift „Versuch über die Theorie der Auvergnevulkane" eine grundsätzlich neue These: Die Aufschmelzung der Laven geschieht nicht durch unterirdische Brände.

Josef-Henry Hubert (1747–1838) ist ein vulkanbegeisterter Autodidakt. Er arbeitet zusammen mit Poivre auf Réunion, dient Bory de Saint Vincent als Führer und hat ihm freizügig alle seine persönlichen Beobachtungen über die Ausbruchsaktivitäten des Piton de la Fournaise überlassen. Die Karte des Vulkans aus dem Jahr 1802 (oben, mit Lavaströmen, die sich ins Meer ergießen) fußt weitgehend auf seinen Arbeiten und Beobachtungen.

Damit ist man nun schon weit über Bernardin de Saint-Pierre hinaus, der die Vulkane als riesige Hochöfen betrachtete, die an den Meeresufern angefacht wurden, um die Gewässer von den aus Verwesungsprodukten entstandenen Ölen zu reinigen. Dies ist nun auch weit entfernt vom Italiener Scipio Breislak, für den die Eruptionen des Vesuvs aus der Verbrennung von Petroleum herrührten, das durch die Zersetzung von Schwefelkies destilliert worden war. Bei seiner Erklärung für die marinen Bohrmuscheln auf den Säulen des „Serapistempels", war Breislak scharfsinniger. Sie leitet er treffend daraus ab, daß der Boden sich zunächst um mehrere Meter gesenkt und dann wieder gehoben haben muß.

Die bewegten Abenteuer des Déodat de Gratet de Dolomieu.

Der aus der Dauphiné stammende Geologe Déodat de Dolomieu (1750–1801), Ritter des Malteserordens, Professor an der Bergbauakademie École

Bei Pozzuoli in den Phlegräischen Feldern werden Bodenbewegungen auf das Vorhandensein einer Magmakammer in 4–5 km Tiefe zurückgeführt. Im 15. Jahrhundert hatte sich der Boden um 5,80 m gesenkt. 1538 hob sich der Boden erst um 6 m und ist dann nach der Eruption wieder um 4 m gesunken. Von 1969 bis 1984 hat sich der Erdboden bei Pozzuoli wieder um bis zu 3,50 m gehoben. Die Säulen des „Serapistempels" (links) stehen deshalb zeitweise im Trockenen und zeitweise unter dem Meeresniveau.

des Mines in Paris, Mitglied der dortigen Akademie der Wissenschaften, ist sowohl als passionierter Vulkanologe als auch als großer Verführer bekanntgeworden; denn so sagt er „das Studium der Gesteine löscht die Gefühle nicht aus". Nach ihm werden die Dolomiten benannt und das diese aufbauende Dolomitgestein sowie das Mineral Dolomit, ein Magnesium-Kalzium-Doppelkarbonat.

Trotz allem wäre Dolomieu beinahe im Schatten der Geschichte geblieben. Mit 18 Jahren wird er vom Malteserorden zu lebenslanger Haft verurteilt, weil er seinen Gegner im Duell getötet hatte. Glücklicherweise wird er begnadigt. 1789 stirbt fast seine ganze Familie auf der Guillotine. Sein alter Freund und Gönner, der Herzog de la Rochefoucauld, wird vor seinen Augen umgebracht. Als Überlebender der Schreckensherrschaft nimmt Dolomieu 1798 an Napoleons Heerzug nach Ägypten teil, wird jedoch auf der Rückreise in Tarent, wo sein Schiff strandet, von Gegenrevolutionären gefangengesetzt.

Im Bild oben die Bucht von Neapel mit dem Vesuv, einem Studienobjekt Dolomieus (unten).

Danach darbt Dolomieu 21 Monate in einem Gefängnis von Messina. Krank und verzweifelt, hat er gerade noch die Kraft, sein Testament zu verfassen – und eine mineralogische Klassifikation. Einflußreiche Freunde wie Joseph Banks, der Präsident der Royal Society in London, Sir William Hamilton und Admiral Nelson versuchen vergeblich, ihn freizubekommen. Nach dem Sieg von Marengo 1801 erreicht Napoleon seine Freilassung. Dolomieu kehrt nach Frankreich zurück und nimmt seine Forschungen wieder auf, stirbt jedoch im Alter von 50 Jahren.

Dolomieu hat auf seinen Reisen eine gewaltige Sammlung vulkanischer Gesteine und Minerale angehäuft. In den Basalten der Kyklopeninseln am Fuß des Ätna (unten ein Stich des Kraters aus dem 18. Jahrhundert), entdeckt er sogar ein neues Mineral: Analcim.

Dolomieu ist unwidersprochen einer der Begründer der modernen Vulkanologie.

Er hat fließende Lavaströme am Vesuv und am Ätna beobachtet, ebenso die Explosionen des Stromboli und den rauchenden Krater von Vulcano. Von all diesen Erscheinungen gibt er genaue Beschreibungen. Die Existenz eines Erdkerns aus glutflüssigem Magma und die tiefe Herkunft der vulkanischen Laven

stehen für ihn über jedem Zweifel. Er vergleicht den Vulkanismus bildhaft mit der Aktivität eines Maulwurfs, „dessen Wirken sich ja auch unter dem Rasen abspielt, während die an der Oberfläche entstehenden Erdhaufen ja ebenfalls aus einer Schicht unterhalb des Grases entstammen".

Während seine Vorgänger in der Aufschmelzung des Granits den Ursprung aller Laven sahen, betont Dolomieu, daß jede Lava aus einem speziellen Gestein unter der Erdkruste entstanden sei. Er unterscheidet die schwarzen Basalte von den weißlichen Kieselgesteinen, den heutigen Trachyten, Rhyolithen und Andesiten. Außerdem erkennt er, daß die Bimssteine Liparis nur die mit Gasblasen versetzten Varianten des Obsidians sind. Er täuscht sich aber in seiner Aussage, daß die Lavaströme durch

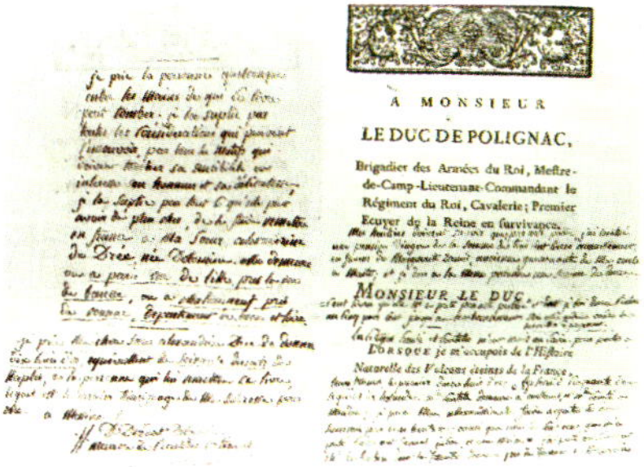

A MONSIEUR

LE DUC DE POLIGNAC,

Brigadier des Armées du Roi, Mestre-de-Camp-Lieutenant-Commandant le Régiment du Roi, Cavalerie; Premier Ecuyer de la Reine en survivance.

MONSIEUR LE DUC,

LORSQUE je m'occupois de l'Histoire Naturelle des Volcans éteints de la France,

In seiner Kerkerzelle in Messina hat Dolomieu als einziges beschreibbares Papier den freien Rand der berühmten „Mineralogie der Vulkane" von Faujas de Saint Fond zur Verfügung.

„Ich bitte jedermann, in dessen Hände dieses Buch fallen könnte, inständigst und bei allem, was ihm lieb sein könnte (...), dieses nach Frankreich zurückzubringen und meiner Schwester Alexandrine de Drée, geborenene Dolomieu zu übergeben. (...) Meine liebe Schwester bitte ich hiermit, dem Überbringer (...) zehn Louisdor zu geben. "

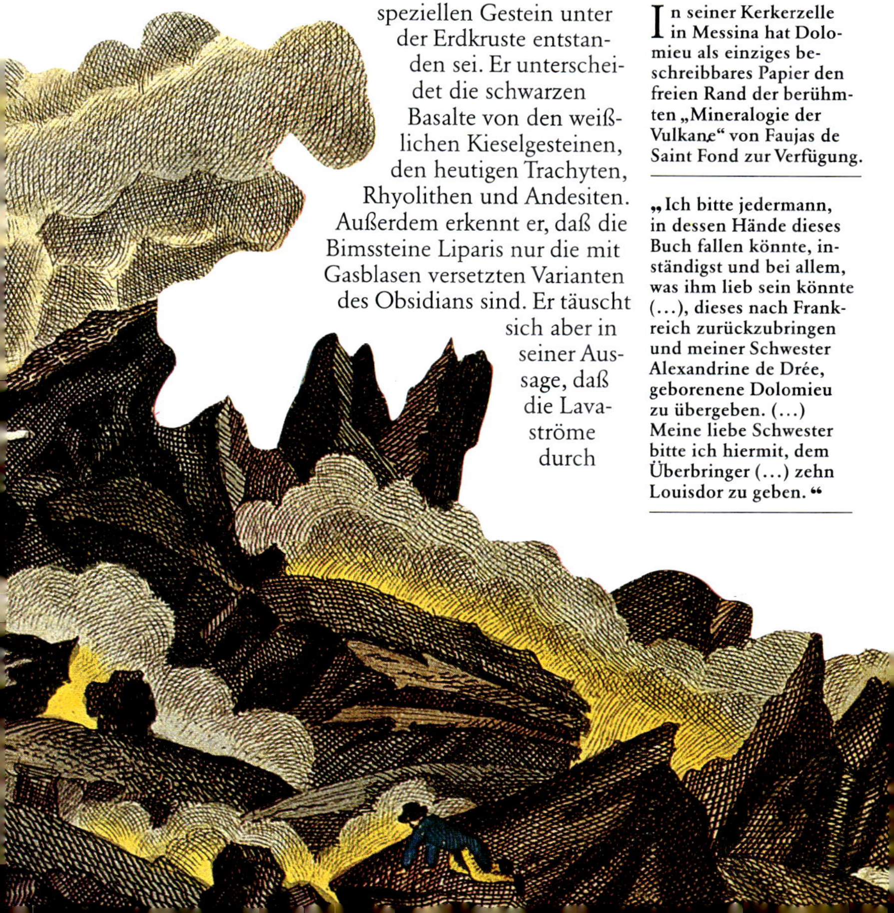

die Verbrennung des in ihnen enthaltenen Schwefels aufgeschmolzen würden und daß die großen schwarzen Kristalle in ihnen nichtaufgeschmolzene Gesteinsreste seien. Im sizilianischen Val di Noto südlich des Ätna weist Dolomieu die submarine Entstehung der Basalte nach, die mit Kalksedimenten wechsellagern.

Er besitzt das Privileg, den Vesuv in Begleitung von William Hamilton und James Hall zu besuchen, und bemerkt dort in der Flanke des Monte Somma „vertikale Basalte" (siehe Abb. S. 67). Diese interpretiert er als Laven, die von oben in klaffende Erdspalten eingedrungen seien. In Wirklichkeit sind es Gänge, das heißt Klüfte und Spalten, die mit den aus der Tiefe aufdringenden Schmelzen gefüllt sind.

Als anerkannter Vulkanologe beschließt Dolomieu, auch die Auvergne zu besuchen. Er schlägt vor, unter einem Kegel der Auvergne nach dem vulkanischen Schlot zu graben! In den Basaltsäulen des Zentralmassivs erkennt er das Resultat der Schrumpfungskontraktion bei der Abkühlung. Völlig zutreffend erklärt er, daß der Puy de Dôme sich „über die Erdoberfläche erhoben hat wie eine Art Lavabeule (…), die recht zähflüssig gewesen sein muß, um nicht an der Austrittsstelle auseinanderzufließen". Und er betont, daß die bitumenreichen Hügel der Limagne, die von vielen als Beweis für Erdfeuer angesehen wurden, mit „Vulkanen nur soviel zu tun haben, daß sie zufällig in deren Nähe vorkommen".

Der Gesandte als Vulkanologe.

Ein Freund Dolomieus, der viel zu dessen plutonistischen Vorstellungen beigetragen hat, ist Sir William Hamilton (1730–1803), der Botschafter des englischen Königs am Hofe in Neapel und Ehemann der berühmten Lady Emma Hamilton. Hamilton ist Archäologe, Musiker, exzellenter Tänzer, Sammler, aber vor allem ein leidenschaftlicher Vulkanologe, der allein den Vesuv mehr als 60 mal bestiegen hat. Dies erfolgte bei starken Ausbrüchen oft unter erheblicher Lebensgefahr, auch für seinen Führer Bartolomeo Pumo, den „Kyklopen des Vulkans".

Hamiltons berühmtes Hauptwerk sind die „Campi Phlegraei", die mit handkolorierten Stichen des von ihm beschäftigten Künstlers Pietro Fabris reich bebildert sind. Er beschreibt in seinen Briefen an die Royal Society in London und in mehreren Werken die Eruptionen des Vesuvs zwischen 1766 und 1794, die Phlegräischen Felder, den Ätnagipfel, die Äolischen Inseln und sogar die Vulkane des Rheinlandes und der Eifel. Seine Werke finden in ganz Europa großen Widerhall.

Hamilton ist Zeuge der Vesuveruption von 1779, deren Lavafontänen bis in eindrucksvolle Höhen stiegen (Bild links oben), dann auch jener von 1794, deren Lavaströme Torre del Greco zerstören (Bilder links unten). Er vergleicht den Vesuv mit einem „menschlichen Körper voller schlechter Säfte, die sich durch einen Hauptkanal", den Gipfelkrater des Vulkans, entleeren. Wenn dieser aber verstopft sei, würde der Körper von Erdbeben geschüttelt, und die Säfte suchen sich einen anderen Ausgang.

Hamilton versucht, das Alter der Lavaströme des Vesuvs nach der Dichte ihres Pflanzenbewuchses zu bestimmen. Er beobachtet, daß übereinanderliegende Laven oft durch zwischengeschaltete Bodenbildungen getrennt sind, die um so dicker sind, je länger der zeitliche Abstand der Lavabildungen war. Einige tausend Proben vulkanischer Gesteine und Niederschlagsprodukte der Solfataragase (links unten) gehören zu seiner Ausbeute, die er in London analysieren läßt. Er nimmt an den Ausgrabungen in Pompeji teil (links oben) und ist Augenzeuge, als zahlreiche Opfer der Eruption ausgegraben werden, die erstickt waren oder durch die fallenden Bimse erschlagen worden waren. Hamilton erkennt, daß man die Lage eines vulkanischen Eruptionszentrums feststellen kann, indem man der Verteilung der Durchmesser und des Gewichts der ausgeworfenen Bimse nachgeht. Als erster stellt er fest, daß 79 n. Chr. strenggenommen nicht der heutige Vesuv Pompeji und Herkulaneum ausgelöscht hat, sondern der Vulkankegel, der den Vesuv wie ein Halbkreis im Norden umgibt: der Monte Somma. Erst nach dem Einsturz seines Vorgängers hat sich der Kegel des Vesuvs aufgebaut (nebenstehendes Bild mit der Eruption von 1779).

Hamilton erkennt, daß der Vulkanismus das zentrale Geschehen in der Entwicklung des Planeten Erde ist.

Es ist sicherlich ein großer Glücksfall für Hamilton, den Verlauf der Vesuveruptionen in einer Zeit intensiver Tätigkeit aus unmittelbarer Nähe beobachten zu können. Er stellt endgültig fest, daß Vulkanherde aus der Tiefe kommen und nichts Oberflächennahes sind, wie es noch Buffon behauptet hatte. Als etwas Besonderes erkennt er das vulkanische Feuer, da es ja auch unter Wasserbedeckung auftritt, wo die Luft zur Verbrennung fehlt. Außerdem betont er zu Recht, daß Vulkankegel durch Aufschüttung von Ascheschichten und Lavaströmen wachsen.

Hamilton interessiert sich besonders für die Fließformen der erstarrten Laven und unterscheidet zwei Typen: Die einen, unsere heutigen Seillaven, sehen wie „versteinerte Taue" aus; der zweite Typus, die heutigen Block- und Schlackenlaven, „ähneln der Themse im Winter, wenn auf dem Fluß Schnee- und Eisschollen treiben". Bei der Beobachtung von Steinbruchanschnitten durch ältere Lavaströme stellt er fest, daß die Ströme an ihrer Unter- und Oberseite jeweils schlackig ausgebildet, daß sie im Zentrum jedoch massiv und teilweise sogar säulenartig erstarrt sind. Hamilton beschreibt das Vorkommen von Säulenbasalten auch bei aktiven Vulkanen und schließt daraus richtigerweise, daß das Auftreten von Basaltsäulen ein Beweis für früheren Vulkanismus darstellt. Er findet sogar eine

In der Hundsgrotte bei Neapel sammelt sich das Kohlesäuregas dicht über dem Boden. Mitgebrachte Hunde erstickten in kurzer Zeit, konnten aber wiederbelebt werden, wenn man sie sofort in das Wasser des Sees tauchte.

Erklärung für die Explo-
sivität der Vesuveruptionen: Die
Ausbruchswolken in Gestalt einer
schirmförmigen Pinie entstehen durch den Kontakt
der heißglühenden Lavaschmelzen mit Wasser, ein Phänomen, das heute Hydrovulkanismus genannt wird.

Durch genaue Beobachtung kann Hamilton zwei Vesuv-eruptionen einige Tage im voraus ankündigen.

Dazu stützt sich Hamilton auf die Beobachtung, daß die
Zahl der Erdbeben vor einem Wiedererwachen des Vulkans
zunimmt. Auch fallen Brunnen am Vulkan dabei trocken.
Er sagt sogar den Ort des Lavaausbruchs auf der Flanke des
Kegels voraus: Dort hatte sich der Schnee im Winter nicht
halten können.

Die Gefahren für die Bevölkerung beschäftigten
Hamilton sehr. Er rät auch dem König von Neapel, den
von den Lavafluten bedrohten Palast in Portici zu räumen,
und schlägt sogar vor, die Lavaströme umzuleiten. Außerdem weist er als erster auf die Gefährdung des Viehs durch
die auf den Weiden ausgestreuten Vulkanaschen hin.
Genau wie in der Hundsgrotte in den Phlegräischen Feldern könnten die Vulkangase zum Erstickungstod führen.
Als Aschen auf die Dächer von Neapel fallen, verlangt er

Die Phle-
gräischen
Felder (d. h. die „Bren-
nenden Felder") beste-
hen aus 150 vulkanischen
Zentren, die in einer
gewaltigen Caldera von
15 km Durchmesser ge-
bildet wurden. Bei einem
katastrophalen Ausbruch
vor ca. 35 000 Jahren entstand die Caldera. Dabei
wurden ungefähr 100 km^3
vulkanischer Aschen
ausgeschleudert.

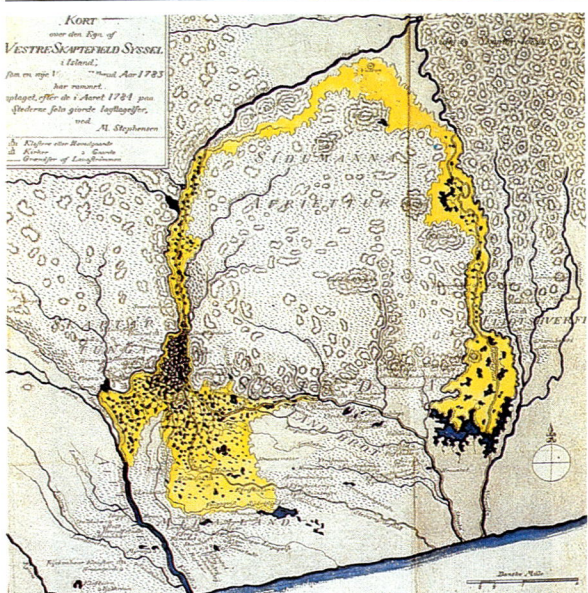

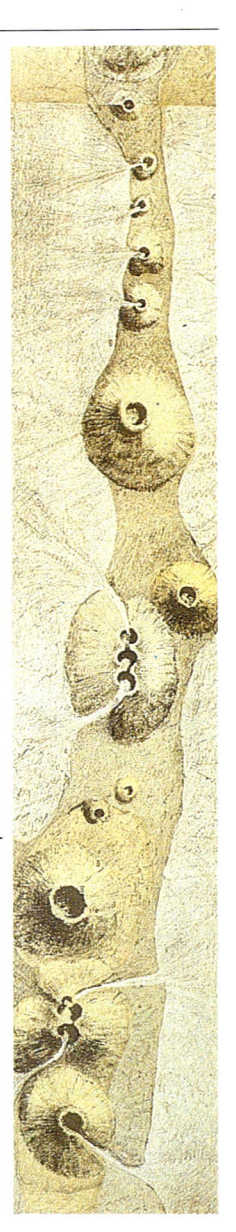

von der Bevölkerung, diese laufend zu säubern, um deren Einbrechen unter der angehäuften Last zu verhindern. Diese Ratschläge sind bis heute aktuell.

Ein Zeitgenosse Hamiltons ist der Italiener Lazzaro Spallanzani (1729–1799), der sich besonders für die Eruptionsmechanismen der italienischen Vulkane interessiert, nachdem er schon durch seine Arbeiten über den Blutkreislauf berühmt geworden ist. Er untersucht vulkanische Gesteine mit experimentellen Methoden, indem er die eingeschlossenen Gase durch Aufschmelzung der Laven extrahiert. Damit beweist er im Gegensatz zu Dolomieu, daß der Schwefel bei der Aufschmelzung keine Rolle spielt.

Im Jahr 1783 verwüsten zwei gewaltige Vulkankatastrophen Island und Teile Japans.

Der gewaltige Lavaerguß des Lakiausbruchs auf Island ist mit 12 km³ geförderter Basaltlava die größte Lavaeruption in historischer Zeit. Über 500 Mio. t giftiger Gase wurden ausgestoßen, wobei 11 000 Rinder, 200 000 Schafe und 28 000 Pferde durch Fluorvergiftung verendeten.

Ein Viertel der Bevölkerung Islands, das sind 10 500 Personen, kommen durch die dadurch ausgelöste Hungersnot um. Der darauffolgende Winter 1783–1784 ist für ganz Europa und Nordamerika besonders hart und schrecklich. Der Boden bleibt bis in den Sommer hinein gefroren. Allerdings nimmt kein Vulkanologe zu der Zeit von der schrecklichen Lakieruption auf dem weit entfernten Island wirklich Kenntnis. Glücklicherweise hat der Pastor Jòn Steingrimsson, der nahe am Ort der Katastrophe lebte, einen hervorragenden Bericht geschrieben. Im gleichen Jahr 1783 erwacht plötzlich wieder der japanische Vulkan Asama auf der Hauptinsel Honshu. In den Schlammströmen und Glutwolken finden 1 160 Menschen den Tod.

Das letzte Aufbegehren des Neptunismus.

Die brilliantesten Schüler Werners, wie Leopold von Buch und Alexander von Humboldt, werden ironischerweise auch die Totengräber seiner Theorien. Sie ziehen mit

Das Bild oben zeigt das von der Eruption des Asama von 1783 verwüstete Gebiet in einer historischen japanischen Darstellung.

Die Eruptionsspalte, die sich während der Lakieruption von 1783 auf Island gebildet hat (linkes Bild), ist 25 km lang und mit 135 Kratern besetzt. Die austretenden Laven ergossen sich über eine Entfernung von 60 km. Es ist Benjamin Franklin, der an diesem Beispiel erkannt, daß die geförderten Gase zu Klimaveränderungen führen können.

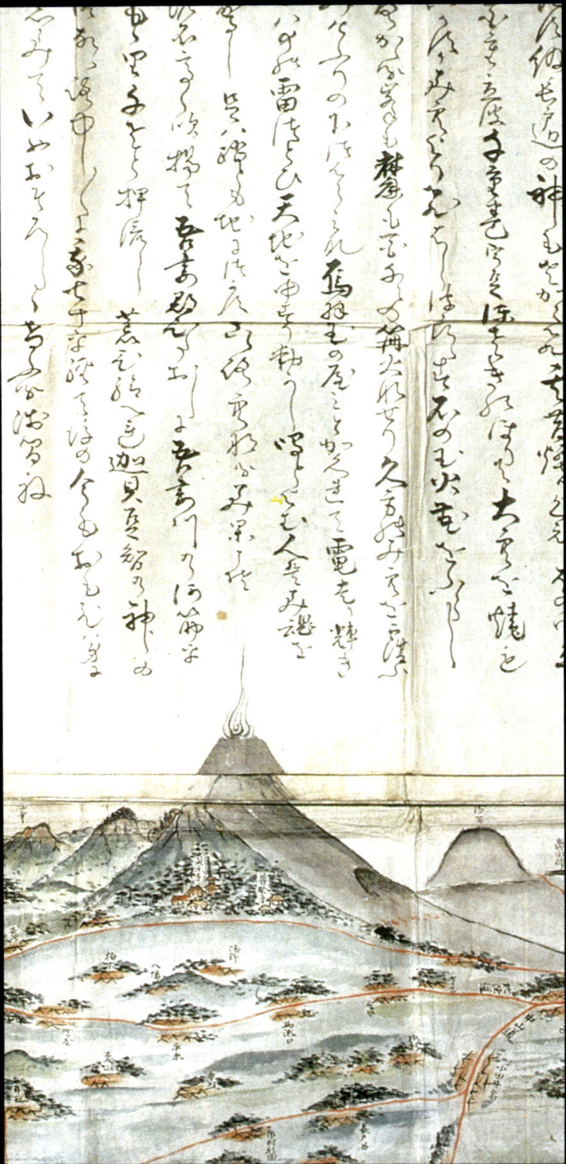

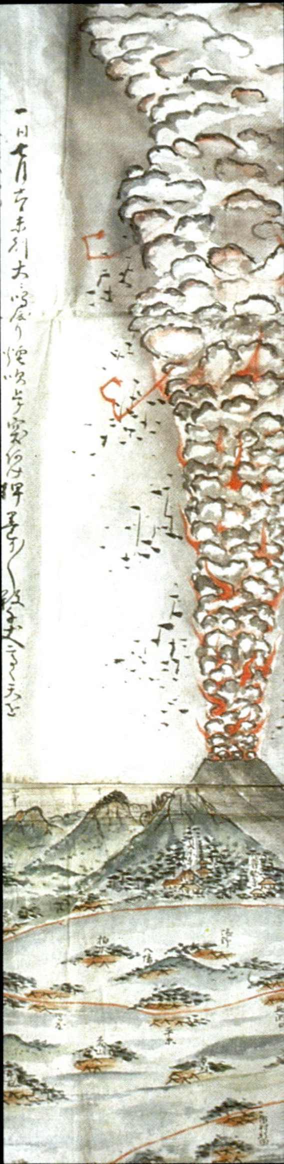

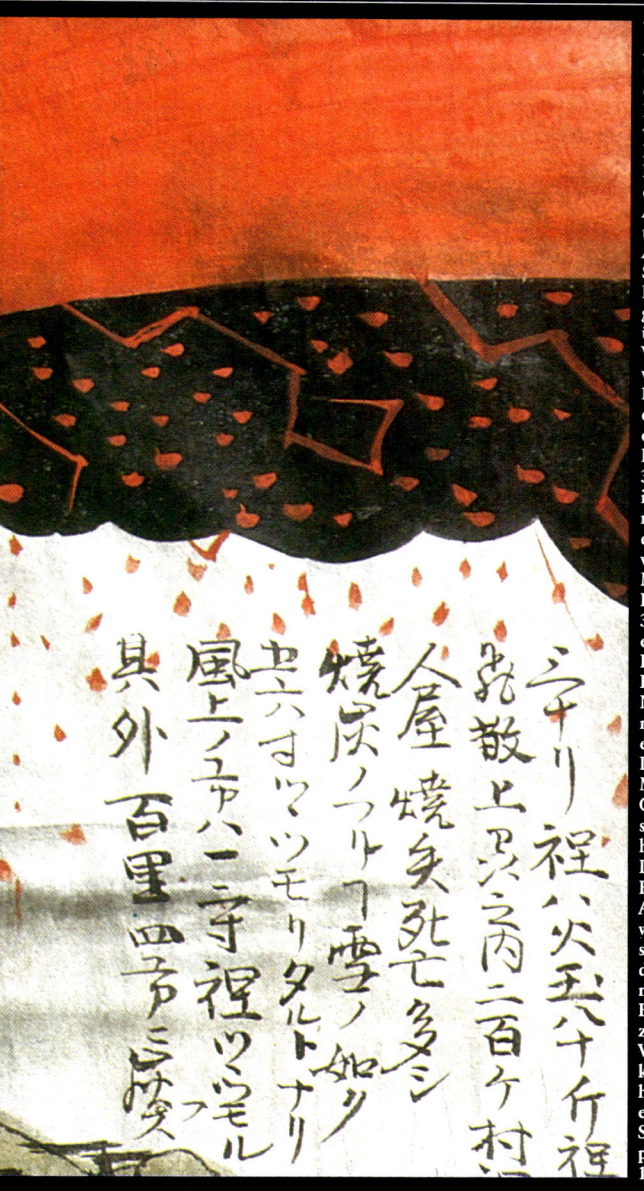

其外百里四方ニ及ヘリ
風上ニテアハニ子程ツモル
虫ハ六すツモリタルトナリ
焼灰ノフリ了雪ノ如ク
人屋焼失死亡多シ
散上其内二百ヶ村
子リ程八火五十ヶ程

Im Jahr 1783 erschüttern Asche- und Bimseruptionen den Gipfel des Asama in Japan. Die Ausstoßintervalle werden kürzer, und Ende Juli verläuft die Förderung praktisch ohne Unterbrechung. Am 4. August werden ungefähr 100 Mio. m^3 Aschen und glühende Schlacken aus dem Krater ausgestoßen und gleiten relativ langsam über die Nordflanke des Vulkans hinab. Dabei wird ein Gebiet von 1800 ha zerstört. Am darauffolgenden Tag erfolgt eine ungeheure Explosion, die über 300 km weit zu hören ist. Eine schreckenerregende, von Blitzen durchzuckte Aschenwolke mit gewaltigen Mengen rotglühender Lavabrocken von bis zu 35 m Durchmesser erhebt sich über dem Krater. Aschen und Blöcke fallen über der Nordflanke des Asama nieder und bilden dort eine über 300°C heiße Lawine von 10 Mio. m^3 Material, die mit großer Geschwindigkeit die steilen Hänge des Berges hinunterrast und vier Dörfer hinwegfegt. Beim Erreichen des Flusses Agatsuma löst die Lawine eine Flut von Wasser und Schlamm aus, die 1200 Häuser vernichtet. Am Ende der Eruption fließt eine zähe Lava mit einem Volumen von 170 Mio. km^3 über den Nordhang herunter und kommt erst nach 5,5 km zum Stillstand. Die Katastrophe hat mindestens 1200 Opfer gefordert.

Begeisterung aus der Freiberger Schule hinaus, um die Ideen Werners auf die Geologie der ganzen Welt anzuwenden. Dabei erleben sie allerdings eine herbe Enttäuschung nach der anderen.

So ergeht es Jean François d'Aubuisson de Voisins aus Toulouse (1769–1819). Als enthusiastischer Neptunist hatte er eine Abhandlung über die Basalte Sachsens geschrieben und entschieden erklärt, daß deren Entstehung aus dem Wasser über jedem Zweifel stehe. Der Schock für ihn kommt mit dem Tag, als er im französischen Zentralmassiv die Laven erloschener Vulkane untersucht. Es sind Basalte. Die Erkenntnis drängt sich auf, daß „es in der Auvergne Basalte vulkanischer Entstehung gibt". Diese Schlußfolgerung dehnt d'Aubuisson dann auch auf die Basalte Sachsens aus.

Alexander von Humboldt (1769–1819) geht denselben Weg. Auch dieser hervorragende Naturforscher war Schüler Werners. Als großer Forschungsreisender betätigt er sich gleichzeitig als Geologe, Astronom, Geophysiker, Naturalist, Diplomat, Völkerkundler, Botaniker. Er zeichnet sich als großherziger Liberaler und Kämpfer gegen soziales Unrecht, Rassismus und Kolonialismus aus. Sein Frühwerk „Über einige Basalte am Rhein" (1790) ist noch modellhaft neptunistisch. Doch als er 1794 die Eifelkrater besucht und beschreibt, befallen ihn bereits Zweifel.

Berlin, Paris, Orinoko, Neapel: Humboldt auf der Suche nach der Wahrheit.

1799 bricht Humboldt nach Mittel- und Südamerika auf. Während seiner fünf Jahre dauernden Forschungsreise legt er 10 000 km in den Regenwäldern des Orinokogebiets, zu den Andenvulkanen und bis nach Mexiko zurück. Er besteigt den 4 590 m hohen Vulkan Purace in Kolumbien, der unter Höllenlärm einen Dampfstrahl ausstößt, dann den Pichincha (4 787 m), wo bläuliche Flammen brennen. Dort ereignet sich ein starkes Erdbeben, und die aufgeschreckte Bevölkerung von Quito

Der 5790 m hohe Cayambe in Ecuador (rechts), Aquarell aus Humboldts „Südamerikanischer Reise" mit Humboldt und seinem Begleiter Aimé Bonpland im Vordergrund. Das wissenschaftliche Werk Humboldts ist gewaltig. Erst schreibt er von 1805 bis 1834 die 30 Bände seiner „Reise zu den Äquinoktialgegenden des neuen Kontinents", in denen alle seine Untersuchungen über Amerika enthalten sind. Dann arbeitet er 25 Jahre am Kosmos, einer universellen physischen Weltbeschreibung. Humboldt stirbt vor Vollendung dieser Reihe 1859 im Alter von 90 Jahren.

beschuldigt Humboldt, ein Ketzer zu sein und die Erschütterungen durch in den Krater geschüttetes Schießpulver
ausgelöst zu haben.

Als ausgezeichneter Alpinist erreicht Humboldt
schließlich am Chimborazo mit 5 810 m die höchste bis
dahin von Menschen erklommene Höhe. In Mexiko
beschreibt er in allen Einzelheiten den 1759 neu entstandenen Vulkan Jorullo mit dessen Lavaergüssen, auf denen
sich Tausende noch rauchender kleiner Vulkankegel gebildet hatten. Nach Rückkehr von dieser ruhmreichen Expedition erforscht er in Begleitung seiner Freunde Leopold von
Buch, Simon Bolivar und Louis Joseph Gay Lussac, dem er
den Spitznamen „Pottasche" gegeben hatte, den seit 1805
wieder aktiven Vesuv.

**Humboldts Beiträge zum Vulkanismus sind besonders
originell, weil er sich vornehmlich auf die vorher fast
unbekannten Vulkane der Neuen Welt bezieht.**

Viele Interpretationen Alexander von Humboldts haben
auch heute noch Gültigkeit. Aus der auffälligen Verteilung
der Vulkane auf der Erdoberfläche in langen Reihen
schließt er auf tiefreichende geologische Verwerfungen in
Gebieten geringer Krustenstabilität. Innerhalb eines Vulkan-
gebiets stünden die Magmenherde unterirdisch in Verbindung. So würden die Vulkane Cotopaxi, Pichincha und
Tungarahua auf der Hochebene von Quito einem einzigen
Vulkanherd entstammen. „Das Magma kann deshalb wech-
selweise aus der einen oder anderen Öffnung austreten."
Die sehr hohen Vulkanberge haben weniger Ausbrüche,
weil die Lava eben entsprechend schwieriger nach oben
steigen könne.

Er betont, daß die großen zerstörerischen Erdbeben
nicht unmittelbar mit dem Vulkanismus in Zusammenhang stehen, der nur mit kleineren Lokalbeben verknüpft
ist. Dies entspricht bereits der heutigen Unterteilung in
tektonische Beben mit oft großer Zerstörungskraft und den
meist schwächeren vulkanischen Beben. Auch unterstreicht er – aber dieser Gedanke liegt nun bereits in der
Luft –, daß Laven nicht das Ergebnis von Verbrennungsvor-
gängen sind, sondern schmelzflüssige Mischungen von
Metallen und Erdalkalien darstellen, die aufgrund der
„Ausdehnung der Dämpfe" an die Erdoberfläche dringen.
Zum Entsetzen seines Freundes Goethe ist Humboldt zum
glühenden Plutonisten konvertiert!

Am 29. September 1759 entsteht in Mexiko der Jorullo (rechts). Die Laven erzeugen beim Fließen über wässerigen Grund durch sekundäre Explosionen kleine Eruptionskegel. Als Humboldt 1803 das noch rauchende Gebiet besucht, vergleicht er diese Kegelchen mit „Backöfen". Im linken Bild gibt Humboldt Höhenvergleiche zwischen dem Chimborazo, dem höchsten Vulkan von Ecuador (auch im Bild oben), dem Cotopaxi, Popocatepetl, Mont Blanc und dem Teide auf Teneriffa.

Auch Leopold von Buch , der Freund Alexander von Humboldts und Lieblingsschüler Werners, wechselt unter großen Gewissenskonflikten vom Lager der Neptunisten zu dem der Plutonisten.

Um seinen Lehrer nicht zu verletzen, bekennt sich Leopold von Buch (1774 – 1853) erst nach Werners Tod zum Plutonismus. Er entstammt einer reichen Adelsfamilie, war schüchtern und nicht sehr gesellig, wurde aber schnell zum anerkanntesten Geologen des beginnenden 19. Jahrhunderts. Bei seiner Arbeit als preußischer Bergreferendar in Schlesien stellt er verwundert fest, daß viele Basalte entgegen der Wernerschen Theorie ohne jede Verknüpfung mit Kohlelagern vorkommen, durch deren Brand sie hätten aufgeschmolzen werden können. Diese Beobachtung läßt ihn nicht ruhen.

1797 gibt er seine Tätigkeit im Staatsdienst auf, um zu reisen und sich endlich gründlich seinen privaten Studien zu widmen. Er bricht nach Italien, dem Land der Vulkane,

Während der letzten Jahrhunderte ist Torre del Greco am Fuß des Vesuv dreimal von Lavaströmen des Vulkans überflossen worden. Es waren die Lavaausbrüche von 1737 und 1794 und die von Leopold von Buch beobachtete Eruption von 1805 – 1806, hier dargestellt in einer zeitgenössischen Gouache.

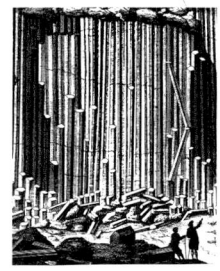

auf, wobei sein Gepäck nur aus einem
Notizbuch, einem Hammer und seinem
Barometer, dazu einem Hemd und seidenen Socken besteht. Er geht zuerst nach
Rom und von da in die Albaner Berge. Vor
Ort erkennt er, daß die vulkanische Natur
der basaltischen Lava des Capo di Bove
nicht zu leugnen ist. „Die Natur widerspricht sich hier selbst", stellt er fest, was
aber nichts anderes bedeutet, als daß die
Vorstellungen Werners hier nicht anwend-
bar sind.

    Danach studiert er den Vesuv, seinen
„Berg der Verklärung". Hierher kehrt er 1805
zurück, um diesen in einer aktiven Phase
zu erleben. Aber auch hier keine Spur von
Kohle. Um noch mehr über den Vulkanismus zu lernen, begibt er sich nun, immer
zu Fuß, in die Auvergne, wo ihn die Schönheit der Vulkanformen des Puy de Pariou
und des Puy de Dôme verführt: „Wenn Sie
Vulkane sehen wollen, sollten Sie
Clermont sogar dem Vesuv oder Ätna
vorziehen." Von Buch ist schnell
überzeugt, daß die Basalte im Zentralmassiv vulkanisch sind. Für die
deutschen Basalte läßt er diese treffende Erkenntnis
jedoch noch nicht gelten. Ihnen schreibt er bis zum
Tod seines verehrten Lehrers die Entstehung aus dem
Wasser zu, wie es Abraham Gottlob Werner predigt!

    Ein längerer Aufenthalt auf den Kanarischen
Inseln und der Besuch Schottlands und Nordirlands
lehren ihn, daß der Vulkanismus im Gegensatz zur
Meinung seines großen Lehrers eine zentrale
Bedeutung für den Bau der Erde hat und daß
sein Ursprung tief unter der Erdkruste zu
suchen ist. Unermüdlich durchstreift er
Europa und sammelt bis zu seinem
Lebensende Tausende von Beobachtungen, die schließlich unweigerlich das
Ende von Werners Theorien
einläuten. Der Neptunismus
ist tot, es lebe der Plutonismus! Hutton hat endlich
triumphiert.

Von Buch ist mehr von den säulenförmig erstarrten Basalten (oben die Säulenbasalte von Chenavari in der Auvergne) und von den Kegeln des Zentralmas-sivs beeindruckt, als von den aktiven Vulkanen Italiens. Der Puy de Pariou ist für ihn ein Modellvulkan.

Fünftes Kapitel

VON DEN ERHEBUNGSKRATERN ZUR MODERNEN VULKANOLOGIE

Wächst ein Vulkan durch Aufblähung oder durch Übereinanderschichtung von Laven und Aschen? Dies ist der letzte historische Streit der Vulkanologen. Mit der Lösung dieser Frage nimmt die Vulkanologie einen unerhörten Aufschwung. Das Studium der vulkanischen Gase und der Gesteinszusammensetzung wird nun weltweit vorangetrieben.

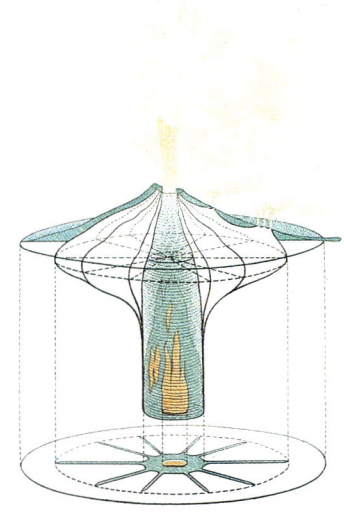

Die Wissenschaft versucht zum besseren Verständnis der vulkanischen Vorgänge „Vulkanmodelle" aufzustellen (Bild rechts). Dennoch steckt die Vorhersage vulkanischer Eruptionen auch heute noch in den Kinderschuhen. Die Evakuierung der bedrohten Bevölkerung, wie im Bild links am Galunggung auf Java im Jahr 1982, bleibt oft die einzige rettende Maßnahme.

Während der Streit zwischen Neptunisten und Plutonisten verblaßt, bricht eine neue Polemik über die Theorie der Erhebungskrater von Leopold von Buch aus. Er hatte diese Theorie an den Vulkanen der Auvergne im französischen Zentralmassiv entwickelt und 1819 erstmals vorgestellt. Von Buch erklärt, daß viele kuppenförmigen Vulkane in Frankreich wie der Puy de Dôme, der Sarcoui und der Puy Chopine aus durch „unterirdische Gase umgewandeltem und herausgehobenem Granit" aufgebaut seien. Dagegen seien die aus losen Schlacken bestehenden Kraterberge durch die Aufschüttung von Auswurfmaterial bei vulkanischen Explosionen entstanden.

In diesem von Leopold von Buch gezeichneten Schnitt sind die drei aus zähflüssiger Lava aufgebauten Staukuppen des Puy de Dôme, des Sarcoui und des Puy Chopine dargestellt.

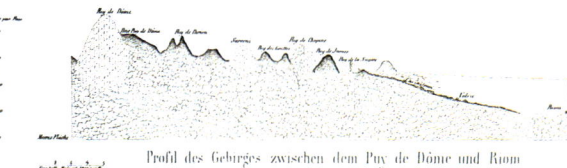

Profil des Gebirges zwischen dem Puy de Dôme und Riom

Von Buch nennt das Gestein des Puy de Dôme „Domit". Der Berg sei eine „Blase", eine von „einer inneren vulkanischen Kraft aufgetriebene Geschwulst".

In seinem Irrglauben fügt er hinzu, daß sich der Granit in Domit umwandle. Aus der Aufschmelzung des Domits würde dann gar Basalt entstehen. Ein Riesenschritt … zurück! Schließlich würden die so gehobenen Berge in ihrem aufgewölbten Gipfelbereich bersten und einbrechen. Dadurch entstünden runde Krater mit sehr steilen Flanken,

Der 1827 erschienene Beitrag über die vulkanischen Bildungen der Auvergne („Memoir on the geology of Central France") von Poulett Scrope enthält vom Autor selbst gezeichnete Panoramaansichten der Vulkanberge. Das Beispiel unten zeigt den Südteil der Chaîne des Puys, vom Gipfel des Rodde-Kegels (Puy de Rodde) aus gesehen.

Vom 5. bis 8. Jahrhundert gewann man am Puy de Sarcoui (blau dargestellt) den Domit, um Steinsärge daraus herzustellen. Daraus leitet sich auch die Bezeichnung „Berg der Sarkophage" ab.

Die 90 Vulkane der Chaîne des Puys in der Auvergne liegen in einer ungefähr 45 km langen Linie aufgereiht. Sie sind die jüngsten Vulkane Frankreichs und wurden im Verlauf der letzten 90 000 Jahre gebildet. Der Puy de Laschamp ist zum Beispiel wahrscheinlich 40 000 Jahre alt, der Puy de Côme 13 000, der Puy de Dôme 10 000, der Pariou 8 000, die Puys de la Vache und Lassolas 7 600 Jahre und der Lac Pavin 6 000 Jahre. Wann werden wir wohl das Wiedererwachen des Vulkanismus im französischen Zentralmassiv erleben?

eben die „Erhebungskrater", die man auf den Azoren Cauldrons und auf den Kanarischen Inseln Calderen nennt. Von Buch unterscheidet die hebende Kraft, die Erhebungskrater hervorbringt, von der brechenden Kraft, die Eruptionskrater, also die „echten" Vulkane, entstehen läßt.

Außerdem wendet er seine Theorie auf zahlreiche weitere Vulkanmassive an, so auf den Mont-Dore und den Cantal in Südfrankreich, die er als riesige Massen auffaßt, die zunächst hochgedrückt und dann im Zentrum eingebrochen seien. Der Vesuv sei „völlig fertiggestellt aus der Erde herausgehoben" und keinesfalls durch aufeinanderfolgende Lavaströme aufgeschüttet worden. Er bestreitet sogar, daß dieser Vulkan jemals auch nur eine Spur von Bimsstein

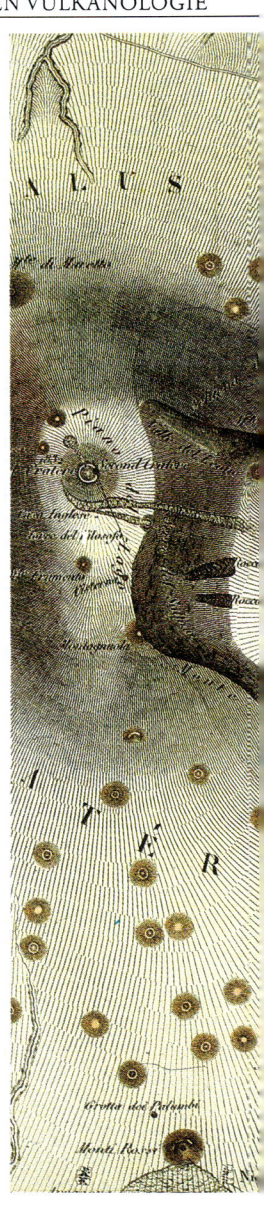

ausgespuckt hätte. Aber vor allem die Untersuchungen
auf Teneriffa, Gran Canaria und La Palma haben zu seiner
Erklärung der vulkanischen Erhebungen geführt.

Die Theorie der Erhebungskrater feiert Triumphe.

Alexander von Humboldt ist ein begeisterter Anhänger
dieser Theorie und schreibt – unrichtigerweise –, daß sich
„bei der Eruption des mexikanischen Vulkans Jorullo eine
Ebene von 3 000–4 000 m^2 (…) wie eine Blase um 160 m
Höhe emporgewölbt hat. (…) Tausende kleiner Kegel von
bis zu 3 m Höhe entstanden überall inmitten dieser aufgewölbten Ebene …“

In Frankreich versuchen zwei Geologen, Armand
Dufresnoy (1792 – 1857) und Léonce Elie de Beaumont
(1798 – 1874), die Erhebungstheorie mit allen Mitteln, ein-
schließlich mathematischer Berechnungen, zu beweisen.
Sie wenden ihre Argumentation auf den Mont-Dore,
den Cantal, auf den Vesuv und auf den Ätna an, den sie
zusammen mit von Buch besuchen. Sie begründen, daß
die großen Ergüsse mächtiger Laven sich nur über fast
ebenen Untergrund ergießen könnten. Bei Hangneigungen von über 6° würde die Lava ihren Zusammenhalt
verlieren, sich in einzelne Fragmente auflösen und ihren
Charakter als Strom verlieren. Da man in den Wänden
vieler Vulkankegel Neigungen der Lavaschichten von über
30° antreffen kann, müssen diese durch spätere Aufbeulung von ehemals fast horizontal abgelagerten Laven
entstanden sein.

Dufresnoy will diese Theorien auf den Vesuv und
auf die Phlegräischen Felder übertragen und glaubt einen
endgültigen Beweis im Vorkommen von Meeresmuscheln
auf den Höhen des Monte Somma gefunden zu haben:
Diese marinen Fossilien müßten mit dem Vulkan empor-

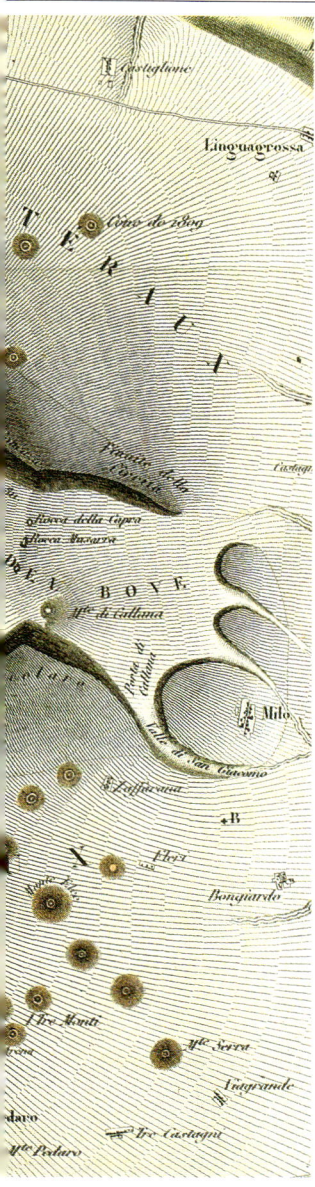

gehoben worden sein, als dieser aus dem Meer aufstieg. In Wirklichkeit handelt es sich um muschelführende Kalke aus dem Untergrund des Vulkans, die beim Ausbruch des Magmas emporgerissen und ausgeworfen wurden. Auch der Monte Nuovo sei 1538 wie eine dicke Beule aus der Erde emporgetrieben worden, deren Aufplatzen dann einen Krater gebildet habe.

Elie de Beaumont versichert, daß der Ätna hauptsächlich durch eine Folge ruckartiger Hebungen emporgewachsen sei. Lavaausfluß sei dabei nur eine auffällige Nebenerscheinung, wobei die Hebung der Eruption vorangehe. In diesem Punkt hatte er sogar recht.

Die Karte des Ätna von Elie de Beaumont aus dem Jahr 1838 (linkes Bild) zeigt die Gipfelregion, das Valle del Bove und zahllose Seitenkrater.

Leopold von Buch schreibt in seiner „Physikalischen Beschreibung der canarischen Inseln" von 1825, daß die tiefen Täler, die sogenannten Barrancos, die in radialer Anordnung die Flanken des Vulkans der Insel La Palma durchziehen (unten), als radiale Spalten durch die Dehnung beim Aufbeulen des Vulkans entstanden seien. In Wirklichkeit handelt es sich dabei um reine Erosionsschluchten.

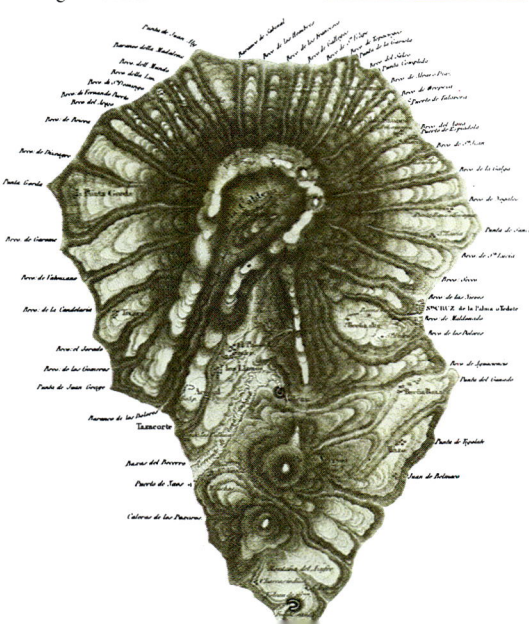

Geodätische Deformationsmessungen werden dies ein Jahrhundert später bestätigen.

Im Jahr 1815 sprengt im östlichen Indonesien eine Eruption von unvorstellbarer Gewalt den Gipfel des Tambora auf der Insel Sumbawa in die Luft. 10 000 Einwohner werden unmittelbar getötet und 82 000 sterben an der sich anschließenden Hungerkatastrophe. Sir Thomas Raffles (1781 – 1826), der damalige englische Gouverneur auf Java, beschreibt diese Vulkankatastrophe und ihre Auswirkungen auf das Klima. Aber seine Beobachtungen bleiben in Europa fast unbemerkt und unbeachtet, weil die Vulkanologen dort vor allem mit ihrer wütend ausgetragenen Polemik um die Erhebungskrater beschäftigt sind.

Es fehlt nicht an leidenschaftlicher Kritik an der Theorie von Leopold von Buch.

Der lebhafteste Widerstand kommt von George Poulett Scrope (1797 – 1876), einem englischen Politiker und Volkswirtschaftler, der gegen die Verarmung der Bauern gekämpft hatte und aus innerer Berufung zum Vulkanologen wurde. Im Alter von 20 Jahren begibt er sich nach Italien, besteigt den Ätna, besucht die Liparischen Inseln und erlebt 1822 eine sehr bedeutende Vesuveruption. Scrope hält sich sechs Monate in der Auvergne auf und begibt sich von da in die Eifel, deren Vulkane von Johann Steininger (1794 – 1874) neu untersucht worden waren, allerdings als submarine Entstehung interpretiert werden.

Scrope ist noch keine 30 Jahre alt, als er 1825 seine „Considerations on volcanoes" veröffentlicht, ein Werk, mit dem er die Grundlagen der modernen Vulkanologie legt und das 1872 ins Deutsche übersetzt wird. Er untersucht eingehend den Aufbau vulkanischer Kegel durch aufeinanderfolgende Aufschüttung von Asche- und Lavaschichten.

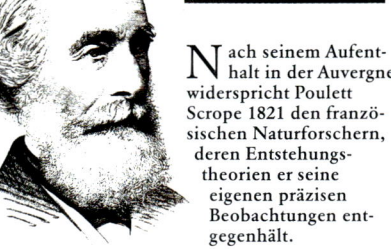

N ach seinem Aufenthalt in der Auvergne widerspricht Poulett Scrope 1821 den französischen Naturforschern, deren Entstehungstheorien er seine eigenen präzisen Beobachtungen entgegenhält.

Und er beweist vor allem, daß sich auch mächtige Lavaströme über Hangneigungen von mehr als 30° ergießen.
Dies mußte die Theorie der Erhebungskrater erschüttern.

    Sein wesentlichster Beitrag ist wahrscheinlich die
Erkenntnis, wie wichtig das im Magma eingeschlossene
Wasser und andere Gase für die vulkanischen Eruptionen
sind. Diese Gase stehen unter dem Druck der überlagern-
den Gesteine und entweichen aus dem Magma bei der
geringsten Druckabnahme, wobei das Wasser in Dampf

Die Vesuveruption
von 1822 bei Tag
und bei Nacht (links).
Annähernd 2 000 m
hoch steigt die Erupti-
onssäule. Eine mehrere
Tonnen schwere vulkani-
sche Bombe wird im Gar-
ten des Prinzen Ottai-
ano in 5 km Entfernung
vom Krater gefunden.

umgewandelt wird. Dies führt zum Aufstieg der Schmelzmassen, also zur Eruption. Scrope bezieht die Dünnflüssigkeit von Laven auf ihre mineralogische Zusammensetzung, ihren Gasgehalt und auf ihre Temperatur. Dies klingt bereits wie eine Vorlesung in moderner Vulkanologie.

Scrope widersetzt sich auch den Vorstellungen des Physikers Robert Mallet (1810 – 1881), der die Erdwärme als Folge des Gewichts der Gesteine und von Reibungskräften in der Tiefe ansieht. Er widerspricht ebenso seinem Kollegen Charles Daubeny (1795 – 1867), einem glühenden Anhänger der „Erhebungskrater", der die unterirdische vulkanische Hitze als Ergebnis einer Reaktion von eingesickertem Wasser mit Natrium- und Kalziumsalzen erklärt. Im Gegensatz dazu stellt sich Scrope vor, daß die Magmen in der Tiefe durch die Wärmeenergie erzeugt werden, die noch aus der Zeit der Entstehung unseres Planeten stammt.

Er stellt fest, daß die Vulkane der Auvergne sehr jungen Alters sind, aber schon vor Julius Caesar entstanden sein müssen. Dieser hatte sich nicht weit davon mit Vercingetorix die Schlacht bei Gergovia geliefert, aber es tauchen keinerlei Berichte vulkanischer Eruptionen in den Texten jener Zeit auf. Schließlich erkennt Scrope verkohltes Holz unter den Lavaströmen, die bei St. Saturnin von den Kratern Puy de la Vache und Puy de Lassolas ausgeflossen sind. An diesen Hölzern wurde dann eineinhalb Jahrhunderte später die erste radiometrische Datierung eines Lavastroms der Chaîne des Puys durchgeführt. Sie ergab ein Alter von 7600 Jahren.

Scrope findet in Charles Lyell einen wichtigen Verbündeten.

Lyell (1797–1875), der berühmte schottische Geologe, Verfasser der „Principles of Geology", der ersten modernen Abhandlung zur Geologie, hatte Scropes Bücher gelesen und beschlossen, zur Vertiefung seiner Kenntnisse die Auvergne und Italien zu bereisen. Im französischen Zentralmassiv findet er die Thesen Scropes überall bestätigt. Lyell besteigt den Vesuv und studiert Ischia, wo er marine Muscheln und Schnecken in über 700 m Meereshöhe entdeckt. Richtig erklärt er dies durch eine

Charles Lyell ist der große Vertreter des Aktualismus, der im Gegensatz zur Katastrophentheorie alle Ereignisse der geologischen Vergangenheit auf stetige und sehr langsam verlaufende Entwicklungen zurückführt. Auch die ägyptischen Pyramiden seien nicht an einem Tag erbaut. Lyell lehrt, daß in der geologischen Geschichte der Erde immer die gleichen Kräfte gewirkt haben müssen, die man auch heute noch erkennt.

spätere vulkanische Hebung der Insel. Danach durchquert er den Ätna. Später kehrt er hierher mehrfach zurück, um das Valle del Bove zu erforschen, das als weiter Kessel in die Flanken des sizilianischen Riesen eingeschnitten ist. Lyell beschreibt die Gänge und die Überlagerung von mächtigen Lavaströmen, die ganz offensichtlich über bis zu 45° steile Hänge herabgeflossen sind. Er kann nirgendwo Anzeichen für einen Erhebungskrater erkennen, wie es Elie de Beaumont angenommen hatte. Sicherlich, der Vulkan wurde gehoben. Dies zeigen ganz ohne Zweifel die herausgehobenen marinen Sedimente an, die am Fuß des Ätna zwischen den Lavaströmen abgelagert worden waren. Aber diese Heraushebung geschah nicht ruckartig, wie es die Schule von Leopold von Buch forderte, sondern sehr langsam und stetig.

Lyells Beschreibung des Ätna, der Morphologie seiner Lavaströme und seiner Nebenkrater, ist ein Meisterwerk an Genauigkeit. Sie basiert auf Lyells eigenen Beobachtungen sowie auf denen der sizilianischen Naturforscher Recupero Ferrara und vor allem der Brüder Gemmelaro, die 1824 eine bemerkenswerte vulkanologische Karte des Ätna und eine

Im Bild oben ist die Ätnaeruption im Valle del Bove von 1819 in einer zeitgenössischen Gouache dargestellt.

Die vulkanologische Karte des Ätnas von Mario Gemmelaro aus dem Jahr 1823 zeigt alle historischen Lavaströme und die Seitenkrater mit umliegenden Dörfern.

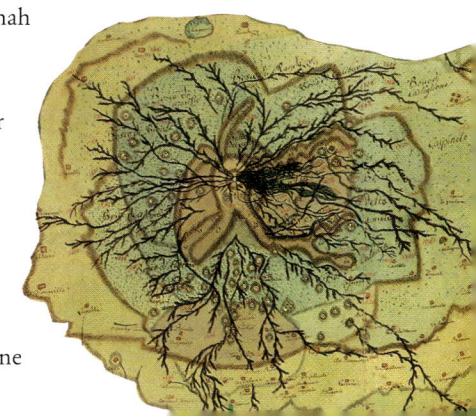

Chronologie seiner Ausbrüche veröffentlichen. Im gleichen Zeitraum unternimmt der deutsche Baron Wolfgang Sartorius von Waltershausen (1809–1876) die genaue geologische Kartierung des ganzen Ätnamassivs, die 1845 als Atlasband publiziert wird. Nach seinem Tod erscheinen noch zwei umfangreiche Erläuterungsbände. So wird der Ätna schließlich nach dem Vesuv zu einem der bestuntersuchten Vulkangebiete der Erde.

Die Geburt eines Vulkans im Meer zwischen Sizilien und Nordafrika im Jahr 1831 läutet das Ende der Theorie der Erhebungskrater ein.

Dieses vulkanische Ereignis bringt auch große politische Verwicklungen. Es wird das Auftauchen einer Sizilien und Tunesien verbindenden Gebirgskette befürchtet. Dies hätte die geopolitische Situation im Mittelmeerraum zutiefst verändert. Die Regierung Siziliens schickt zunächst die Corvette „Etna" und tauft die neue Insel nach ihrem König

Am 13. Juli 1831 entsteht die neue Vulkaninsel Ferdinandea, auch Julia genannt. Feurige Lavafontänen brechen aus einer langen Spalte hervor (oben). Beim Kontakt mit dem Meerwasser explodiert die Lava förmlich und schleudert schwarze Aschenwolken aus.

Ferdinandea. Auch die englische Flotte eilt herbei und nennt die Insel Graham. Schließlich wird Constant Prévost (1787–1896) von der Akademie der Wissenschaften in Paris zum Ort des Geschehens geschickt. Er nennt die neue Insel Julia, weil sie im Monat Juli entstanden ist. In seinem Bericht an die Geologische Gesellschaft betont er, daß nichts bei der Bildung der Insel Julia an das Aufbeulen eines „Erhebungskraters" erinnert, sondern diese vielmehr allein durch Aufschüttung entstanden sei. Als er vulkanische Eruptionen mit dem Entkorken einer Champagnerflasche vergleicht, prägt er ein Bild, das noch oft verwendet werden wird.

Die Theorie der Erhebungskrater stürzt ein weiteres Stück in sich zusammen, als Lyell in Begleitung des deutschen Vulkanologen Georg Hartung die Kanarischen Inseln

Auf der neuen Vulkaninsel Julia untersucht Constant Prévost die Gesteine und stellt fest, daß die Aschenlagen eine Art Kreuzschichtung zeigen. Diese ist typisch für die „surge"-Ablagerungen" von horizontalen Druckwellen, die die Vulkanologen heute „Bodenwogen" (base surges) nennen. Prévost pflanzt die Trikolore auf der Insel auf, doch da die Engländer bereits vorher ihre Flagge aufgerichtet hatten (Bild oben), wird daraus ein diplomatischer Zwischenfall. Allerdings versöhnt der Vulkan alle Beteiligten, indem er am 28. Dezember 1831 von selbst wieder verschwindet.

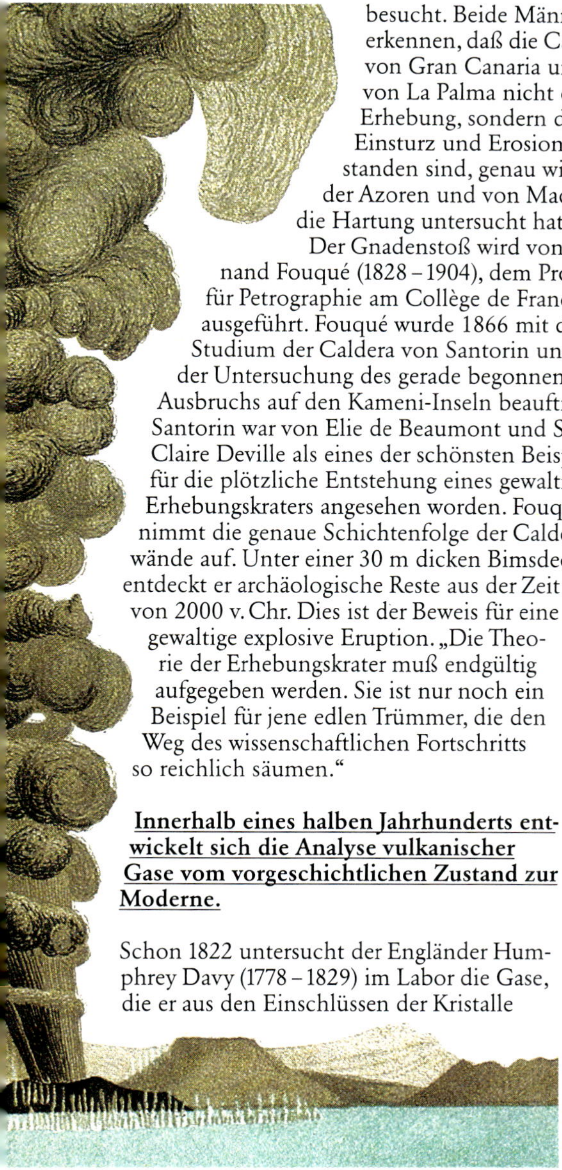

besucht. Beide Männer erkennen, daß die Calderen von Gran Canaria und von La Palma nicht durch Erhebung, sondern durch Einsturz und Erosion entstanden sind, genau wie jene der Azoren und von Madeira, die Hartung untersucht hatte.

Der Gnadenstoß wird von Ferdinand Fouqué (1828–1904), dem Professor für Petrographie am Collège de France, ausgeführt. Fouqué wurde 1866 mit dem Studium der Caldera von Santorin und mit der Untersuchung des gerade begonnenen Ausbruchs auf den Kameni-Inseln beauftragt. Santorin war von Elie de Beaumont und Saint Claire Deville als eines der schönsten Beispiele für die plötzliche Entstehung eines gewaltigen Erhebungskraters angesehen worden. Fouqué nimmt die genaue Schichtenfolge der Calderawände auf. Unter einer 30 m dicken Bimsdecke entdeckt er archäologische Reste aus der Zeit von 2000 v. Chr. Dies ist der Beweis für eine gewaltige explosive Eruption. „Die Theorie der Erhebungskrater muß endgültig aufgegeben werden. Sie ist nur noch ein Beispiel für jene edlen Trümmer, die den Weg des wissenschaftlichen Fortschritts so reichlich säumen."

Innerhalb eines halben Jahrhunderts entwickelt sich die Analyse vulkanischer Gase vom vorgeschichtlichen Zustand zur Moderne.

Schon 1822 untersucht der Engländer Humphrey Davy (1778–1829) im Labor die Gase, die er aus den Einschlüssen der Kristalle

Nach der Untersuchung des Vulkanausbruchs von Santorin 1866 (links) veröffentlicht Fouqué sein Werk zur Geologie und Geschichte der Insel. Er beschreibt die Staukuppen aus zähflüssiger Lava auf Nea Kameni (Bild unten mit der Entwicklung der Insel zwischen 1866 und 1867) und erkennt, daß die Form eines Vulkans stark von der Viskosität der Laven abhängt. Aus dem Vorkommen verschiedener Feldspatkristalle in den Laven schließt er, daß sich in der Tiefe verschiedenartige Magmen gemischt haben müssen. Dieser Gedanke wird ein Jahrhundert später wieder sehr modern.

vulkanischer Gesteine extrahiert hatte.
Ungefähr zehn Jahre danach fängt der
Entdeckungsreisende Jean Baptiste
Boussingault (1802–1887) Gase über
den *Fumarolen* der südamerikanischen
Vulkane Tolima und Purace auf. 1846
untersucht der berühmte Chemiker
Robert Bunsen (1811–1899) in Beglei-
tung von Sartorius von Waltershausen
und des französischen Mineralogen
Alfred Des Cloizeaux (1817–1897) die
Vulkane Islands. Sartorius entdeckt
dabei gewaltige Ablagerungen gelber
Tuffe, die jenen zum Verwechseln ähnlich sehen, die er im Gebiet von Pala-
gonia südlich des Ätnas als Ergebnis
submariner Eruptionen beobachtet
hatte: die Palagonite. Bunsen und
Des Cloizeaux analysieren die heißen
Quellen und unterscheiden saure von
alkalischen Wässern. Sie studieren die
Absätze der Fumarolen und die durch
sie bewirkten Gesteinsveränderungen.
Außerdem schlagen sie eine Erklärung
für den Mechanismus des Großen

Geysirs vor. Unmittelbar nach der Eruption von 1845
besteigen sie den Vulkan Hekla und fangen die Gase auf,
die aus den noch rauchenden Lavaströmen austreten.

Der französische Mineraloge Charles Sainte-Claire Deville ist der eigentliche Begründer der modernen Gas-analyse in der Vulkanologie.

Abstieg in den Krater
der Hekla auf Island
im Jahr 1868 (oben)
und Darstellung des
Ätnas im Jahr 1852
(unten). Gase sind der
Motor jeder Eruption.

Saint-Claire Deville (1814–1876) unternimmt 1842 eine
Rundreise durch die Kanaren, die Antillen und schließlich
die Kapverdischen Inseln, wo er den Vulkan Fogo beschreibt.
Er interessiert sich besonders für die schwefelhaltigen
Fumarolen, die an der Staukuppe der Soufrière auf Guadeloupe austreten, und beobachtet die Bildung von Schwefel-
kristallen. Seine Untersuchungen setzt er in Italien fort.
Er ist beim Vesuvausbruch von 1855 dabei und entnimmt
unter Lebensgefahr Gasproben während aller Phasen der
Eruption, vom sehr explosiven Beginn bis zum allmäh-
lichen Abflauen der Tätigkeit. Zurück in seinem Labor,
widmet er sich der Analyse der in seinen Probenflaschen

gesammelten Gase. Man hatte bisher geglaubt, daß jeder Vulkan durch bestimmte Gase charakterisiert sei: Schwefelsäure beim Ätna, Chlorwasserstoffgase am Vesuv, Kohlendioxid an den Vulkanen der Anden. Dagegen beweist Saint-Claire, daß an jedem aktiven Vulkan die gleichen Gase vorkommen, aber mit wechselnden Anteilen während der verschiedenen Phasen einer Eruption. Er zeigt auch, daß eindeutige Abhängigkeiten zwischen der Temperatur und dem Chemismus der Fumarolen bestehen.

Sein Schüler Ferdinand Fouqué untersucht die Gase von Santorin und die des Ätnas bei der Eruption von 1865, auch die Dampfaustritte in der Toskana und die Thermalquellen der Azoren. Als erster erkennt er, daß Wasserstoff ein Gas aus großer Erdtiefe ist. Er entdeckt, daß die Flammen über den Laven von Santorin aus einer Mischung von Wasserstoff und Methan herrühren, und beweist die Bedeutung des Wasserdampfes selbst in Fumarolen sehr hoher Temperatur.

Die Geysire – ein isländisches Wort, das etwa „hervorsprudeln" bedeutet – haben ihren Namen für alle Springquellen auf der ganzen Welt gegeben. Ihr Mechanismus ist als plötzliches, explosives Sieden erklärbar. Das im senkrechten Schlund und in den unterirdischen Hohlräumen des Geysirs vorhandene Wasser wird von unten her fortlaufend erhitzt. So kann das Wasser am Grund des Schachtes wegen des Auflastdruckes der Wassersäule mehrere Grad heißer als die Siedetemperatur an der Erdoberfläche werden, ohne dabei zu kochen. Das Wasser ist überhitzt, also in einem labilen physikalischen Gleichgewicht. Jetzt genügt die geringste Veränderung, z. B. die Zufuhr von mehr Wärme oder auch nur einiger Gasblasen, um das Wasser augenblicklich zum explosiven Verdampfen zu bringen.

Woher stammt das Wasser der Vulkane?

Anfang des 20. Jahrhunderts will der französische Chemiker Emile Gautier (1837–1920) durch Versuche an Granit und vulkanischen Gläsern nachweisen, daß das Wasser der Vulkane aus großer Erdtiefe stammt und beim Schmelzen aus den Kristallen entweicht. Diese Frage ist auch heute noch nicht endgültig beantwortet. Viele Vulkanologen nehmen heute eher an, daß es sich im wesentlichen um Oberflächenwasser handelt, also Regen- und Meerwasser, das in den Untergrund eingesickert ist und im Vulkanismus wieder austritt.

Im Gegensatz dazu vertritt der Genfer Apotheker Albert Brun (1857–1939) im Jahr 1911 die These, daß bei vulkanischen Vorgängen keinerlei Wasser beteiligt sei. Es sei nur die Luftfeuchtigkeit vorhanden, die sich im Kontakt mit heißen *Eruptionssäulen* zu Wolken kondensieren könne.

Kondensation spielt tatsächlich eine Rolle, aber sie kann nicht das ganze beteiligte Wasser erklären, wie es später Arthur Day (1869–1960) und Ernest Shepherd (1879–1949) beweisen werden. Diesen beiden amerikanischen Chemikern gelingt es 1912 am aktiven Lavasee des Kilauea auf Hawaii, mit einer

Im Bild oben bereitet Ernest Shepherd 1912 das Auffangen von Gasen über dem Lavasee des Kilauea auf Hawaii vor. Wasserdampf überwiegt, gefolgt von Kohlendioxid, Schwefeldioxid und Wasserstoff.

Sonde Gase aufzufangen, die nur sehr gering mit atmosphärischer Luft verunreinigt waren. Wasserdampf überwiegt darin. Ihre Analysen gehören zu den besten, die jemals ausgeführt wurden, und stellen auch heute noch eine wichtige Information dar.

Die vulkanischen Gesteine enthüllen ihre Geheimnisse.

Bisher studierte man Gesteine mit dem bloßen Auge oder mit der Lupe. Wenn die Petrographie (die Gesteinskunde) zur Zeit der polemischen Auseinandersetzung zwischen Neptunisten und Plutonisten schon weiter gewesen wäre, wären die Wissenschaftler sich sehr schnell im klaren gewesen, daß Hutton mit seiner Unterscheidung zwischen plutonischen Gesteinen der Tiefe und vulkanischen Oberflächengesteinen recht hatte.

Der französische Mineraloge Pierre Cordier (1777–1862) führt eine erste Neuerung ein, als er Gesteine pulverisiert, um ihre einzelnen Minerale zu trennen. Diese klassifiziert er dann nach ihrer Dichte und nach ihrer Erscheinungsweise unter dem Mikroskop. Aber die große Entdeckung ist die des schottischen Physikers William Nicol (1768–1851), der 1827 durchsichtige Dünnschliffe versteinerter Hölzer herstellt und das Polarisationsmikroskop erfindet.

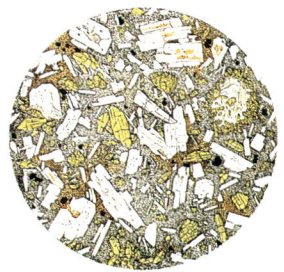

Die Bilder oben und unten zeigen den Dünnschliff einer von Fouqué gesammelten Lava von Santorin unter dem Mikroskop, einmal im natürlichen Licht (oben) und einmal im polarisierten Licht beobachtet. Die Lava stellt sich als eine teigige Masse mit darin schwimmenden Kristallen von Feldspat und Augiten sowie vielen Gasblasen dar. Ihre chemische Zusammensetzung ist kompliziert und hat nichts – wie lange geglaubt – mit Kohle, Erdöl oder Schwefel zu tun. Basalt, das häufigste Vulkangestein hat eine durchschnittliche Zusammensetzung von 45 % Sauerstoff, 23 % Silizium, 9 % Eisen, 8 % Aluminium, 6 % Kalzium, 4 % Magnesium, 2 % Natrium, 1 % Kalium, 1 % Titan, und 1 % verschiedene weitere Elemente. Die genannten Elemente sind in vulkanischen Gesteinen zu bestimmten Bausteinen, den Silikaten verknüpft. Im allgemeinen teilen die Vulkanologen die Gesteine nach dem Siliziumgehalt ein.

Die Wissenschaft nimmt zunächst keine Kenntnis von diesen Arbeiten und zieht eine andere Richtung der Untersuchung vor: Die chemische Zusammensetzung der Gesteine. Robert Bunsen hat diese Methodik begründet und zahlreiche chemische Analysen von vulkanischen Gesteinen Islands angefertigt.

Erst 1850 nimmt der englische Geologe Henry Sorby (1826–1908) die Arbeiten von Nicol wieder auf und studiert mit Hilfe des Polarisationsmikroskops Schliffe vulkanischer Gesteine von dreihundertstel Millimetern Dicke. Eine neue, wunderbare Welt tut sich auf! Endlich wird der Blick bis ins Innere der kristallinen Struktur eindringen können. Die Entdeckung erregt nun großes Aufsehen, es ist die Geburtsstunde der modernen Petrographie. Bald darauf stellen die deutschen Petrographen Ferdinand Zirkel (1838–1912) und Harry Rosenbusch (1836–1914), dann der Amerikaner Henry Washington (1867–1934) neue Einteilungsprinzipien der vulkanischen Gesteine vor, die sich auf mikroskopische

Auf dem Lavasee des Kilauea treiben Schollen erkalteter Basaltkruste. Sie streben auseinander, um sich gleich darauf zusammen- und übereinanderzuschieben. Dies inspirierte 1881 Osmond Fisher zu der Vorstellung, daß sich die Erdkruste auf gleiche Weise verhalte.

Der andesitische Dom des Merapi auf Java.

Untersuchungen und auf chemische Analysen stützen. Bis zum Ende des vorigen Jahrhunderts wird die Petrographie durch die Franzosen Ferdinand Fouqué und Auguste Michel-Lévy (1844–1911), die die optischen Eigenschaften von Hunderten von Mineralen bestimmen, zu einer eigenständigen Wissenschaft erhoben. Es fehlt dabei auch nicht an Widerspruch: „Man kann die Gebirge nicht unter dem Mikroskop untersuchen, und ein Dünnschliff von einem Quadratzentimeter kann doch nicht die ganze Geschichte eines Gesteins wiedergeben", begehrt ein Geologe der Bergbaubehörde auf.

Fouqué und Michel-Lévy gehen in ihren Forschungen noch weiter und führen aufbauend auf frühere Experimente von James Hall die ersten Synthesen von Mineralen und Gesteinen im Labor durch. Sie erzeugen im Schmelzofen künstliche Feldspäte, Olivine und Pyroxene, auch Basalte, Andesite und andere Gesteinsarten. Sie bestätigen dabei den Einfluß der Abkühlungsgeschwindigkeit auf den Grad der kristallinen Ausbildung. Später wird diese experimentelle Petrologie, die Untersuchung von silikatischen Schmelzen im Labor, durch den Petrologen Norman Bowen (1887–1956) mit Hilfe der hervorragenden technischen Ausrüstung des Laboratoriums der Carnegie Institution in Washington D.C. zu einem wichtigen Forschungszweig entwickelt.

Die Untersuchung der Vulkane dehnt sich auf den ganzen Globus aus.

1831 schifft sich Charles Darwin (1809–1882) auf der „Beagle" ein. Im Gepäck führt er die „Principles of Geology" von Lyell mit, zu dessen großen Bewunderern er zählt. Die fünfjährige Reise führt ihn nach Südamerika und zu den Inselgruppen des Pazifischen Ozeans. Der berühmte Naturforscher beweist, daß die Atolle des Pazifiks ehemalige Vulkane umkränzen, die langsam im Ozean versunken sind.

Zehn Jahre später nimmt der amerikanische Mineraloge und Zoologe James Dana (1813–1895) an der Expedition seines Landsmanns Charles Wilkes (1798–1877) teil. Sechs Schiffe laufen für drei Jahre in den Südpazifik aus, doch die Reise dauert dann in Wirklichkeit sechs Jahre. Dana ist an Bord der „Peacock" mit geologischen Beobachtungen beauftragt. Er erforscht den Atlantik, die Küsten Südamerikas, landet in Neuseeland und auf vielen pazifischen Inseln. Auf Hawaii studiert er über einen längeren

In den „Illustrated London News" wird die Gipfeleruption des Mauna Loa auf Hawaii vom 10. August 1872 als unglaubliche Mischung aus Lavafontäne, Geysir und Feuerwerk dargestellt. Dies ist eine völlig unrealistische Vorstellung.

Zeitraum die Vulkane Kilauea und Mauna Loa, über deren Eruptionen schon von dort tätigen Missionaren, wie William Ellis (1794–1872), und besonders von Titus Coan (1801–1882), berichtet worden ist. Titus Coan hat ein „echtes Vulkanobservatorium" ganz für sich allein und beschreibt die vulkanischen Vorgänge auf der Insel von 1835 bis 1882 in allen Einzelheiten.

Von der Mitte des 19. Jahrhunderts an vervielfachen sich die Expeditionen. Ferdinand von Hochstetter studiert die Vulkane Neuseelands, Franz Junghuhn jene Indonesiens, Karl von Seebach, Auguste Dollfuss und Eugène de Mont-Serrat Mittelamerika. Ferdinand Hayden untersucht das Yellowstone-Gebiet in den Vereinigten Staaten, Alphons Stübel Ecuador und Kolumbien, Edmund Naumann und

Präzise rekonstruiert Verbeck die aufeinanderfolgenden Phasen der Krakatau-Katastrophe aus den Veränderungen der Morphologie, aus der Analyse des ausgeworfenen Materials und aus den Augenzeugenberichten von Seeleuten, die Ende August 1883 in den umliegenden Gewässern unterwegs gewesen waren. Die Eruptionssäule war 40 km hoch gestiegen, die Flutwelle erreichte eine Höhe von 26 m, 4800 km weit wurde der Knall der Explosion gehört, und die Druckwelle wurde von den Barometern auf der ganzen Erde registriert. Eine der sehr seltenen Darstellungen der frühen Ausbruchsphase nach einer Fotografie vom 27. Juli 1883 (rechts unten).

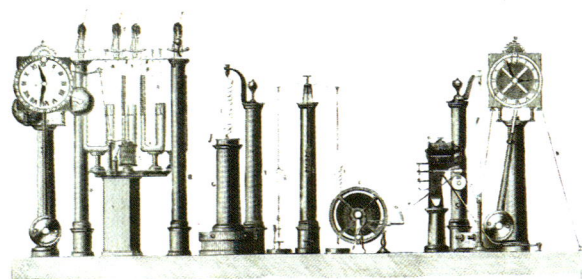

John Milne Japan, Archibald Geikie Schottland, Walter von Knebel, Hans Reck und Thorvaldur Thoroddsen Island, Pater Miguel Saderra Maso die Philippinen ...

Seismographen und Observatorien.

Seit Ende des 19. Jahrhunderts ist die moderne Vulkanologie auf dem Vormarsch. Sie macht immer dann sprung-

Links die von Luigi Palmieri zum Studium des Vesuvs entworfenen und gebauten Seismographen.

hafte Fortschritte, wenn neue Technologien auf die Untersuchung aktiver Vulkane angewendet werden, wenn Vulkanobservatorien gegründet werden oder auch anläßlich besonders bedeutender Eruptionen. Im Jahr 1880 erfinden die Engländer James Ewing und Thomas Gray den *Seismographen*. Dies ist eine ganz entscheidende Neuerung für die Geophysik der Vulkane.

Das erste Vulkanobservatorium wird 1841 vom Bourbonenkönig Ferdinand IV. am Vesuv gegründet. Dessen erster Direktor ist Macedonio Melloni, ein Spezialist für den Magnetismus vulkanischer Gesteine. Seine Nachfolger sind große Vulkanologen: Luigi Palmieri, der die ersten Seismographen baut, die dann bei der Vesuveruption von 1872 verwendet werden; Raffaele Matteucci, der Deformationsmessungen der Vulkanflanken einführt und die gewaltige Vesuveruption von 1906 beobachtet; Giuseppe Mercalli, der Vater der nach ihm benannten Erdbebenskala …

Aber in Neapel plant man großzügig – während vieler Jahre verstärken zwei weitere private Vulkanobservatorien die Überwachung des Vesuvs: Immanuel Friedlaender aus Berlin (1871 – 1948) gründet 1913 als Mäzen der Vulkanologie das private Vulkaninstitut Friedlaender. Daneben besteht die vom Papst finanzierte seismische Station von Giovanni Battista Alfano (1878 – 1955), einem Priester, der durch seine Studien über die Verflüssigung des Blutes des heiligen Januarius berühmt wurde.

Im November 1883 beobachtet man in London auffallend farbenprächtige Sonnenuntergänge und tief weinrote Dämmerungen, die auf den Ausbruch des Krakatau zurückzuführen sind. Die Ascheteilchen steigen bis in die Stratosphäre, wodurch das Sonnenlicht auf ungewöhnliche Weise gebrochen wird.

Am 27. August 1883: Die Explosion des Krakatau

36 000 Menschen kommen um, ertrinken in den Flutwellen, die durch die Explosionen des indonesischen Vulkans ausgelöst worden sind. Die niederländische Regierung
entsendet den Geologen Rogier Verbeek (1845 – 1926), um
die Ursachen des gewaltigen Vulkanausbruchs zu untersuchen. Gleichzeitig gründet die Royal Society in London
eine Untersuchungskommission, der auch der Vulkanologe
John Judd (1840 – 1916) angehört. Sie soll alle morpholo-
gischen Veränderungen der Inselgruppe des Krakatau nach
der Vulkankatastrophe feststellen und seine entfernteren
Auswirkungen, wie Flutwellen, Druckwellen und die
Verbreitung der Vulkanaschen in der hohen Atmosphäre,
untersuchen. Zum ersten Mal wird eine derart umfangreiche Untersuchung in Auftrag gegeben.

Der Ausbruch der
Montagne Pelée
vom 8. Mai 1902 war die
mörderischste Eruption
des Jahrhunderts. Sie
bleibt im Gedächtnis
eingeprägt, und noch
heute behindert die
Erinnerung daran die
Entwicklung der neuen
Stadt Saint-Pierre, die
nur noch ein Schatten
des „Paris der Antillen"
ist, als das sie vor der
Eruption bezeichnet
worden war. Ein kleines
Museum zeigt zeitgenös-
sische Darstellungen,
darunter Fotos der von
Lacroix aufgenomme-
nen Glutwolken vom
16. Dezember 1902
(nebenstehendes Bild),
und eine ganze Reihe
von in der Hitze des
Ausbruchs vom 8. Mai
verformten Gegen-
ständen.

Für das Jahr 1902 beherrschen die Soufrière von St. Vincent, die Montagne Pelée auf Martinique und der Santa Maria in Guatemala die Chroniken.

Es sind Chroniken der Katastrophen mit 1 500, 28 000 und 6 000 Opfern. Die tragischen Ereignisse finden großen Widerhall in allen Zeitungen. Für einige Vulkanologen stellen diese Katastrophen eine besondere berufliche Herausforderung dar, die zur Lebensaufgabe wird. So wird beispielsweise der Geograph Karl Sapper (1866–1945) durch seine Untersuchungen des explosiven Ausbruchs des Santa Maria berühmt. Die Eruption der Soufrière von St. Vincent wird in allen Einzelheiten von dem englischen Chirurgen und Vulkanologen Tempest Anderson (1846–1913) und dem Geologen John Flett (1869–1947) beschrieben. Beide begeben sich nach der großen Eruption vom 8. Mai zur Montagne Pelée und beobachten am 9. Juli von der Bucht von St. Pierre aus die eindrucksvolle Glutwolken (*nuées ardentes*), Lawinen aus Aschen, heißen Gasen und Lavablöcken, die mit Temperaturen von 200 bis 900 °C und Geschwindigkeiten von einigen hundert Stundenkilometern über die Vulkanhänge herunterstürzen – und nur 300 m von ihrem Beobachtungspunkt auf dem Schiff entfernt erlahmen.

Von Alfred Lacroix sind über 700 Veröffentlichungen, darunter die 3765seitige „Mineralogie de la France", dazu Monographien über die Eruption des Vesuvs von 1906 und über den Piton de la Fournaise auf Réunion, erschienen, die auch heute noch volle Gültigkeit haben. Er heiratete die Tochter seines Lehrers Fouqué. Sie begleitete ihn auf fast allen seinen Reisen – als Sekretärin und als Größenmaßstab auf den geologischen Aufnahmen. Im Bild oben ist Madame Lacroix in den Ablagerungen der Glutwolken der Montagne Pelée im Valle Blanche zu sehen.

Als Professor am Naturhistorischen Museum von Paris wird Alfred Lacroix (1863–1948) von der französischen Regierung nach Martinique geschickt. Die Ergebnisse seiner Untersuchungen legt er in dem monumentalen Werk „La Montagne Pelée et ses Eruptions" nieder. Durch dieses Buch wird er zum Vater der französischen Vulkanologie. Es trägt auch wesentlich zu seiner Wahl in die Akademie der Wissenschaften im Jahr 1904 bei. „Ich bin unter dem unwiderstehlichen Schub eines Vulkans in die Akademie eingetreten", hat er deshalb humoristisch formuliert.

„Tausende von Opfern, getötet durch ein unbekanntes und durch die Geologie noch kaum erklärbares unterirdisches Phänomen, lohnen es, dessen Erforschung sein Leben zu widmen."

Der amerikanische Petrograph Thomas Jaggar (1871–1953) ist einer der ersten Wissenschaftler, die nach der Eruption der Montagne Pelée in Saint-Pierre ankommen. Wie Lacroix erlebt er den Vesuvausbruch von 1906 aus unmittelbarster Nähe und ist zunehmend davon überzeugt, daß dauerhaft installierte Vulkanobservatorien dringend nötig sind, um den Vulkanismus besser zu verstehen und somit den Verlust von Menschenleben in Zukunft möglichst zu verhindern. Drei Jahre später sieht er die Eruptionen der japanischen Vulkane Tarumai und Asama und begibt sich danach mit Reginald Daly (1871–1957) zum Kilauea auf Hawaii.

Die Katastrophe an der Montagne Pelée mit ihren Zerstörungen und Tausenden von Opfern lieferte den Zeitungen die Aufmacher. Im Bild unten eine Darstellung im „Petit Parisien".

Thomas Jaggar beschließt, ein Vulkanobservatorium am Kraterrand des Kilauea zu gründen, einem der aktivsten Vulkane der Welt.

Dieses Observatorium ist heute eine der bedeutendsten Forschungsstätten zur Überwachung und Vorhersage von Vulkanausbrüchen. Jaggar brauchte drei Jahre, bis die Vorschläge und Vorstöße in seinem Land fruchteten. In der Zwischenzeit hatten seine Mitarbeiter Frank Perret (1867–1943) und Ernest Shepherd im Jahr 1911 am Kilauea die ersten Temperaturmessungen in einem aktiven Lavasee durchgeführt. Endlich, im Jahr 1912, ist das Observatorium gebaut. Jaggar zieht nun endgültig nach Hawaii um, sehr zum Bedauern seiner Kollegen am Massachusetts Institute of Technology, wo er bisher das Geologische Institut geleitet hatte. Alle Beobachtungen am Kilauea und Mauna Loa werden nun in den „Volcano Letters" systematisch festgehalten.

Während der ersten Jahre wird ein Teil der Kosten des Observatoriums von einem Kreis interessierter Privatleute und Sponsoren getragen. Darunter ist auch eine lokale Zeitung, der „Honolulu Advertiser". Aber nach fünf Jahren geht das Geld aus. Um Abhilfe zu schaffen, mästet Jaggar sogar nebenher Schweine.

Jaggar (linke Seite, oben) war einer der ersten Vulkanologen, die erkannten, daß der Kontakt zwischen Lava und Grundwasser sehr starke Explosionen bewirken kann: Hydrovulkanismus wird dieses Phänomen heute genannt. Die explosive Phase des Kilauea im Jahr 1924 (Bild oben), während der bisher vorhandene Lavasee verschwand, ist ein Beispiel dafür. Als genialer Bastler erfand Jaggar ein Amphibienfahrzeug für eine vulkanologische Expedition nach Alaska (Bild unten).

Endlich wird das Observatorium
1919 zu seiner großen Erleichte-
rung ein Institut des amerikanischen Staates.

Frank Perret: Der Ingenieur als Vulkanologe.

Perret war ursprünglich Ingenieur
und konstruierte hauptsächlich
Elektromotoren. Er war zunächst
Assistent von Thomas Edison und
hatte dann eine eigene kleine
Firma zur Verwertung seiner Erfin-
dungen gegründet. Aber wegen
seiner schwachen Gesundheit
muß er seinen Beruf aufgeben
und begibt sich zur Erholung
nach Neapel. Dort freundet er sich

LA DOMENICA DEL CORRIERE

mit Matteucci, dem damaligen Direktor des Vesuvobservatoriums, an. Er erlebt den Versuvausbruch von 1906 und ist
völlig fasziniert.

   Erfindergabe und Scharfsinn Perrets sind legendär
geworden. Weil ihm ein Seismograph fehlte, verfolgte er
die Erdstöße, indem er sich am Metallrahmen seines
im Boden einzementierten Bettes festbiß. Die geringsten
Erschütterungen übertrugen sich so auf die gegen
Vibrationen besonders empfindlichen Zähne.

Mit seinem experi-
mentellen Modell
des Stromboli (unten)
ahmt Perret den Mecha-
nismus von Ausbruchs-
wolken und Rauchrin-
gen aus Ammoniak und
Chlorwasserstoffgasen
nach. Auf der gegenüber-
liegenden Seite ist sein
„Mikrophon" zu sehen.

Durch intensive Beobachtung vieler vulka-
nischer Eruptionen wird Perret zum sehr erfahre-
nen Vulkanologen.

So kann er 1907 den italienischen Behörden versichern, daß der Höhepunkt einer Eruption des
Stromboli vorbei sei und keine Notwendigkeit zur
Evakuierung der 4 000 Inselbewohner bestehe.
Er behält recht. Im Jahr darauf kann er eine Ätnaeruption zuverlässig und präzise voraussagen.
1914 reist er nach Japan und beobachtet die gewaltige Eruption des Sakurajima.

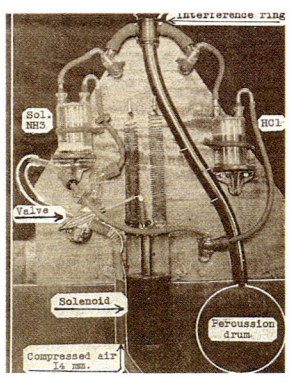

Bei den erneuten Eruptionen der Montagne Pelée von 1929–1930 beobachtet und fotografiert er die gefährlichen Glutlawinen. Dafür hatte er in einer Entfernung von 30 m von der Lava eine kleine Hütte errichtet. Er wird von einer dieser Glutwolken sogar eingehüllt, aber er überlebt! Seine genauen, oft unter Lebensgefahr durchgeführten Beobachtungen führen zu einer so intensiven Kenntnis des Verhaltens der Montagne Pelée, daß er auch den Behörden von Saint-Pierre versichern kann, daß die Stadt nicht bedroht und die Evakuierung der Bewohner unnötig sei. Diese Einschätzung hat sich dann bestätigt und ihn zum Helden der Bevölkerung gemacht. Ein Denkmal mit seiner Statue erinnert noch heute daran.

Auf Betreiben von Lacroix wandeln die französischen Behörden von Martinique schließlich 1932 den schon 1902 gegründeten meteorologischen Beobachtungsposten von Morne des Cadets in 9 km Entfernung von der Montagne Pelée in ein echtes Vulkanobservatorium um.

Das Jahr 1906 war ein schwarzes Jahr für die Gegend von Neapel. Zwei Abbildungen können dies belegen: Oben das Vesuvobservatorium mit einer eindrucksvollen Aschenbedeckung (auf der Treppe Professor Matteucci). Links oben das Titelbild einer italienischen illustrierten Wochenschrift, auf dem die Flucht der Einwohner von Torre del Greco vor den fürchterlichen Aschenfällen gezeigt ist.

Frank Perret war nicht nur ein genialer Erfinder (hier testet er seine Abhöranlage in der Solfatara) und ein außergewöhnlicher Vulkanologe, sondern auch ein großer Fotograf vulkanischer Eruptionen. Seine Abhandlungen über die Vesuveruption von 1906 und über die Glutwolken der Montagne Pelée von 1929–1930 sind mit eigenen Fotografien bebildert, die er oft unter erheblichen Gefahren aufgenommen hat.

Katmai, die größte Eruption unseres Jahrhunderts.

Auf die Katastrophe an der Montagne Pelée folgt dann eine ganze Reihe bedeutender Vulkanausbrüche. 1912 ereignet sich die gewaltige Eruption des Katmai im entlegensten Alaska, ohne daß irgend jemand das Ereignis beobachtet hätte. Über 30 km^3 Bimsablagerungen verfüllen dabei das „Tal der Zehntausend Dämpfe". Der Gipfel des Vulkans Katmai bricht bei der Eruption ein, und eine große Caldera entsteht. Erst vier Jahre später wird der abgelegene Ort des Geschehens von der Expedition erreicht, die die National Geographic Society unter Leitung von Robert Griggs ausgeschickt hatte.

Das Material des Ausbruchs wird von den Wissenschaftlern C. Fenner, E. Allen und E. Zies vom Geophysikalischen Laboratorium der Carnegie Institution in Washington untersucht. Fenner erkennt in den Ablagerungen die Produkte eines gewaltigen „Sandstromes", der sich mit großer Hitze und hoher Geschwindigkeit ausgebreitet hatte. Es handelte sich demnach um eine Glutwolke ähnlich der von der Montagne Pelée von 1902, aber von viel gewaltigeren Ausmaßen. Allen und Zies analysieren die aus den Ablagerungen im „Tal der Zehntausend Dämpfe" entweichenden heißen und chemisch sehr aggressiven Gase (Fumarolen).

Im Jahr 1914 ist es der Sakurajima in Japan, der plötzlich erwacht. Bundjiro Koto (1865–1935) und Fusakichi Omori (1868–1923) arbeiten hier als Vulkanologen vor Ort.

Der japanische Geophysiker F. Omori (unten) lieferte sehr genaue Beschreibungen von der Bildung eines neuen Doms am Usu im Jahr 1910 und von der explosiven Tätigkeit des Asama. Mit Hilfe von Neigungsmessern hat er die Bodendeformationen, die vulkanische Eruptionen begleiten, ermittelt.

Die bestbewachten Vulkane.

1928 wird das erste japanische Vulkanobservatorium am
Vulkan Aso errichtet, bald gefolgt von jenem am Asama,
wo sich der Geophysiker Takeshi Minakami (1909 – 1985)
Verdienste erwirbt. Er ist der Autor einer Einteilung vulkanischer Beben, die auch heute noch in Gebrauch ist. Es
folgen die Observatorien am Sakurajima und am Vulkan
Usu. Alle gehören heute zu den modernsten der Welt und
verarbeiten mit ihrer elektronischen Ausrüstung in jedem
Augenblick Tausende von Meßdaten.

Vor dem Zweiten Weltkrieg gründen auch die Hollän-
der zahlreiche Überwachungsposten an den Vulkanen
Indonesiens, gefolgt von den Russen in Kamtschatka, den
Australiern in Rabaul in Papua-Neuguinea und einer
ganzen Reihe weiterer Observatorien.

Der Ätna war als einer der ersten Vulkane genauer
untersucht worden, kommt aber nun zuletzt an die Reihe.
Zu seiner Überwachung wird erst 1958 das Internationale
Vulkanologische Forschungsinstitut in Catania gegründet.
Es geht auf die Initiative des aus der Schweiz stammenden
Vulkanologen Alfred Rittmann (1893 – 1981) zurück.

1943 erlebt die Geburt zweier neuer Vulkane: Mitten
auf einem Feld in Mexiko entsteht der Kegel des Paricutin,
und in Japan erscheint der *Lavadom* des Showa-Shinzan.
Wegen des Kriegs finden die Ereignisse weltweit relativ
wenig Beachtung. 1963 ermöglicht die Entstehung der
neuen Vulkaninsel Surtsey vor der Südküste Islands den
Vulkanologen, alle Phasen eines Ausbruchs im Meer in

Die Vulkankata-
strophe des Bandai-
san am 15. Juli 1888 wird
in allen Einzelheiten
von Seikei Sekiya (1855 –
1896) und von Daroku
Kikuchi (1855 – 1917)
untersucht. Der Aus-
bruch beginnt nach
einer seismischen Krise
von 15 Minuten Dauer.
Starke, fast horizontal
nach Norden gerichtete
Explosionen werden
von einer 4 km hohen
Aschensäule begleitet
und bringen den Kegel
in weniger als einer
Minute zum Einsturz
(linke Seite). Gleichzei-
tig bricht die gesamte
Nordflanke des Berges
als riesige Bergsturz-
lawine mit einem Volu-
men von 1,5 km^3 ab und
begräbt, begleitet von
einer horizontalen
Druck- und Explosions-
welle, mehrere Dörfer
unter sich (rechts). 461
Menschen werden ge-
tötet. Die Lawine staut
mehrere Flüsse und bil-
det dadurch fünf neue
Seen.

allen Einzelheiten zu verstehen. Wesentlichen Anteil
daran haben die Beiträge der isländischen Vulkanologen,
besonders von Sigurdur Thorarinsson (1911–1983), dem
Begründer der *Tephrochronologie*, der die Aschenlagen der
Eruptionen zur Datierung derselben benutzt.

Die vier bedeutendsten Eruptionen am Ende unseres Jahrhunderts.

Am 18. Mai 1980 erlebt der Mount St. Helens im Westen
der USA eine gewaltige Eruption, bei der eine Aschensäule
25 km hoch aufsteigt. Eine horizontale Druckwelle bringt
mit einer Geschwindigkeit von über 300 km/h und einer
Temperatur von 300 °C totale Zerstörung in einer bis zu
30 km weiten Zone nördlich des Vulkans. Die Schäden
sind gewaltig, doch die Zahl der Opfer hält sich in Grenzen, da die gefährlichste Zone auf Rat der Vulkanologen
zur Sperrzone erklärt worden war. Noch nie konnte eine
explosive Eruption so vollständig verfolgt und untersucht
werden. Man muß geradezu die Vulkanologie vor und
nach Mount St. Helens unterscheiden. Das Cascaden-
Vulkanobservatorium, das nun diesen Gefahrenherd überwacht, ist für den explosiven Vulkanismus außerordentlich
wichtig geworden.

Bei der Explosion des El Chichon in Mexiko im Jahr
1982 werden Aschen und Schwefelgase bis in 35 km Höhe
geschleudert. Die Katastrophe lenkt das Interesse auf die
Klimaveränderungen, die durch besonders große Eruptionen
ausgelöst werden können.

Dann folgt am 13. November 1985 der Ausbruch des Nevado del Ruiz in Kolumbien, der zum Abschmelzen des Gipfelgletschers führt. Daraus entstehen gewaltige Schlamm-ströme, die die Stadt Armero überfluten und 22 000 Opfer

fordern. Die Eruption war von Vulkanologen angekündigt worden, aber man hatte die Behörden nicht von der un-mittelbaren Gefahr überzeugen können.

Das schreckliche Erwachen des Pinatubo.

Im April 1991 wird der in geschichtlicher Zeit immer ruhig gewesene Pinatubo auf den Philippinen wieder aktiv. Anfängliche leichte Ascheneruptionen, Glutwolken und sich häufende Erdstöße steigern sich kontinuierlich bis zum 15stündigen *Paroxysmus* vom 15./16. Juni, bei dem der Berg 300 m an Höhe verliert und die Eruptionssäule bis in 40 km Höhe steigt. Weite Teile der Philippinen versinken unter dicken Ascheschichten, die durch nachfolgende ̣genfälle zu Schlammfluten werden und große Zerstö-̣en anrichten. Trotz weiträumiger Evakuierungen sind ̣rere hundert direkte Opfer der Eruptionen zu beklagen. Ṇch dem Volumen des ausgeschleuderten Materials ge-hört die Pinatuboeruption zu den größten Vulkanaus-brüchen des Jahrhunderts.

Die Lehre hieraus scheint deutlich: Die Vulkanologie darf sich nicht nur als reine Wissenschaft verstehen. Sie hat humanitäre, gesellschaftliche Aufgaben. Sie muß die Bevöl-kerung über Gefahren informieren und rechtzeitig warnen.

Trotz großer Fortschritte steht die Vulkanologie als Wissenschaft noch am Anfang. Nur 150 aktive Vulkane wer-den durch Observatorien überwacht, 1000 wären nötig. Sehr erfolgversprechend erscheint die Beobachtung von Vulkanen mit Hilfe von Satelliten. Dennoch fehlt uns noch eine allgemeine Theorie des Vulkanismus, die uns schließ-lich erlauben würde anzugeben, warum ein Vulkan in Erup-tionen eintritt. Dies ist die große Herausforderung für die kommenden Vulkanologengenerationen.

Am 22. Juli 1980 um 18.25 Uhr erhebt sich eine mit Gasen, Aschen und Blöcken schwerbeladene Erupti-onswolke majestätisch über dem Mount St. Helens im Staat Washington. Innerhalb weniger Minuten erreicht sie eine Höhe von 18 km (Bild links unten). Zwei Monate zuvor hatten die 300°C heißen Aschenwolken einer Explosionswelle mit einer Geschwindig-keit von mindestens 300 km/h diesen Wagen (oben) eingehüllt und seinen Fahrer noch in 12 km Entfernung vom Krater getötet.

Der Ausbruch auf der Insel Heimaey im Süden Islands (Bild links und folgende Seite) beginnt am 23. Ja-nuar 1973 um 1.55 Uhr früh. Nur 300 m von der Stadt entfernt öffnet sich eine Spalte von 1800 m Länge, aus der die glühende Lave her-vorbricht (Bild links). Seit 5000 Jahren hatte der Vulkan keinen Aus-bruch mehr gehabt.

ZEUGNISSE UND DOKUMENTE

Der Gluthauch des Ätnas

Im Gedicht „Aetna" legt ein unbekannter römischer Dichter in 645 Hexameterzeilen eine einzigartige Theorie des Vulkanismus vor.

Der Autor bemüht nicht die üblichen mythologischen Legenden und Göttergeschichten, sondern versucht eine nüchterne Erklärung der vulkanischen Erscheinungen am Beispiel des Ätnas. Das Gedicht „Aetna" im Stil Vergils ist vor dem Ausbruch des Vesuvs 79 n. Chr., wahrscheinlich um 30 v. Chr. entstanden.

Vulkanische Kräfte – nicht Götterwerk

Der Aetna sei mein Lied und die aus den hohlen Essen ausbrechenden Feuer, dazu die Ursachen, die stark genug sind, seine Brandmassen dahinzuwälzen, was da murrt wider Zwang und Herrschaft, was die dumpf grollenden Gluten emporwirbelt. (…)

Kühneren Fluges erwägt mein Herz noch unbekannte Fragen: welches die Ursprungsbewegungen für den gewaltigen Naturvorgang sind, welche Ursache bei dem immer thätigen Vulkan Flammen bis in die dichte Materie verbreitet, und aus der Tiefe unter ungeheurem Getöse die Massen emporstösst und alles umher mit den Glutströmen versengt – das ist Sinn und Ziel der Dichtung.

Zuvörderst lasse sich niemand durch den Trug der Dichter berücken, als sei es eines Gottes Sitz, als ob aus den gärenden Schlünden das Feuer Vulkans breche und die verschlossenen Höhlen von des eifrigen Arbeit widerhallten:

Ausbruch des Ätnas.

so schmutzige Thätigkeit kennen die Himmlischen nicht, und die Gestirne auf die niedrigsten Künste auszusenden, ist Frevel; sie herrschen hoch im fernen Himmel und denken nicht daran, Handwerkerarbeit zu thun. Eine derartige Willkür mag man den Liedern zugestehen, aber mein ganzes Trachten gehört der Wahrheit: singen will ich von der Kraft, die den glühenden Aetna toben lässt und die dem gierigen immer neue Gluten zuführt.

So weit sich das ungeheure Erdenrund erstreckt und von den krausen Wogen des äussersten Oceans umsäumt wird, giebt es kein Ganzes und in compakter Formation Dichtes; denn durch Klüftung ist aller und jeder Boden durchschnitten und, in der Tiefe von Höhlen durchsetzt, treibt er freischwebend enge Stollen vor. Und wie bei einem lebenden Wesen durch den ganzen Körper verzweigte Adern laufen, als Weg, auf dem die ganze in sich zusammenhängende Blutmasse zum Lebensprocess pulsirt, so verteilt die Erde die durch ihre Schlünde aufgenommenen Luftmassen.

Nämlich – entweder wurde einst, als sich der Weltkörper in Meere, Länder und Gestirne teilte, dem Himmel das oberste Loos zugewiesen, es folgte das Meer, und zu unterst setzte sich die Erde, aber klaffend in gewundenen Klüften, und wie sich durch planloses Zusammenwerfen ungleicher Steine ein Haufen erhebt, der Art, dass er continuirlich zusammenhängend (dazwischen klaffen die nach innen getriebenen Spalten) in sich Halt hat: in ähnlicher Formation ballte sich auch die Erde, durch schmale Gänge gelockert, nicht in ihrer ganzen Masse

eng und dicht zusammen; – oder aber, diese Gestalt hat wohl eine uralte Ursache, ist aber doch nicht angeboren, sondern etwa Freiheit suchender Gashauch drinnen hat sich entweichend Bahn gebrochen; – oder Quellwasser spült das Erdreich in stetig fortrieselnder Schlammasse aus und erweicht unmerklich die widerstrebenden Teile; – oder es haben auch eingeschlossene Dämpfe das Dichte zersetzt und das Feuer hat sich einen Ausweg gesucht; – oder das alles hat je an bestimmten Stellen gewühlt: wir brauchen für den gegenwärtigen Zweck die Ursache nicht zu lehren, wenn nur das physikalische Ergebnis der Ursache feststeht.

Denn wer glaubt nicht, dass es dort unten leere Hohlräume giebt, wenn er so starke Quellen so häufig aus einem Schlunde aufsprudeln und wieder in einem Schlunde verschwinden sieht! (…)

Die unterirdischen Winde

Wenn denn also die Flüsse in der Tiefe der Erde verschwinden, wenn die verschwundenen wiederkehren, wenn sogar einige nicht verschwindende steigen, dann ist es kein Wunder, wenn auch für die eingeschlossenen Winde verborgene freie Luftwege vorhanden sind. Auf Grund sicherer Thatsachen beruhende und in die Augen fallende Beweise wird dir dafür einen nach dem andern die Erde geben.

Vielfach kann man weithin ungeheure Hohlräume überblicken und ganze Landstrecken, die von der Tiefe verschlungen und in dichte Nacht gehüllt sind, ein Chaos und endloses Trümmermeer. Du kannst auch in den

Wäldern beobachten, wie nach dem Innern zu geräumige Wildlager und Höhlen ihre weit hinabreichenden Schlupfwinkel tief eingewühlt haben. Unerforschlich ist der Pfad, nur die Luft streicht noch tiefer hinein. Diese Dinge werden dir zuverlässige Schlüsse auf die unbekannte Tiefe an die Hand geben, du musst nur, vom Verstande geleitet, die feinen Gedankenzusammenhänge recht erfassen und aus den handgreiflichen Erscheinungen den darin steckenden Beweis ableiten. (…)

Indessen ergiesst sich die gespannte Kraft der Luft oder des Feuers nicht in die starren Canäle: sie stürmt vielmehr da hinaus, wo die nächste Umgebung nachgiebt, und die Ursache gerade, die die schwächste zu sein schien, schneidet quer durch. Daher das Zittern, daher das Beben der Erde, wenn die dichtgepressten Gase in den klaffenden Stollen wühlend toben und gegen die trägen Massen drängen. Wenn also die Erde ganz dicht wäre, wenn sie in lauter Compaktem starr dastünde, würde sie auch nicht jene wunderbaren Naturschauspiele bieten, sondern träge und zu schwerer Masse geballt regungslos sein.

Ursachen des Vulkanismus

Wenn du aber glaubst, der gewaltige Naturvorgang und der Nährstoff für die plötzlich sich regenden Kräfte verdanke sein Werden und Wachsen Ursachen, die an der Oberfläche liegen, weil du offene Schlünde und mächtige Schluchten vor dir erblickst, so täuschest du dich und siehst die Sache noch nicht im rechten Lichte. Denn alle Kräfte, welche in jenen Erdschlünden frei werden, lösen sich sämtlich am Eingange auf, sie erschlaffen bei ihrem Eintritt in den offenen Zugang und mässigen ihre Heftigkeit. (…)

Da dies vielmehr (im Gegensatz zu deiner Hypothese) die allgemeine Gestaltung und Natur der Erde ist, dürfte auch wohl der Aetna drinnen, wo der Boden Raum lässt, von allen Seiten her Canäle ziehen: er bietet für sich einen handgreiflichen Beweis, der der Wahrheit unmittelbar nahe kommt. Wenn du dich meiner Führung anvertraust, brauchst du dort keinen verborgenen Ursachen nachzuforschen, sie werden dir vielmehr von selbst in die Augen springen und dein Gedächtnis erzwingen. Liegt doch so manches Wunder bei jenem Berge offen vor uns da. Auf der einen Seite schrecken wilde Eingangsschluchten, die sich in der Tiefe verlieren, auf der andern dehnt er seine Glieder, und weiter unten in der Tiefe arbeitet die wallende Glut. Auf der einen Seite stehen sich zerrissene Felsen gegenüber, und gewaltiger Zwiespalt herrscht bei der vulkanischen Thätigkeit, andere Felsen bilden das verknüpfende Band und geben dem Kegelmantel in der Mitte seinen Halt, ein Teil (der Felsen im Innern) ist vom Feuer schon zerschlissen, ein anderer (der Mantel, das Äussere) muss notgedrungen die Gluten aushalten, auf dass uns der Anblick auch des hohlen Aetna um so imposanter entgegentrete. Das ist seine Stätte und der Tummelplatz so gewaltiger Erscheinungen, das ist das schauenswerte Antlitz und die Heimstatt seiner ehrwürdigen Thätigkeit.

Nun aber erheischt diese Thätigkeit auch einen Werkmeister, wir werden nach der Ursache der Glut fragen, u. z. nicht auf Grund blosser Indicienbeweise von geringen oder schwachen Unterscheidungsmerkmalen, nein, tausend vollwichtige Beweise werden dir in kurzer Zeit aufstossen, die Dinge selbst werden deine Augen leiten, sie werden dich zum Glauben zwingen; ja, sie könnten dich geradezu einladen durch Berührung zugleich den Sachverhalt zu erfassen, wenn es mit Sicherheit anginge: freilich, dem wehren die Flammen, und das Feuer hält Wache bei jenem Schaffen, die Eingangsschluchten strecken wehrende Hände entgegen, und das göttliche Wirken in den Vorgängen dort will ohne Zeugen sein: gemach, du wirst dasselbe alles auch von ferne sehen. – Indes kann kein Zweifel darüber sein, was in der Tiefe den Aetna heizt, oder wer der wundersame Meister ist, der über so gewaltige Kunst gebietet. Klumpenweise wird ein Sandregen aus der Tiefe ausgestossen, glühende Massen sind in eiliger Bewegung, aus der Tiefe steigen die Bodenfundamente rollend auf, jetzt bricht Getöse aus dem ganzen Bereich des Aetna hervor, fahl glimmen jetzt die Feuer, unterbrochen von dunkel erglühenden Sturzmassen. – Iuppiter selbst sieht in bangem Staunen von fern die mächtigen Gluten, dass nur nicht wieder die Giganten neugeboren sich zum längst begrabenen Streite erheben, oder Dis, unzufrieden mit seinem Reich, im Verborgenen Tartarus und Himmel durcheinanderstürze: so gewaltig bebt der Berg, und die ganze Gegend draussen bedeckt Stein- und Aschengeröll. – Das alles kommt aber nicht von selbst, fällt auch nicht nieder, nachdem es von irgendwelchen starken

mechanischen Hebelkräften gehoben war: nein, Winde veranlassen mit ihrem Wühlen alle diese Evolutionserscheinungen, und wirbeln, was sie zu dichter Masse geballt, in dem entsetzlichen Gipfelkrater auf und wälzen (anderes) aus der Tiefe nach. Und sie eben bilden die Ursachen, die jene interessanten Flammenschauspiele des Berges hervorbringen. Wenn sie gespannt sind, heissen sie Gas, im schlaffen Zustande Luft. Denn das Ungestüm ist wohl auch ein Wesensbestandteil der Flamme, doch fast umsonst (ohne mechanisch-physikalische Wirkung). Wohl hat sie flinkes Wesen und stete Bewegung, um aber Körper fortzuschleudern, bedarf es zur Unterstützung noch eines weitern Faktors; ihr selbst fehlt der Zug, nur wo der Gashauch herrscht, wird sie kühn. Er ist der grosse Fürst und Führer, unter dessen Fahne das Feuer dient.

Der Brennstoff: Schwefel, Alaun und Erdpech

Jetzt, da das Wesen jenes Naturvorganges und das des Bodens klar liegt, will ich im folgenden ausführen, woher die Winde selbst kommen, welche Materie die Gluten speist, warum sie sich plötzlich beschwichtigen, und was die retardirende Ursache ist, die die Stille bewirkt. Unermesslich ist die Arbeit, aber fruchtbar zugleich. Freilich entspricht der mühevollen Gedankenarbeit ein Lohn, der nur langsam reift.

Lass dich auch nicht von den Märchen des dummen Pöbels täuschen, dass die Abgründe aus Erschöpfung ruhten, dass sie sich Zeit nähmen, frische Kräfte an sich zu ziehen und für die (kommenden) Kämpfe (die verlorenen) zu ersetzen, nachdem sie einmal geschlagen. Fort mit dem Frevel aus deinem Herzen, und thue das lügnerische Gerede von dir: göttliche Dinge kennen nicht so schmutzige Armut, die das Material im kleinen zusammelbettelte und die Lüfte zusammenheischte. Die Arbeiter stehen stets bereit, es sind die Scharen der Winde. Nur der Grund ist (uns) verborgen, der den Weg sperrt und zum Weilen zwingt. Oft lastet auf den Schlünden Geröll, das aus grossen Sturzmassen aufgetürmt ist, und schliesst die Schachte gegen das Ringen in der Tiefe ab. Wie unter einem dichten Dache lässt es unter seinem Gewichte die Winde (sich selbst) nicht mehr ähnlich, sondern in ihrem Laufe entkräftet erscheinen, jetzt, wo der Berg in starrer Unthätigkeit verharrt und man sicheren Fusses von dannen gehen kann. Später, wenn sie (eine Zeit) geschwiegen haben, drängen sie, wie um den Verlust einzuholen, um so schneller an, stemmen sich gegen die Massen, sprengen sie und zerreissen ihre Bande, was ihnen auch quer in den Weg kommt, zermalmen sie, ihr Ungestüm wird noch stürmischer durch Anstoss von aussen; durch reichlich mitgerissenes Brennmaterial hervorgerufen, zuckt die Flamme auf und stürmt wogend in die weiten Gefilde, wenn einmal wieder die Winde die lange unterbrochenen Naturschauspiele heraufführen.

Jetzt bleiben noch alle die Materialien zu schildern übrig, die den Brand regieren: es fragt sich, welche Brennstoffe die Flammen hervorrufen, was eigentlich den Aetna speist.

Entzünden kann sich nun infolge jener (besprochenen) Ursachen die (im Berge) heimische Materie und die dort lagernden feuerfangenden Stoffe des Erdinnern: so brennt dort fortwährend warmflüssiger Schwefel, weiter bietet sich der dicke Saft reicher Alaunlager, da ist auch fettes Erdpech, und alles, was in unmittelbarer Nähe die hitzigen Flammen reizt, daraus besteht der Bergkörper des Aetna. (...)

Das Lavagestein

Allein die Hauptursache jenes Brandes ist doch der Lavastein, ihm gehört recht eigentlich der Aetna. Wenn du den so in der Hand hältst und auf Grund des festen Aggregatzustandes prüfst, solltest du nicht glauben, dass er glühen oder Feuer aussprühen könne. (...) – Allein nicht nur durch den einen Umstand, dass er den grössten Teil des Berges ausmacht, hat er das Übergewicht, bildet er speciell die Ursache des Brandes – wahrhaftig, diese lebensvoll regsame Kraft, die in den Steinen schlummert, ist ein Wunder der Natur –: alles übrige brennfähige Material nämlich stirbt ab, sobald es einmal in Brand geraten, es bleibt kein Rest darin, um einen zweiten Versuch zu machen, da ist nichts als Asche und Erde ohne allen Lebenskeim. Dieser Stein dagegen dauert ein und das andere Mal aus, absorbirt tausend Flammen, findet immer wieder neue Kräfte und lässt nicht eher ab, bis er nach der Ausglühung der Kernmasse als leichter Bimstein zu Asche zerstiebt und zu morschem Sand zerfallen liegt (...), so dass du dich nach dem Augenscheine überzeugen kannst, dass die Lava Nahrung und

Ursache der Glut ist, denn ihr Fehlen lässt nur magere Feuer zu Entfachung kommen. Wo sie aber (Feuer) entfacht, lässt sie Flammen herumspritzen, und gleichzeitig mit dem Einschlagen derselben entzündet sie die Materie und zwingt sie, mit ihr zu schmelzen. Und nun bleibt doch (…) kein Wunder mehr in dem Vorgang übrig: denn natürlich brennt der Lavastein dort unten lebhafter, lebhafter schürt er auch die Gluten in seiner Nachbarschaft und sendet sichere Kennzeichen der kommenden Flamme voraus. – Denn sobald er seine Kräfte regt und sturmdrohend entweicht und mit seinem Vorgange den Boden und das durch seine verzweigten Adern getroffene Material mit sich fortreisst, so warnt ein dumpfes unterirdisches Getöse und Feuererscheinungen. (…)

Vulkanische Aufschüttung

Wenn dann irgend welches Gestein vor dem am höchsten aufschlagenden Feuer zergeht, so zeigt es sich rauher und als eine gewisse schmutzige Schlacke, wenn sich das Feuer beruhigt hat, ähnlich wie der Satz, den du nach dem Ausscheidungsprocess der Eisenschmelze wirst beobachten können. Wenn aber das Gestein allmählich durch die niederstürzenden Felsen (in seinem Volumen) erhöht, aufsteigt, – eben weil er eng ist, steigen sie im Gipfelkrater –, dann wird, gerade wie das Gestein im Schmelzofen ausgedörrt wird und der ganze Brei tief aus den Poren ausgekocht höher steigt, nach Verlust des inneren Gehaltes leichter, gewichtloser Bimsstein ausgeworfen, jene Flüssigkeit

dagegen beginnt mehr und mehr zu kochen, schliesslich in Gestalt eines sanft fliessenden Flusses hervorzutreten und lässt ihre Wogen von den ersten Höhen niedergehen. (…)

Doch vergebens ist mein Versuch, die Einzelheiten nach bestimmten Gründen systematisch einzuordnen, wenn die Irrlehre in deiner Vorstellung haften bleibt, dass du meinst, anderes Material als die Lava würde durch das Feuer zum Fluss gebracht, die Ströme würden dann durch die specifische Natur der Asche gebunden; oder es brenne da eine Mischung von Schwefel und zähem Bitumen: denn selbst der Töpferthon könne, wenn seine harte Kernmasse ausgeglüht, in den flüssigen Zustand übergeführt werden (Beweis dafür seien die Töpfer); dann erhalte er durch den Abkühlungsprocess seine ursprüngliche Härte zurück und ziehe seine Poren zusammen. – Allein der Beweis ist zu allgemein, mithin ohne Gewicht, und ein Grund ist (…) zu diesen Kräften gesellt sich der gewaltige Gluthauch, der aus den engen Schlünden ausgestossen wird, wie wenn Metallarbeiter angestrengt und hastend die rohen Massen bearbeiten – sie schnüren die Feuer und entleeren die Luft aus den zitternden Bälgen und treiben den Wind unter starkem Drucke durch den Schwalg.

So gestaltet sich der vulkanische Vorgang, so erglüht er herrlich, der Aetna: die Erde zieht mit ihren Poren die wirkenden Kräfte an sich, der Gluthauch treibt sie (condensirend) in die Enge, er lebt durch gewaltige Felsen.

„Aetna"

Der Vesuv

In der Geschichte der Naturkatastrophen hat er sich ein großes Kapitel reserviert. Doch so groß Schrecken und Elend sind, die er den Menschen gebracht hat, den Vulkanologen hat er zu wesentlichen Erkenntnissen über Entstehung und Mechanismus der Vulkane verholfen.

Nach jahrhundertelanger Ruhe brach am 24. August des Jahres 79 n. Chr. die Katastrophe über Pompeji und Herkulanum herein. Der Vesuv galt vor diesem Ausbruch als erloschen, doch hatte Strabo seine vulkanische Natur erkannt: „Über den Städten Pompeji, Herkulanum und Stabiae erhebt sich der Berg Vesbius. Wohlbebaute Felder bedecken ihn bis zum Gipfel. Der Gipfel selbst ist unbewachsen und bildet eine unfruchtbare Ebene. Das Gestein ist aschfarbig, zerrissen und rußig. Er sieht aus wie vom Feuer zerfressen. Man könnte daraus wohl schließen, der Berg habe einst Feueröffnungen gehabt, deren Glut allmählich erlosch, nachdem der Stoff ausgegangen war."

Der Tod des Plinius beim Ausbruch des Vesuvs.

In zwei Briefen an Tacitus beschreibt Plinius der Jüngere den Ausbruch von 79 n. Chr., bei dem sein Onkel, der berühmte Naturforscher Gaius Plinius Secundus, genannt der Ältere, den Tod fand. Die Schilderungen von Plinius dem Jüngeren sind wohl die älteste objektive Beschreibung eines Vulkanausbruchs. Wegen der Genauigkeit des Augenzeugenberichts wird Plinius seither oft als der erste Vulkanologe der Geschichte bezeichnet.

Vorangegangen waren mehrere Tage lang nicht eben beunruhigende Erdstöße – Kampanien ist ja daran gewöhnt; in jener Nacht wurden sie aber so stark, daß man glauben mußte, alles bewege sich nicht nur, sondern stehe auf dem Kopfe. Meine Mutter stürzte in mein Schlafzimmer; ich wollte gerade aufstehen, um sie zu wecken, falls sie schliefe. Wir setzten uns auf den Vorplatz des Hauses, der in mäßiger Ausdehnung das Meer von den Baulichkeiten trennte. (…)

Es war bereits um die erste Stunde, und der Tag kam zögernd, sozusagen schläfrig herauf. Die umliegenden Gebäude waren schon stark in Mitleidenschaft gezogen (…). Jetzt erst schien es uns ratsam, die Stadt zu verlassen. Eine verstörte Menschenmenge schließt sich uns an, läßt sich – was bei einer Panik beinahe wie Klugheit aussieht – lieber von fremder statt von der eigenen Einsicht leiten und stößt und drängt uns in endlosem Zuge mit fort.

Als wir die Häuser hinter uns hatten, blieben wir stehen. Da sahen wir allerlei Sonderbares, Beklemmendes geschehen. Die Wagen, die wir hatten herausbringen lassen, rollten hin und

her, obwohl sie auf ganz ebenem Terrain standen, und blieben nicht einmal auf demselben Fleck, wenn wir Steine unterlegten. Außerdem sahen wir, wie das Meer sich in sich selbst zurückzog und durch die Erdstöße gleichsam zurückgedrängt wurde. Jedenfalls war der Strand vorgerückt und hielt zahllose Seetiere auf dem trockenen Sande fest. Auf der anderen Seite eine schaurige, schwarze Wolke, kreuz und quer von feurigen Schlangenlinien durchzuckt, die sich in langen Flammengarben spalteten, Blitzen ähnlich, nur größer. (…)

Nicht lange danach senkte sich jene Wolke auf die Erde, bedeckte das Meer, hatte bereits Capri eingehüllt und unsichtbar gemacht, hatte das Kap Misenum unsern Blicken entzogen. (…)

Schon regnete es Asche, doch zunächst nur dünn. Ich schaute zurück: Im Rücken drohte dichter Qualm, der uns, sich über die Erdboden ausbreitend, wie ein Gießbach folgte.

(…) Kaum hatten wir uns gesetzt, da wurde es Nacht, aber nicht wie bei mondlosem, wolkenverhangenem Himmel, sondern wie in einem geschlossenen Raum, wenn man das Licht gelöscht hat. Man hörte Weiber heulen, Kinder jammern, Männer schreien: Die einen riefen nach ihren Eltern, die anderen nach ihren Kindern, wieder andere nach ihren Männern oder Frauen und suchten sie an der Stimme zu erkennen; die einen beklagten ihr Unglück, andere das der Ihren, manche flehten aus Angst vor dem Tode um Tod, viele beteten zu den Göttern, andere wieder erklärten, es gebe nirgends Götter, die letzte, ewige Nacht sei über die Welt hereingebrochen. Auch fehlte es nicht an Leuten, die mit erfundenen, erlogenen Schreckensnachrichten die wirkliche Gefahr übersteigerten. Einige behaupteten, in Misenum sei dies und das eingestürzt, anderes stehe in Flammen – blinder Lärm, aber sie fanden Glauben.

Dann hellte es sich ein wenig auf, doch war es anscheinend nicht das Tageslicht, sondern ein Vorbote des nahenden Feuers. Aber das Feuer blieb in ziemlicher Entfernung stehen; es wurde wieder dunkel, wieder fiel Asche, dicht und schwer, die wir, fortgesetzt aufstehend, abschüttelten; wir wären sonst verschüttet und durch ihre Last erdrückt worden. Ich könnte damit prahlen, daß sich mir trotz der furchtbaren Gefahr kein Seufzer, kein verzagtes Wort entrungen hat, hätte ich nicht (…) fest geglaubt, ich ginge mit allem und alles mit mir zugrunde.

Endlich wurde der Qualm dünner und verflüchtigte sich sozusagen zu Dampf oder Nebel. Bald wurde es richtig Tag, sogar die Sonne kam heraus, doch nur fahl wie bei einer Sonnenfinsternis. Den noch verängstigten Augen erschien alles verwandelt und mit einer hohen Aschenschicht wie mit Schnee überzogen.

Wir kehrten nach Misenum zurück, machten uns notdürftig wieder zurecht und verbrachten eine unruhige Nacht, schwankend zwischen Furcht und Hoffnung. Die Furcht überwog, denn die Erdstöße hielten an, und viele Leute, wie wahnsinnig von schreckenerregenden Prophezeiungen, witzelten über ihr und der anderen Menschen Unglück.

Gaius Plinius Caecilius Secundus:
„Zweiter Brief"

Der Vesuvausbruch von 1631

Auch nach dem Ausbruch, der Pompeji zerstörte, gibt es frühe Berichte über die Eruptivtätigkeit des Vesuvs. Sehr bedeutend ist der Ausbruch aus dem Jahr 472, dessen Aschen bis nach Konstantinopel getragen wurden. Ein weiterer größerer Ausbruch ist für 1139 dokumentiert. Danach war der Vesuv wohl fast 500 Jahre lang ruhig. So bedeutet das Wiedererwachen in der großen Eruption von 1631 die erste große Vulkankatastrophe in der anbrechenden Neuzeit. Vom Ausbruch des Vesuvs von 1631 berichtet der Brief des Lucas Holstenius, der alle wichtigen Phasen genau beschreibt.

Allhie ist itzunder nichtes sonderliches / nur allein der erschreckliche und wunderbahre Brandt des Berges Vesuvii bey Neapoli, welcher gantz Welschlandt mit schrecken und newen Zeitungen erfüllet. Nach deme gemelter Berg Vesuvius, welcher die Welschen jetzt monte di Soma nennen / und irgent 1$\frac{1}{2}$-Kleine deutsche meil von Neapoli liget / sich den 10 Decemb. 1631. mit inwendigen Rumor und erschrecklichen Rausen hat vernehmen lassen / sein hernacher den 15. Dito zu Nacht erschreckliche Erdbebing erfolget / welche alle benachbarte Orte in groß schrecken und furcht gesetzet / und gleichsam wie fürbotten des folgenden Unglücks die Menschen gewarnet / sich des Orthes zu entziehen / und mit der flucht zu salviren.

Darauf dan alßbald folgenden Tages / war der 16. Decemb. des Morgens mit dem Tage gemelter Berg mit viel schweren Erdbieben und erschrecklichen Donner und Blitz

durchgebrochen / und mit so unerhörten schrecklichen Heulen und
Brüllen / das fast alle Umbwoner von
Furcht gestorben / also das sie nicht
gewüst wohin sie fliegen solten / weil
jedermenniglich vermeinet / es zer-
gieng Himmel und Erden. Und hat
man anfengklich kein Feuer gesehen /
sondern nur einen erschrecklichen
dicken Rauch / welcher sich mit gros-
ser macht gerade auff gehn Himmel
geweltzet / also das es scheinete das es
grosse Berge weren / einer uber den
anderen. (...)

Dieser finstere Rauch hat nicht
allein selbige Nacht / sondern auch
folgenden Mittwochen / welcher war
der 17. Decemb. alles uberdecket / und
ist die gantze Stadt in volliger proces-
sion umbgangen / da dan gemelter
cardinal und Ertzbischoff / das Blut
des heiligen Martyrers Januarij fürge-
tragen / Welchen selbige Stadt für
einen ihrer fürnembsten Patronen und
Protectoren helt. Und wie die Proces-
sion an das Thor jegen den Berg zu
gekommen / und der Ertzbischoff mit
dem gemelten Blute das Zeichen des
heiligen Creutzes jegen den Berg und
den Fewr zu gemachet / ist geschwind
darauf der finster Rauch zergangen /
und die Lufft sich dermassen eröffnet
/ das man den gantzen Berg gantz
hell und klar gesehen. Welches denn
jeder Mensch für ein augenscheinlig
Wunderwerck Gottes erkennet unnd
gehalten. Und hat darauff jegen
Abend beginnen zu Regenen / und ist
hernacher die gantze Nacht sternklar
Wetter gewesen. Folgenden Donnerstag am 18. hat man den Berg gantz
klar gesehen / und eigentlich erkennen
können / wie daß das Fewr fast mitten
am Berg zu fünff unterschiedenen

Orten außgebrochen. Doch ist die für-
nemste und grösseste Brunst oben zur
Spitz des Berges ausgeschlagen. Und
weil der Vicere und die Obrigkeit
damahls Leute ausgeschicket / sich
dem Berge zu nahen / haben selbige
berich eingebracht / das an unter-
schiedlichen Oertern des Berges
mächtige Wasserströme waren außgebrochen / welche warm und gantz
trübe von Aschen und Kott / welche
das Landt eine gantze Welsche Meil
überdecket / und die Landtstrassen
also ubergossen und versperret / das
unselig viel arme Menschen / welche
dem Feur entflogen / in selbigem Wasser und tieffen Kott ersticket und
umbkommen / und hat man die Tod-
ten Cörper bey 20. bey 50. und 100 an
unterschiedenen Oerthen zusamen
gefunden / und gantze Hirte todtes
Viehes / welches man alsobald ver-
brennet / damit nicht irgent die Lufft
davon vergifftet würde. (...)

Wie man dann folgenden Sontag
den 21. Decemb. wiederumb mit hellen Wetter umb Mittag gesehen / daß
das Fewr unten am Berge unterschied-
liche Löcher geoffnet / auß welchen
ein dicker schrecklicher Rauch herauß
gegangen. Folgenden Montag Nacht
hat man abermahl etzliche Erdbeben
gespüret / welche biß an folgenden
Dingstag gedeuret. Und sein diese die
letzten gewesen welche man bißhero
gespüret. Es hat sich auch der große
Rauch von diesem Tag an etwas
gemindert / also das man den Berg
und das Fewr von fern sehen können:
Welches dan von Tag zu Tag abgenom-
men...

Lucas Holstenius:
„Copia eines Schreibens aus Rom"

Giambattista Basile, der neapolitanische Dichter des „Pentamerone", ist an einer in der Folge des Vesuvausbruchs von 1631 ausgebrochenen Epidemie gestorben. Sein Sonett auf den Ausbruch des Vesuvs gehört zu seinen letzten Schriften.

Sonett auf den Ausbruch des Vesuvs

Du siehst, wie aus dem weiten
    Donner-Schlunde
Des Feuers heiße Ungeburt entsteiget
Und wütend sich gepreßt aus grausem
    Munde
Ein Hagel-Schaur aus Fels und Baum
    sich zeiget

Und wie, was grün einst stand in
    heitrer Runde
Verbrannt im Aschenkleide nun sich
    spreitet
Und wie mit Glut und Schwefel hier
    im Bunde
Die Parze Schwefel, Brand das Fatum
    zeuget.

Ach, während er mit Feuerzungen
    redet
Und alles brennt, bleibt nur dein Herz
    aus Eis?
Bleibst sündig du wo selbst das Meer
    jetzt weicht?

Du zitterst nicht wo Berg und Tal jetzt
    stürzen?
Du kehrst nicht um wo sich der
    Himmel kehrt?
Ein Berg zerschmilzt und dein Herz
    wird zu Stein?

Giambattista Basile:
„Sonett auf den Ausbruch des Vesuvs"

Sir Hamilton in Neapel

Es ist als ein glücklicher Zufall für die Vulkanologie zu werten, daß William Hamilton 1764 als englischer Botschafter an den Hof von Neapel gesandt wurde. Die genauen Beobachtungen der Vulkanausbrüche, die er während seines 36jährigen Aufenthaltes am Fuße des Vesuvs in Briefen an die Royal Society in London übermittelt, zeichnen ihn als einen der ersten Vulkanologen der Neuzeit aus.

Der Vesuv war ruhig bis auf den Merz 1767, da er anfing von Zeit zu Zeit Steine auszuwerfen. Im April wurden die Auswürfe häufiger, und des Nachts konnte man auf dem Gipfel des Berges Feuer sehen: oder, eigentlicher zu reden, der Rauch, welcher ober dem Crater hieng, wurde durch das Feuer, welches aus dem innersten des Vulkans zurückstrahlte, gefärbt. Diese wiederholte Auswürfe von Kohlen, Aschen, und Bimsensteinen, vergrößerten den kleinen Berg dergestalt, daß im Monat May sein Gipfel über den Rand des alten Craters hervorragte. Am 7ten des Augusts floß ein kleiner Bach von Lava aus einer Oeffnung in der Seite dieses kleinen Bergs, welcher nach und nach das Thal zwischen demselben und dem 12ten Crater ausfüllete; so, daß den raten des Septembers, die Lava über den alten Crater wegfloß, und ihren Lauf die Seiten des großen Bergs hinab nahm. Um diese Zeit wurden die Auswürfe viel häufiger, und die glühende Steine stiegen so hoch, daß ihr Fall zehen Secunden dauerte.

Von meinem Landhause aus, welches zwischen Herkulaneum und Pompeji, nahe beym Calmaldolenser Kloster liegt, hatte ich den Anwachs dieses kleinen Bergs aufmerksam beobachtet. (...)

Die Lava fuhr fort, über den alten Crater in kleinen Bächen, bald auf der einen, bald auf der andern Seite, überzufließen, bis auf den 18ten des Octobers, da ich besonders und zuverläßig beobachtete, daß nicht die geringste Lava zu sehen war. Dieses rührete, wie ich mir einbilde, daher, daß sie damals arbeitete an demjenigen Platz durchzudringen, wo sie den folgenden Tag wirklich ausbrach. Ich hatte, der Meynung der meisten Leute allhier zuwider, den herannahenden Ausbruch vorausgesagt, weil ich nach den heftigen Regen, welche den 13ten und 14ten des Octobers fielen, eine große Gährung in dem Berge beobachtet hatte; es wunderte mich daher um so viel weniger, als ich am folgenden 19ten um sieben Uhr des Morgens von meinem Landhause aus, jedes Anzeigen eines unverzüglichen Ausbruchs bemerkte. Vom Gipfel des kleinen Berges, erhob sich ein dicker schwarzer Rauch, welcher so dick war, daß er sich mit großer Schwürigkeit herauszudrängen schien; eine Wolke nach der andern stieg mit einer schnellen Spiralbewegung empor, und jede Minute schoß, mitten in diesen Wolken, ein Hagel großer Steine unermeßlich hoch empor. Nach und nach nahm dieser Rauch die eigentlichste Gestalt eines ungeheuren Fichtenbaumes an (...). Nachdem diese Säule schwarzen Rauchs zu einer außerordenlichen Höhe empor gestiegen war, bog sie sich mit dem Winde gegen Caprea, und reichete wirklich quer über dieses Eyland hinüber, welches nicht weniger als acht und zwanzig Meilen vom Vesuv abliegt. (...)

Weil die Lava nunmehro Luft hatte, so bildete ich mir ein, daß es nicht gefährlich seyn würde, sich dem Berg zu nähern, und ich gieng also augenblicklich, von einem einzigen Bauren begleitet, hinauf. (...) Plötzlich, ohngefähr um Mittag, ließ sich ein heftiges Getöse innerhalb des Berges hören, und ohngefähr eine Vierthelmeile von dem Platz ab, wo ich stund, berstete der Berg; aus dieser neuen Oeffnung schoß ein Springbrunnen flüßigen Feuers, mit großem Geprassel, viele Fuß hoch empor, und wälzte sich alsdenn, wie ein reißender Strohm, gerade gegen uns zu. Die Erde erbebte; zu gleicher Zeit fiel ein dicker Hagel von Bimsensteinen auf uns: in einem Augenblicke, verursachten Wolken von schwarzem Rauch und Aschen, eine fast gänzliche Finsterniß: das Krachen auf dem Gipfel des Berges war viel lauter, als irgend ein Donner, den ich jemals gehöret habe; und der Schwefeldampf war sehr stinkend. Mein erschreckter Wegweiser nahm die Flucht: und ich muß gestehen, daß mir eben so wenig, als ihm, gut zu Muthe war. Ich folgte ihm also auf dem Fuße nach, und wir rannten drey Meilen weit ohne einzuhalten: die Erde fuhr noch immer fort, unter den Füßen zu beben, und ich befürchtete daher, daß sich irgend ein neuer Schlund öfnen möchte, der uns die Flucht hätte abschneiden können. (...) Außerdem waren die Bimsensteine, welche wie Hagel auf uns fielen, so groß, daß sie eine sehr unangenehme Empfindung an dem Ort, wo sie hinfielen, erregten. Nachdem ich etwas Athem geschöpft hatte, hielt ich es, da die Erde noch sehr heftig erbebte, für das rathsamste, den Berg zu

verlassen, und nach meinem Landhause zurück zu kehren, wo ich meine
Familie, durch das beständige und
heftige Krachen des Vulkans, das
unser Haus bis auf den Grund erschütterte, und die Thürme und Fenster in
ihren Angeln hin und her stieß, sehr
beängstigt fand. Um zwey Uhr des
Nachmittags drung eine andere Lava
aus eben demselben Platz hervor, aus
welchem die Lava des verwichenen
Jahrs gekommen war (...) so, daß der
Brand auf dieser Seite des Bergs in
kurzer Zeit eben so groß war, als auf
der andern, die ich so eben verlassen
hatte.

Da das Getöse und der Schwefel-
gestank immer zunahmen, so zogen
wir aus unserem Landhause hinweg
nach Neapel. (...)

Am Diensttage, den 20sten,
konnte man unmöglich von dem Zustande des Vesuvs urtheilen, wegen des
Rauchs und der Asche, die denselben
ganz bedeckten, und sich auch über
Neapel verbreiteten, so daß die Sonne
daselbst wie durch einen dicken Lond-
ner Nebel, oder wie durch ein angelau-
fenes Glas schien. Diesen ganzen Tag
regnete es zu Neapel kleine Asche.
Die Lavas auf beyden Seiten des Berges
ströhmten gewaltig: hingegen hörete
man wenig oder kein Getöse, bis ohngefähr um neun Uhr des Nachts, da
eben dasselbe ungewöhnliche Gepolter, mit lautem Krachen wie zuvor
begleitet, wiederum anfieng, und ohngefähr vier Stunden lang währete. Es
schien, als wenn der Berg in Stücken
springen wollte; und in der That öffnete er sich diese Nacht. (...) Das
Pariser Barometer stand, wie gestern,
auf 279, und Fahrenheits Thermometer
auf 70 Grade, dahingegen es während

einigen Tagen vor dem Ausbruch auf
65 und 66 gestanden hatte. (...)

Am Donnerstag, den 22sten fieng
eben dasselbe donnernde Getöse aufs
neue an, aber heftiger als an den vorhergehenden Tagen; die ältesten Leute
betheuerten, daß sie dergleichen niemals gehöret hätten: es war auch in
der That sehr fürchterlich. Wir erwarteten jeden Augenblick irgend ein
entsetzliches Unglück. Es regnete
Asche, oder vielmehr kleine Kohlen,
in solcher Menge, daß die Leute auf
den Straßen genöthigt waren, Regen-
schirme zu gebrauchen, oder ihre
Hüthe nieder zu lassen; weil diese

Asche den Augen sehr schädlich war. Die Gipfel und Erker der Häuser wurden über einen Zoll dick mit diesen Kohlen bedeckt.

Schiffe zur See, zwanzig Meilen weit von Neapel, wurden zum großen Erstaunen der Matrosen, gleichfalls damit bedeckt. Mitten in diesem Entsetzen wurde der Pöbel ungeduldig und aufrührerisch; er zwang den Kardinal, das Haupt des heiligen Januars heraus zu bringen, und in Proceßion mit demselben nach der Ponte Maddalena, am äußersten Ende von Neapel gegen den Vesuv hin, zu gehen, und hier giebt es Zeugen genug, daß der Ausbruch den Augenblick aufhörete, da der Heilige Angesichts des Berges kam. Es ist wahr, das Getöse hörete ohngefähr um eben dieselbe Zeit auf, nachdem es fünf Stunden lang, wie an vorhergehenden Tagen, gedauert hatte.

(…) Am Freytage, den 23sten, ströhmeten die Lavas noch immer, und der Berg fuhr fort, eine Menge von Steinen aus seinem Crater empor zu werfen. (…)

Sonnabend, den 24sten, hörete die Lava auf zu fließen: sie hatte sich vom Platze (…), wo ich sie ausbrechen sahe, bis an ihr äußerstes Ende, wo sie die Kapelle des S. Vito umringte, über sechs Meilen weit ausgebreitet. Im Atrio di Cavallo, und in einem tiefen Thale, welches zwischen dem Vesuv und der Einsiedeley liegt, ist die Lava an einigen Orten beynahe zwo Meilen breit und mehrentheils sechzig bis siebenzig Fuß tief.

William Hamilton:
„Beobachtungen über den Vesuv, den Ätna und andere Vulkane"

Einige begleitende Phänomene des Vesuvausbruchs von 1794 beschreibt Georg Christoph Lichtenberg im Göttinger Taschenkalender.

Am 18. Juni, da der Wind einige Augenblicke den Gipfel des Vesuvs von dem Rauche säuberte, der ihn eingehüllt hatte, bemerkte man deutlich, daß ein großer Teil seines Kraters nach Neapel zu eingestürzt war. Vermutlich geschah dieses am Morgen dieses Tages um 4 Uhr, da man einen heftigen Stoß von Erdbeben zu Resina und andern Orten am Fuße des Berges verspürte. Nun eröffnet sich ein Schauspiel, das an Größe und Majestät alles übersteigt. Aus der erweiterten Öffnung, die nicht viel weniger als zwei englische Meilen (ungefähr 10 000 Fuß) im Umfange betragen konnte, arbeiten und türmen sich Rauch und Asche in Wolken auf Wolken immer höher und höher, dicht und finster hinauf, bis endlich eine Wolkensäule bestand, deren Höhe Sir William Hamilton auf 25 Meilen schätzte, also, die englische Meile nur zu 5 000 Fuß gerechnet (sie beträgt eigentlich 5 280) 125 000 Fuß. Der Vesuv, ihr Säulenstuhl, der selbst über 3 600 Fuß über die See erhaben ist, schien ein Maulwurfshaufen dagegen. In dieser ungeheuren Wolkenmasse fuhren beständig Blitze hin und her, wahrhafte Wetterstrahlen, nur größer als die von gewöhnlichen Gewittern (…). Indessen der Wind drehte sich, aber zu Somma fiel die Asche so dick, daß Menschen, die nicht in steter Bewegung blieben, Gefahr liefen, dadurch festgemauert oder begraben zu werden. Die Finsternis war selbst am Mittage so groß, daß man sich auch bei den Lichtern und Fackeln nur kaum finden konnte, denn es war nicht der Schatten einer entfernten Decke, in dem man wandelte, sondern man war von der Ursache des Schattens selbst umgeben. Wir nehmen nun noch kurz einige zerstreut merkwürdige Ereignisse zusammen:

Die reichen Weinberge von Torre del Greco (…) sind zerstört; für jetzt wenigstens.

Die gefallene Asche aber ist so fruchtbar, daß Erbsen, die man in einen Teller voll dieser Asche säete, schon am dritten Tage keimten und fernerhin besser fortwuchsen, als sonst im fruchtbarsten Boden.

Die Asche, die am dritten Tage der Eruption fiel, leuchtete im Dunkeln, so daß die Segel und Hüte der Matrosen, auf die sie fiel, phosphoreszierten.

Bei der offenbar äußerst elektrischen Luft zeigen sich Wirbelwinde in Form von Wasserhosen, die die Asche aufheben und fortführen. In der Nähe von ihnen hört man ein seltsames Getöse. (…)

Von der Menge und Klebrigkeit der Asche, die zu Somma fiel, gibt folgende Erfahrung des Abbé Tata einen guten Begriff. Er nahm von einem Feigenbaum, der noch stehen geblieben war, einen kleinen Zweig ab, der nicht mehr als drei Blätter und zwei unreife Feigen hatte, wog ihn, und fand sein Gewicht mit der anklebenden Asche 31, und ohne dieselbe kaum 3 Unzen.

Georg Christoph Lichtenberg: *„Der Ausbruch des Jahres 1794"*

Über die verheerenden Auswirkungen des Vesuvausbruchs von 1794 schreibt Leopold von Buch:

Der Boden in der ganzen Ebene Kampaniens schwankte wie flüssige Wellen von Morgen gegen Abend. Die Neapolitaner stürzten aus den Häusern auf die großen Plätze des Palazzo Reale, del Mercato, delle Pigne. Sie glaubten im nächsten Augenblicke ihre Häuser zu Boden geworfen, und angstvoll erwarteten sie im Freien den Morgen, Kalabriens Schicksal befürchtend.

Als ihnen aber die Sonne hell aufging und sie den Vulkan in der gewohnten Ruhe erblickten, glaubten sie den Ruin der südlichen Provinzen des Reiches befürchten zu müssen und leiteten von dorther die Erscheinungen der vergangenen Nacht.

Aber nicht lange währte der Irrtum. Drei Tage darauf, am 15. Juni um 11 Uhr in der Nacht, erbebte die Erde von neuem; es war nicht mehr ein wellenförmiges Schwanken wie vorher, es war ein unregelmäßiger Stoß, der die Gebäude zerriß, die Fenster klirrend erschütterte und gewaltsam die inneren Gerätschaften durcheinanderstürzte. Und sogleich erhellten rote Flammen und leuchtende Dämpfe den Himmel.

Der Vesuv war am Fuße des Kegels geborsten, und von den Dächern der Häuser sah man die Lava aus mehreren Öffnungen in parabolischen Bogen hervorspringen. Fortwährend hörte man einen dumpfen, aber heftigen Lärm, wie vom Sturz eines Flusses in eine tiefe Höhle hinab; unaufhörlich schwankte der Berg, und eine Viertelstunde darauf hörte auch in der Stadt die Erschütterung nicht mehr auf.

Mit solcher Wucht hatte man noch nie die Lava hervorbrechen sehen. Das reizbare Volk, das sich nicht mehr auf sicherem Boden fühlte, die Luft in Flammen sah und von schrecklichen, nie gehörten Tönen erfüllt, stürzte, von Furcht und Schrecken ergriffen, zu den Füßen der Heiligen in Kapellen und Kirchen, griff nach Kreuzen und Bildern und durchzog heulend die Stadt in wilder Verwirrung.

Der Berg achtete ihres Angstgeschreies nicht; es sprangen immer neue Öffnungen auf, und mit gleichem Lärme und gleicher Gewalt stürzte daraus die Lava hervor. Rauch, Flammen, Dampf erhoben sich zu ungeheuren Höhen jenseits der Wolken und verbreiteten sich dann auf den Seiten in Form einer unermeßlichen Pinie, wie zu Plinius' Zeiten.

Nach Mitternach verlor sich dieses ununterbrochene, fürchterlichdumpfe Getöse, mit ihm die stete Erschütterung und das Schwanken des Berges. Die Lava brach jetzt stoßweise aus den Öffnungen hervor, aber in schnell hintereinander sich folgenden Stößen mit donnerähnlichem Knall. Die sie so gewaltsam und tobend hervorstoßenden elastischen Mächte schleuderten unzählige große Felsstücke zu erstaunlicher Höhe hinauf in die Luft, und neue Flammen und schwarze Rauchwolken folgten diesen zertrümmerten Felsen.

Nach und nach folgten die Stöße seltener hintereinander; aber ihre Kraft verdoppelte sich, und zuletzt schien der ganze Berg nur eine Batterie zu gleicher Zeit abgefeuerter Artilleriestücke zu sein. Und während dieses gewaltsamen Donners, schon nach Mitternacht, sah man auch die jenseits des Vulkans liegende Atmosphäre erleuchtet. Die Lava, ungeachtet der Verwüstungen auf dieser Seite des Berges, sprengte auch den jenseitigen

Ausbruch des Vesuvs von 1767.

Abhang noch tiefer am Kegel herab und weiter vom Gipfel und stürzte mit Gewalt aus der Öffnung in eine weite Schlucht, welche schon ältere Laven verwüstet hatten, gegen Mauro hinab. Sie wütete in den Waldungen am Ausgang des Tales, verbreitete sich auf der weniger sich neigenden Fläche, fing dann langsamer zu fließen an, und nach drei Tagen erstarrte sie gänzlich, ohne Wohnungen erreichen zu können.

Nicht so die donnernde Lava gegen Neapel. Sie stürzte mächtig und schnell vom Abhange herab. Jede Explosion aus den Kratern drängte eine neue Masse von Lava herauf, die, sich dem Strome zuwerfend, ihm neue Kraft und Stärke zu geben schien. Die Hälfte der Einwohner von Resina, Portici, Torre del Greco starrte mit fürchterlich-ängstlicher Erwartung auf jede kleine Bewegung des Feuerstromes, dessen Richtung bald diesen, bald jenen Ort zu bedrohen schien; die andere Hälfte lag hingeworfen vor den Altären, sich Rettung vor der schrecklichen Lava zu erflehen. Plötzlich richtete die ganze Masse ihren Lauf genau auf Resina und Portici zu. Alles Lebendige in Torre del Greco stürzte in die Kirche, dem Himmel für die geträumte Rettung zu danken; in ihrer unmäßigen Freude vergaßen sie den dann notwendigen Untergang ihrer Nachbarn. Aber ein tiefer Graben stellt sich dem Laufe der Lava entgegen, sie folgt seiner Richtung, und er öffnet sich auf der Höhe über das unglückliche, sich gerettet glaubende Torre del Greco. Mit neuer Wut fällt der Strom den steileren Abhang hinab. Er trennt sich nicht mehr, und mit 2 000 Fuß Breite erreicht er die

blühende Stadt. Im nächsten Augenblick suchen 18 000 Menschen Schutz auf dem Meere.

Noch ehe sie das Ufer verlassen, sehen sie über den eingestürzten Dächern der Häuser aus der Mitte der Lava hervor sich dicke, schwarze Rauchsäulen erheben und große Flammen wie Blitze. Paläste und Kirchen stürzen krachend zusammen, und fürchterlich donnert dazwischen der Berg.

Um 11 Uhr in der Nacht brach die Lava aus dem Innern hervor, und schon um 5 Uhr morgens war Torre del Greco nicht mehr. In sechs Stunden hatte die glühende Masse vier italienische Meilen durchlaufen, eine noch nie erhörte Geschwindigkeit in der Geschichte des Berges. Das große Meer selbst vermochte es kaum, der Lava Grenzen zu setzen. Mächtig wälzte sich der obere Teil, indem der untere im Wasser erstarrte, über den erkalteten weg. Weit umher siedete das Wasser, und gekochte Fische in unzähliger Menge bedeckten die Fläche.

Mitten unter diesen Verwüstungen brach der neue Tag an. Man sah die aus den Kratern sich erhebenden Flammen nicht mehr, aber auch den Berg nicht. Eine schwarze, fest scheinende Wolke lagerte sich um ihn herum und verbreitete sich nach und nach wie ein finsterer Flor über den Golf und das Meer. Unaufhörlich fiel in Neapel und in der Gegend ein feiner Aschenregen herab und bedeckte alle Pflanzen und Bäume, alle Häuser und Straßen. Die Sonne erhob sich strahlenlos und ohne Glanz, und kaum war die Helle des Tages dem schwarzen Lichte der Morgenröte vergleichbar. Ein unbedeckter Streif am

Zerstörung Torre del Grecos nach dem Vesuvausbruch von 1794.

äußersten westlichen Horizont ließ doppelt die Menschen empfinden, wie sie in Finsternis eingehüllt waren. (...)

Man glaubte alles, was die Asche berührte, mit einem tödlichen Hauche bedeckt. Der eingebildete Verlust der reichen Pflanzungen umher setzte die Menge in stumme Verzweiflung, und nur mit Mühe gelang es der Regierung, durch Bekanntmachung der Unschädlichkeit der Bestandteile der Asche diese Furcht zu zerstören. (...)

Man hörte ein unaufhörliches, entfernt scheinendes Donnern, und schnelle Blitze im schwarzen, vom Berge sich herabwälzenden Regen erhellten die finstere Nacht. Man sah, daß diese gewaltige Masse aus dem großen Krater auf dem Gipfel des Berges hervorgewälzt wurde. Man sah,

wie sich eine ungeheure, dichte, rundgestaltete Wolke aus dem Innern erhob, wie sie sich aufzublähen schien, je höher sie stieg. Große, zu schwere Felsstücke fielen in fortgesetztem Regen senkrecht von ihren Rändern wieder in den Abgrund hinab. Eine neue Wolke folgte der ersten schnell mit gleicher Erscheinung und so unzählige Male hintereinander bis zu unabsehbaren Höhen. Ein großer, erhabener Anblick! Oft schien der Berg mit einer Krone dieser zu eigenen Systemen geordneten Wolke bedeckt. Nach und nach lösten sie sich auf; die größeren Stücke fielen senkrecht herab und rollten am Abhange des Kegels herunter; die feinere Asche entführte der Wind und zerstreute sie über das Land. (...) Die unaufhörlichen Aschenausbrüche hatten so sehr das Innere des Berges erschöpft, daß er den Gipfel nicht mehr zu unterstützen vermochte. Die ganze Masse fiel im Krater zusammen. Aber diese imposante Erscheinung beendigte den finsteren Aschenregen nicht.

(...) Bis in das Apenninengebirge herein war tiefe Nacht. Der ganze Vesuv schien sich in Staub herabstürzen zu wollen. Wolkenbrüche vermischten sich in der Luft mit der Asche, und die Masse fiel wie ein zäher Teig über die Gegend. Fest umgab er die zartesten Zweige der Pflanzen und Bäume, und alle Pflanzungen dieses fruchtbaren Striches erlagen unter der unerträglichen Last. Viele Dächer in den Orten stürzten zusammen, und die Einwohner sahen sich genötigt, ihr Leben durch schnelle Flucht in das Gebirge zu retten. Auf diese Art fielen einst Herkulanum und Pompeji.

Und wirklich hatte man Ursache, ein noch grausameres Schicksal zu fürchten. Denn während der Schlamm und die Asche am 18. und 19. Juni fast in einer für die Helle des Tages undurchdringlichen Dichte sich herabsenkten, stürzten reißende Wasserströme vom jähen Abhange des Berges herab. Mit grenzenloser Gewalt rissen sie Berge von Steinen und Bäumen mit sich fort und bedeckten mit großen Felsmassen die Ebene. Nur allein in der Nacht vom 20. Juni wälzten sich fünf solcher Ströme vom Berge, und dreimal im Laufe des Tages erneuerte sich diese verwüstende Erscheinung, das letzte Mal mit doppelter Stärke und Kraft. (...)

Indes verminderte sich allmählich die Menge der ausgeworfenen Asche. Man sah jetzt mit ihr sich große Dampfwolken aus dem Krater erheben, die in der Luft sich zerstreuten. Doch wurden die Nächte in Neapel noch fortwährend von der unzähligen Menge glänzender Blitze erleuchtet, die sich aus der Aschenwolke unaufhörlich herabstürzten. Ein starker, aber nicht rollender Donner begleitete sie, und daher das noch mehrtägige, fortgesetzte Getöse vom Berge.

Am 24. und noch mehr am 26. Juni fiel wieder mehr Asche auf der Seite gegen Neapel, aber als die Einwohner sie erblickten, erhoben sie ein Freudengeschrei; denn sie war nicht mehr dunkelgrau oder schwarz wie bisher, sondern hellgrau und zuletzt beinahe ganz weiß. Die Erfahrung aller Eruptionen hatte gelehrt, daß dies der letzte Bodensatz im gärenden Innern des Berges sei und daß mit ihm die ganze Eruption gewöhnlich endige. Und man betrog sich auch diesmal nicht. Von nun an rauchte der Vesuv fast nur allein. Asche fiel nur noch an einigen Tagen, und seit dem 8. Juli kehrte Heiterkeit in das glückliche Klima Neapels zurück. Schon erhob sich wieder Torre del Greco durch den rastlosen Fleiß der zurückgekehrten Einwohner. Tausende waren auf den Feldern zerstreut, die Blätter und Zweige der Bäume und Reben von der alles bedeckenden Asche zu säubern. In Neapel strömten aufs neue die Menschen den wieder eröffneten Schauspielen zu, und wie vorher versammelten die Späße des Pulcinells die geschäftslose Menge an den Ecken der Straßen.

Leopold von Buch:
„Der Vesuvausbruch im Jahre 1794"

Vulkane in Frankreich, Deutschland, England?

Es war ein ganz bedeutender Schritt in der Entwicklung der Vulkanologie zu einer modernen Naturwissenschaft, als sich um die Mitte des 18. Jahrhunderts die Erkenntnis durchsetzte, daß es in Frankreich, Deutschland, England, Norditalien und anderen Gebieten ohne aktiven Vulkanismus erloschene Vulkane gibt.

Basalte bei Saint-Flour.

Hier ist an erster Stelle Jean-Etienne Guettard zu nennen, der 1751 eine der größten Entdeckungen formuliert: „Die Kegel der Auvergne sind (derzeit) erloschene Vulkane." Bald darauf erkennt Rudolf Erich Raspe: „Auch im Hessischen gibt es vulkanische Berge". Und 1774 erklär Baron von Dietrich aus Straßburg, daß „der „Breisacher Backofenstein im Kaiserstuhl vulkanischen Ursprungs ist".
Guettards historische Beschreibung lautet in Auszügen:

In diesen bewegten Zeiten ist es vielleicht nicht anstößig, zur Kenntnis zu nehmen, daß in vergangenen Jahrhunderten in diesem Königreich nicht weniger schreckliche Vulkane aktiv waren, die sich vielleicht, durch geringste Ursachen angestoßen, wieder entzünden können. Und es wäre sicher keine Schande, entsprechende Vorsichtsmaßnahmen zu treffen, wenn sich in diesen Gegenden Erdbeben oder ähnliches bemerkbar machen. (...)

Die Berge, die nach meiner Überzeugung ebenso schreckliche Vulkane waren, wie die, von denen man heutzutage hört, sind die im Volvic, bei Riom, der Puy de Dôme bei Clermont und der Mont Dore. Der Vulkan von Volvic hat verschiedene Lagen von Laven übereinandergeschichtet, die einmal schmelzflüssig gewesen waren wie die Lavaströme des Vesuvs. (...) Dieser Vulkan hat genau die Form, die man in den Beschreibungen von Vulkanen findet: Er ist kegelförmig, seine Basis wird durch hellgraue oder leicht rosafarbene Granite gebildet (...) und der Rest des Berges besteht nur noch aus einer Anhäufung von schwärzlichen und rötlichen Bimssteinen, die ohne rechte Ordnung und Zusammenhang aufgetürmt sind. (…) Kurz nach Clermont beginnt der Anstieg zum Fuß des Berges mit dem Namen Puy de Dôme: Dies ist ein Kegel, der genau wie der von Volvic in einem recht spitzen Gipfel endet. Im Norden und Westen gibt es noch mehrere gleichartige Kegel, die aber alle weniger hoch sind (…). Es fiel mir nicht schwer zu erkennen, daß der Puy de Dôme genau wie der Berg von Volvic früher einmal ein Vulkan gewesen ist. Alles weist darauf hin: Wo der Untergrund nicht durch Vegetation bedeckt ist, geht man nur auf Bimssteinen und Lavagestein (…). Auf dem Gipfel des Puy de Dôme hatte ich eine trichterförmige Vertiefung festgestellt, und da dieser Berg die anderen Puys überragt, konnte ich feststellen, daß sie alle am Gipfel eine Einmuldung aufwiesen, die ich für Kratertrichter oder Mündung der Vulkane hielt. (…)

Alles läuft also auf den Beweis hinaus, daß die Berge, von denen hier die Rede ist, früher Feuer ausgespien haben. Sie können auch unter fortwährender Spannung stehen und sich eines Tages wieder entzünden. Die Ruhe der Bewohner dieses Landstrichs ist vielleicht vergleichbar mit der der Catanesen, bevor der Ätna im letzten Jahrhundert wieder entflammte (…).

Jean-Etienne Guettard:
*„Memoire de l'Academie royale
des sciences"*

In Deutschland ist der „Münchhausen" Rudolf Erich Raspe (1737–1794) der Entdecker des Vulkanismus. Sein erster Beitrag hierzu erscheint 1771 in den „Philosophical Transactions" der Royal Society in London. Ihr Titel lautet „A short account of some Basalt Hills in Hassia" (Kurze Anzeige einiger Basaltvorkommen in Hessen).

Cassel, November 29, 1769
Dear Sir,
Ich habe kürzlich in der Nachbarschaft dieser Stadt mehrere Hügel entdeckt, die aus Basalt bestehen, der in vieleckigen, meist fünfseitigen Säulen auftritt. Da diese Gesteinsart bisher wenig beachtet wurde und doch viele seltsame Eigenarten aufweist, ist es mein inniger Wunsch, daß Sie diesen Bericht über meine Untersuchungen der Royal Society vorlegen mögen.

Unsere Basaltgesteine unterscheiden sich von denen der Giants Causeway in Irland … und von jenen, die man früher bei Syene in Ägypten fand und die mit genügender Genauigkeit von Strabo beschrieben worden waren, durch ihre geringere Dicke (…). Die Farbe, Härte, das Gewicht und ihre Substanz zeigen genügend klar, daß sie nicht zum Genus der Marmore gehören, zu denen sie Herr Dacosta in Nachahmung der antiken Autoren gestellt hatte. Ihre Substanz ist glasig, ähnlich dem Hornfels, sie widerstehen dem aqua fortis und dem Meißel und geben nur dem starken Feuer oder dem Werkzeug des Graveurs nach (…). Ich habe noch keine chemische Analyse dieser Gesteine, die sehr nötig wäre, fertiggestellt (…). Sie scheinen ihre Form durch andere Art und Weise erhalten zu haben, als die Schichten

Das auf einem Basalthügel in Hessen gelegene Schloß Felsberg.

und Adern anderer Berge. Schließlich sind auch keinerlei Spuren oder Abdrücke irgendwelcher organischer Körper in diesen Steinen oder auf ihrer Oberfläche gefunden worden.

Ausgehend von diesen Betrachtungen war ich geneigt, ihren Ursprung auf eine Kristallisation aus dem Wasser zurückzuführen, die entweder bei der ersten Trennung des Chaos erfolgte oder zur Zeit einer Überflutung großer Teile unseres Globus (...). Aber nun beginne ich einige Zweifel zu hegen über diese Meinung, und zwar aus folgenden beiden Gründen:

1. In den Tafelerklärungen der französischen Enzyklopädie finde ich, daß Herr Desmarest aufgrund einer Reihe von Beobachtungen den Ursprung dieser Steinsäulen auf vul-

kanische Materie zurückführt, die aus der Schmelze abgekühlt worden war. Er hatte gesehen, daß die Basalte der Auvergne sehr nahe an der Öffnung eines erloschenen Vulkans auf Lava- und Schlackenschichten auflagerten.

2. Ich entdeckte die gleiche Erscheinung am Habichtswald bei Weissenstein nahe Cassel. Der Gipfel des Berges, auf dem die berühmten Cascaden des Landgrafen Karl erbaut sind und auf dem die britischen Truppen nach der Schlacht von Willemsthal ihr Lager aufgeschlagen hatten, ist überhaupt nur aus gewaltigen Stücken von Lava und Schlacken aufgebaut. Etwas tiefer, in der Mitte des Berges werden die Basalte angetroffen. Viele dieser Basalte haben die Form der polygonen Säulen, aber diejenigen

nahe der beschriebenen Lava bestehen nur aus unregelmäßigen rundlichen Massen. Auf der anderen Seite des Berges ist in geringer Entfernung zur Lava und zur Schlacke eines der reichsten Kohlelager zu finden, das ich jemals sah (...).

Es sollte erlaubt sein, mit Herrn Desmarest die Entstehung der Basalte mit den Vulkanen zu verknüpfen. Diese Meinung ist durch viele Umstände unterstützt: die bisher unerklärliche glasige Beschaffenheit dieser Steine, das Fehlen mariner Fossilien und schließlich das bekannte Experiment, daß einige Metallschmelzen nach ihrer Erstarrung in kristallisierter Form erscheinen, die nicht unähnlich dem zu Eis erstarrten Wasser aussehen. Ich möchte jedoch nicht unterlassen zu erwähnen, daß die anderen Basaltberge, die ich in Hessen beim Felsberg, Aldenberg und Gudenberg gesehen habe, mir Basalte ohne irgendwelche Begleitgesteine gezeigt haben; diese Basaltberge zeigen keinerlei Spuren von Lava oder Schlacke.

Als Bebilderung dieser Arbeit habe ich zwei Stiche anfertigen lassen; TAB XVIII vom Basaltfels bei Gudenberg; und TAB XIX von den Basalten des Felsberges.

Ich bin nun, mit besonderer Hochschätzung, Ihr gehorsamster Diener R. E. Raspe

„R. E. Raspe an M. Maty M. D.,
Sekretär der Royal Society"

Kurz darauf gibt R. E. Raspe in den Schriften der Göttinger Gesellschaft der Wissenschaften von 1771 auf deutsch „Nachricht von einigen niederhessischen Basalten, besonders aber einem Säulenbasaltstein-Gebürge bei Felsberg und Spuren eines verlöschten brennenden Berges am Habichtswalde nahe bei Cassel".
1774 erscheint sein umfangreicher „Beytrag zur alterältesten und natürlichen Historie von Hessen; oder Beschreibung des Habichtswaldes und verschiedener anderer Niederhessischen alten Vulkane in der Nachbarschaft von Cassel".
In einem mitabgedruckten Brief an William Hamilton in Neapel bittet Raspe diesen, seine Theorie vom vulkanischen Ursprung des Basalts an den Gesteinen des Vesuv zu überprüfen. Auch der Kaiserstuhl, das Siebengebirge und die Eifel werden als ehemalige Vulkane erkannt.

Wenig später nach Raspes Veröffentlichung entdeckt Baron von Dietrich aus Straßburg, daß der Kaiserstuhl in der Rheinebene ein erloschenes Vulkangebirge ist. Erste Notizen hierzu veröffentlicht von Dietrich bereits 1776, doch die vollständige Abhandlung „Beschreibung eines 1774 bei Alt-Breisach entdeckten Vulkans" erscheint im Originaltext auf französisch erst 1783. Die Entdeckung wird als so wichtig erachtet, daß eine deutschlandweite Kontroverse um die Priorität der Entdeckung ausbricht, ganz genau wie vorher in Frankreich zwischen Guettard, Ozy und Faujas de Saint Fond.

Goethe und der Neptunismus

Wenn der Streit zwischen Neptunisten und Vulkanisten zwischen 1775 und 1825 in der Geistesgeschichte eine herausragende Rolle spielte, dann ist dies vor allem auch Goethes Engagement in dieser Diskussion zu verdanken. Goethe ist lange überzeugter Neptunist und Anhänger A. G. Werners.

Abraham Gottlob Werner.

Das Aufblühen und der Verfall neptunistischer Vorstellungen ist ein sehr wichtiges, sogar romantisches Kapitel in der Geschichte der Geologie. „Glückliches Land, wo die Wissenschaften Interesse genug finden, daß es bei der Frage über die Entstehungsart eines Gesteins, des Basalts, in zwei Parteien aufgespalten wird, die Neptunisten und die Vulkanisten" (H. B. de Saussure, 1795).

Begründer des Neptunismus ist Abraham Gottlob Werner, der mit und durch diese Theorie die Geologie in den Rang einer Wissenschaft erhebt. Sein großer Kontrahent ist der Schotte James Hutton. Werner lehrt als begeisternder Lehrer an der Bergakademie in Freiberg. Seine Deutung der Basalte, die Grundlage des Neptunismus, ist in Ausschnitten seiner Schriften zwischen 1787 und 1789 zusammengestellt.

Als ich im Jahre 1775 wieder nach Freyberg kam, fand ich das System der Vulkanisten, und in solchem unter anderem den vulkanischen Ursprung des Basaltes, allgemein angenommen (…). Ob mir nun solches schon gleich anfänglich sehr paradox vorkam (…) ließ ich die Richtigkeit desselben einstweilen, und bis ich selbst Beobachtungen über diese Materie anstellen könnte, dahingestellt sein.

Dies nun fügte sich im Sommer des darauffolgenden 1776sten Jahres, da ich den berühmten sächsischen Basaltberg, den bei Stolpen, besuchte und beobachtete. Hier fand ich nun auch nicht eine Spur von vulkanischer Wirkung, auch nicht das geringste Merkmal einer vulkanischen Erzeugung. Vielmehr bewies die ganze innere Struktur des Berges ganz das Gegenteil. Nun wagte ich es zuerst, öffentlich zu behaupten und zu beweisen: daß wenigstens nicht aller Basalt vulkanischen Ursprungs sein könnte (...). Ein vorzügliches Gewichtaber erhielt meine Meinung durch die Bemerkungen der ehemaligen Erdbrände in dem um die Basalt- und Porphyrschieferberge des Böhmischen Mittelgebirges herum gelegenen Steinkohlengebirge und die daraus entstandenen pseudovulkanischen Gebirge, die ich in dem 1777sten Jahre machte (...).

Nun denke man sich ein ungeheures (Kohle-)Flöz größtenteils in Brand, die Enden oder Ausgehenden desselben verschlossen, so leichtflüssige Steinarten als Basalt und Wacke unmittelbar drüber, und einige durch den Brand selbst entstandene Aushohlung: Werden da die drüberliegenden, eben genannten leichtflüssigen Steinarten nicht schmelzen? – Es darf dann nur Wasser in hinlänglicher Menge schnell zu der in einer starken Quantität vorhandenen geschmolzenen Masse dringen, so ist die Eruption und mit ihr der Vulkan da. Ist nur erst ein Ausbruch erfolgt, so erfolgen dann die übrigen um so leichter, der Vulkan kommt nach und nach mehr in Gang und dauert, bis das ihn unterhaltende Brennmaterial ziemlich verzehrt ist, fort.

Sollte sich meine Vermutung bestätigen..., so fänden wir darinne wieder eine Verwandtschaft zweier Phänomene, die man sich sonst sehr voneinander verschieden dachte. Ich meine die Erdbrände und Vulkane. In Wahrheit! Wenn ich mir die deutlichen Spuren der ehemaligen zum Teil sehr ansehnlichen Erdbrände in Böhmen vorstelle: so scheint solchen dazu, daß sie Vulkane hätten werden

können, nichts weiter gefehlt zu haben als eine höhere Bedeckung, und zwar von leichtflüssigem Basalte – vielleicht auch den Flözen selbst etwas mehr Mächtigkeit – und dann die Anwesenheit großer höher gelegener Wasser-Massen.

Werners „Neue Entdeckung" (1788) am Scheibenberg, einer kleinen Basaltkuppe im Erzgebirge, überzeugte ihn dann endgültig von dem Charakter des Basalts als wässerigen Niederschlags:

Äußerst wichtig muß allen unbefangenen und forschenden Geognosten folgende von mir im vorigen Sommer (...) an dem Scheibenberger Hügel über das Verhältnis des Basaltes zu dem darunterliegenden Gebirge gemachte, wohl ganz unerwartete Beobachtung sein; zumal, da jetzt die Lehre von der Natur und Entstehung des Basaltes wieder aufs neue Aufmerksamkeit erregt und in Untersuchung genommen wird. Ich hatte an eben genanntem Basaltberge – der eine kleine Viertelstunde von dem Städtchen Scheibenberg ziemlich gegen Mittag liegt –, und zwar ganz an der Kuppe desselben, schon ehedem im Vorbeireisen von weitem eine große weiße Halde gesehen, von der man mir sagte: es wäre die Halde der Sandgrube. Doch vermutete ich nur eine um den Fuß des Berges herum gelagerte Sandschicht (...).

Wie erstaunte ich aber, als ich hinkam, und gleich mit einem Blicke – erst unten eine mächtige Quarzsandschicht – dann darüber einige Tonschichten – endlich eine Wackenschicht – und über dieser den Basalt aufliegen sahe: als ich sahe, daß die ersten drei Schichten sich fast horizontal unter dem Basalt hinzogen, und also sein Unterlager ausmachten; und, daß der Sand nach oben zu feiner und endlich tonig wurde, also sich förmlich in Ton, so wie der Ton oben in Wacke, und die Wacke zuletzt in Basalt verlief (…) kurz! daß hier der vollkommenste Übergang aus dem reinen Sande in tonigen Sand, aus diesem in sandigen Ton, Wacke und endlich Basalt stattfand.

Hier drangen sich mir – so wie dies gewiß jedem andern Sachkundigen, der dieses Phänomen in der Folge unbefangen sehen wird, geschehen muß –, die Ideen schnell und unwiderstehlich auf: dieser Basalt, Wacke, Ton und Sand sind alle von einer Formation; sind alle durch nassen Niederschlag aus einer und derselben ehemaligen Wasserbedeckung dieser Gegend entstanden. (…)

Nun! Was wird aber der größte Teil unserer für die Vulkanität des Basaltes so sehr eingenommenen Mineralogen hierzu sagen?

Ich bin in Ansehung des Basaltes überhaupt jetzt völlig der Meinung: aller Basalt ist nassen Ursprungs und von einer und zwar sehr neuen Formation; aller Basalt machte ehedem ein einziges ungeheuer weitverbreitetes (verschiedene uranfängliche und Flözgebirge bedeckendes) mächtiges Lager aus, das von der Zeit größtenteils wiederum zerstört worden und wovon alle Basaltkuppen Überbleibsel sind.

A. G. Werner:
„Kurze Klassifikation und Beschreibung der verschiedenen Gebirgsarten"

Werner hat seine Deutungen trotz sich vermehrender Angriffe seit 1789 (bis zu seinem Tod 1817) nicht mehr verändert. Dagegen läßt sich bei dem Werner-Anhänger J. W. v. Goethe durchaus eine schwankende Position erkennen. Ist er zunächst überzeugter Wernianer und Neptunist, wie der Ausschnitt aus den „Xenien"(1795) zeigt, so ringt er sich 1822 unter dem Eindruck einer Schrift Alexander von Humboldts („Über den Bau und die Wirkungsart der Vulkane in verschiedenen Erdstrichen") zumindest für den Kammerbühl bei Eger zu einer vulkanischen Deutung durch.

Xenien

Schöpfung durch Feuer

Arme basaltische Säulen! Ihr solltet
    dem Feuer gehören,
Und doch sah euch kein Mensch je
    aus dem Feuer entstehn.

Mineralogischer Patriotismus

Jedermann schürfte bei sich auch
    nach Basalten und Lava,
Denn es klinget nicht schlecht: hier
    ist vulkanisch Gebirg!

Kurze Freude

Endlich zog man sie wieder ins alte
    Wasser herunter,
Und es löscht sich nun bald dieser
    entzündete Streit.

J. W. v. Goethe:
„Xenien"

Kompromißvorschlag Goethes

Die Ähnlichkeit der Basalte und Laven sowohl in ihren Bestandteilen, als ihrem äußern Ansehn, die Nähe beider Steinarten in den Gebirgen, die Übergänge beider ineinander haben den Gedanken erregt und befestigt, daß die Basalte vulkanisch seien. Bei näherer Untersuchung fanden sich Schwierigkeiten; man konnte die Krater nicht entdecken, woraus isolierte Basaltfelsen, große Basaltstrecken im flüssigen Zustande hervorgequollen sein sollten, man fand eine große Verwandtschaft des Basalts mit andern unstreitigen Wasserprodukten, man fand, daß sie sich bald der Grundgebirgs-, bald der Flözgebirgsart näherten, und wie man vor einiger Zeit zu viel dem Feuer zuschrieb, wollte man nun auch wieder dem Wasser alles vindizieren. Die nahe Verwandtschaft der Basalte und Vulkane ist unleugbar, und die Neptunier, dadurch, daß sie die Laven für geschmolzene Basalte anerkennen wollen, erkennen sie dadurch nunmehr auch an. Waren also die Basalte nicht vulkanisch, so wären doch die Laven basaltisch, und wir schlagen auf diesem Punkte beiden Teilen die Vereinigung vor.

Hier ist unsre Hypothese. Das große, die Erde überdeckende Meer hatte aus seiner Masse schon die sogenannten Grundgebirge abgesetzt, als

Johann Heinrich Wilhelm Tischbein: Goethe in der Campagna.

es in einen siedenden Zustand geriet, indem gewisse Teile der darin enthaltenen Materien aufeinander freier und kräftiger als vorher wirkten; in dieser heißen Epoche setzten sich die Basalte nieder; und da sie im allgemeinen vorüber war, hatte (sich) noch so viel erhitzbare Materie zugleich niedergeschlagen, daß in der Nähe des Meeres noch bis auf den heutigen Tag Vulkane fortbrennen können.

Basalte waren also Ausgeburten eines allgemeinen vulkanischen Meeres; hier waren keine Krater nötig, hier kein Ausfluß, sondern ein großer, heißer, ausgebrannter Niederschlag. Die basaltische, noch nicht in den Mittelzustand versetzte Materie wirkte unter dem Wasser unaufhörlich fort, erzeugte Krusten; die Kräfte wirkten in verschlossenen Höhlen; sie häuften Decke auf Decke, zerrissen sie wieder, Schmelzungen geschahen im Innern und Ausdehnungen; so stiegen die vulkanischen Inseln und Wogenberge in die Höhe, so füllten sich ungeheure Meerbusen, und so entstanden ganze vulkanische Uferreihen.

Hier läge also die Verwandtschaft der Basalte und Vulkane.

Es konnten auf diese Weise:

1. Basalte existieren, wo nie nachher weder in der Tiefe des alten Meeres, noch in der folgenden Zeit eine vulkanische Wirkung sich geäußert.

2. Können zunächst an den Basalten vulkanische Wirkungen sich geäußert haben, und solche wieder geschmolzen haben.

3. Können Vulkane entstanden sein, wo vorher nie sich Basalte gebildet, sondern wo nur die zum Erhitzen fähige Materie sich in dem Meer niedergesetzt.

Basaltsäulen durch Gletscherschliff im Querschnitt angeschnitten, im Volksmund Kirkjugolf (= Kirchenboden) genannt, Südisland.

4. Können sowohl in dem zweiten als dritten Fall basaltähnliche Laven entstehen.

Man sieht leicht, daß diese Hypothese sich der einen wie der andern Meinung nähert, und wir übergeben diese Gedanken nicht als Endurteil, sondern als Vergleichsvorschläge beiden Parteien zur geneigten Beherzigung und wünschen nur, daß wir, wie es Friedensstiftern zu gehen pflegt, uns den Unwillen beider Teile nicht zuziehen mögen.

J. W. v. Goethe: *„Vergleichsvorschläge, die Vulkanier und Neptunier über die Entstehung des Basalts zu vereinigen"*

Goethe hat um die Frage der vulkanischen Basaltentstehung sein Leben lang gerungen. Sein Nachruf auf den 1817 verstorbenen Abraham Gottlob Werner legt dafür Zeugnis ab:

„Kaum wendet der edle Werner den
　　Rücken,
Zerstört man sein poseiadonisches
　　Reich,
Wenn andere sich vor Hephaistos
　　bücken
Ich kann es nicht sogleich!"

Auch seine späteren Bekenntnisse von 1820 und 1823 belegen rückblickend Goethes Ringen um die richtige Interpretation vulkanischer Erscheinungen.

Man gewöhnt uns von Jugend auf, die Wissenschaften als Objekte anzusehen, die wir uns zueignen, nutzen, beherrschen können. Ohne diesen Glauben würde niemand etwas lernen wollen. Und doch behandelt jeder die Wissenschaften nach seinem Charakter.

Es ist wie mit der ethischen und ästhetischen Methode, wo eine nur das Umgekehrte der andern ist und bei lebendiger Behandlung der Gegenstände bald die eine bald die andere sich zum Gebrauche darbietet.

Zur Darstellung meines geologischen Ganges werde veranlaßt, daß ich erlebe, wie eine der meinigen ganz entgegengesetzte Denkweise hervortritt, der ich mich nicht fügen kann, keineswegs sie jedoch zu bestreiten gedenke.

Alles was wir aussprechen, sind Glaubensbekenntnisse, und so werde das meinige in diesem Fache begonnen.

J. W. v. Goethe:
　„Darstellung
meines geologischen Ganges"

Wo der Mensch im Leben hergekommen, die Seite, von der er in ein Fach hereingekommen, läßt ihm einen bleibenden Eindruck, eine gewisse Richtung seines Ganges für die Folge, was natürlich und notwendig ist.

Ich aber habe mich der Geognosie befreundet, veranlaßt durch den Flözbergbau. Die Konsequenz dieser übereinander geschichteten Massen zu studieren, verwandte ich mehrere Jahre meines Lebens. Diesen Ansichten war die Wernersche Lehre günstig, und ich hielt mich zu dieser, wenn ich schon recht gut zu fühlen glaubte, daß sie manche Probleme unaufgelöst liegen ließ.

Diese Art des Anschauens begleitete mich auf Reisen; ich bestieg die Schweizer und Savoyer hohen Gebirge, erstere wiederholt; Tirol und Graubünden blieben mir nicht fremd, und ich ließ mir gefallen, daß diese mächtigen Massen sich wohl dürften aus einem Lichtnebel einer Kometenatmosphäre kristallisiert haben. Doch enthielt ich mich eigentlich allgemeinerer geologischen Betrachtungen, bestieg den Vesuv und Ätna, versäumte aber nicht, die ungeheure gewaltsame Ausdehnung der Erdbrände in Gefolg so grenzloser Kohlenlager zu beachten, und war geneigt, beide mehr oder weniger als Hauptschweren der Erdoberfläche anzusehen.

Nun aber lese ich in den neuesten französischen Tagesblättern, daß dieses Heben und Schieben nicht auf einmal, sondern in vier Epochen geschehen. Vorausgesetzt wird, daß unter dem alten Meere alles ruhig und ordentlich zugegangen, daß aber zuerst der Jurakalk und die ältesten Versteinerungen in die Höhe gehoben worden, nach einiger Zeit denn das sächsisch-böhmische Erzgebirge, die Pyrenäen und Apenninen sich erhoben haben, sodann aber zum dritten- und letztenmal die höchsten Berge Savoyens und also der Montblanc hervorgetreten seien. Dieses von Herrn Elie de Beaumont vorgetragene System wird am 28. Oktober 1829 der französischen Akademie von der Untersuchungskommission zu beifälliger Aufnahme und Förderung bestens empfohlen. Ich aber leugne nicht, daß es mir gerade vorkommt, als wenn irgendein christlicher Bischof einige Wedams für kanonische Bücher erklären wollte.

Da ich hier nur Konfessionen niederschreibe, so ist nur von mir und meiner Denkweise die Rede. Es ist nicht das erste Mal in meinem Leben, daß ich das, was andern denkbar ist, unmöglich in meine Denk- und Fassungskraft aufzunehmen vermag. (...)

Die Verlegenheit kann vielleicht nicht größer gedacht werden als die, in der sich gegenwärtig ein fünfzigjähriger Schüler und treuer Anhänger der sowohl gegründet scheinenden als über die ganze Welt verbreiteten Wernerschen Lehre finden muß, wenn er, aus seiner ruhigen Überzeugung aufgeschreckt, von allen Seiten das Gegenteil derselben zu vernehmen hat.

Der Granit war ihm bisher die feste, unerschütterte Basis, auf der die ganze bekannte Erdoberfläche ihren Ruhestand nahm; er suchte sich die Einlagerungen und Ausweichungen dieses wichtigen Gesteins deutlich zu machen; er schritt über Schiefer und Urkalk, unterwegs auch wohl Porphyr antreffend, zum roten Sandstein und

musterte von da manches Flöz zeitgemäß, wie es die Erscheinungen andeuten wollten. Und so wandelte er auf dem ehemals wasserbedeckten, nach und nach entwässerten Erdboden in folgerechter Beruhigung. Traf er auf die Gewalt der Vulkane, so erschienen ihm solche nur als noch immer fortdauernde, aber oberflächliche Spätlingswirkung der Natur. Nun aber scheint alles ganz anders herzugehen; er vernimmt, Schweden und Norweger möchten sich wohl gelegentlich aus dem Meere eine gute Strecke emporgehoben haben; die ungarischen Bergwerke sollten ihre Schätze von unten auf einströmenden Wirkungen verdanken, und der Porphyr Tirols solle den Alpenkalk durchbrochen und den Dolomit mit sich in die Höhe genommen haben – Wirkungen freilich der tiefsten Vorzeit, die kein Auge jemals in Bewegung gesehen, noch weniger irgendein Ohr den Tumult, den sie erregten, vernommen hat.

Was sieht denn hier also ein Mitglied der alten Schule? Übertragungen von einem Phänomen zum andern, sprungweise angewendete Induktionen und Analogien, Assertionen, die man auf Treu und Glauben annehmen soll. (...)

Durch dieses Bekenntnis gedenk' ich keineswegs mich als Widersacher der neueren Lehre zu zeigen, sondern auch hier die Rechte meines gegenständlichen Denkens zu behaupten, wobei ich denn wohl zugeben will, daß, wenn ich von jeher wie die Neueren, die mit so großer Übereinstimmung ihre These behaupten, auch aus Auvergne oder wohl gar von den Anden meine Anschauung hätte

Expedition zum Vesuv nach einem Stich von 1834.

gewinnen und das, was mir jetzt als Ausnahme in der Natur vorkommt, mir als Regel hätte eindrücken können, ich wohl auch in völligem Einklang mit der jetzt gangbaren Lehre mich befunden hätte.

Unbeschadet des Glaubens an eine fortschreitende Kultur, ließ sich, wie in der Weltgeschichte, so in der Geschichte der Wissenschaften, gar wohl bemerken, daß der menschliche Geist sich in einem gewissen Kreise von Denk- und Vorstellungsarten herumbewege. Man mag sich noch sehr bemühen, man kommt nach vielen Umwegen immer in demselben Kreise auf einen gewissen Punkt zurück.

J. W. v. Goethe:
„Verschiedene Bekenntnisse"

Fichtel und Voigt.
Horatius Cocles.
Zwanzig Jahre mit meinen Augen.
Nordamerikaner glücklich, keine Basalte zu haben.
Keine Ahnen und keinen klassischen Boden.
Inwiefern eine Erfahrung beweist.
Sie beweist sich nur selbst.
Mir scheint der Hauptknoten zu liegen im Übertragen des Beweises, daß, was in Auvergne gilt, auch am Thüringer Wald gelten soll.
Einem redlichen Auge sind viele Fälle, wo ein Niederlassen von oben augenfällig ist.
Aërolithen aus einem dichteren Mittel.
Zufällige Wirkungen einer unbekannten Ursache.

J. W. v. Goethe:
„Eines verjährten Neptunisten Schlußbekenntnis. Abschied von der Geologie."

Erstaunlich bleibt, daß Goethe auch durch sein Zusammentreffen mit Sir William Hamilton keinen sicheren Standpunkt in der Frage der Entstehung der Vulkane gewinnt. Haben sie die Vulkanismusfrage ausgespart? O. P. Krätz ist dieser Frage im Nachwort zum Faksimilenachdruck von Hamiltons Beobachtungen über den Vesuv, den Ätna und andere Vulkane nachgegangen.

Eigentlich sollte man als Wissenschaftshistoriker erwarten, daß ein Zusammentreffen zwischen Hamilton, dessen Beobachtungen und Schlußfolgerungen wegbereitend für den Aufstieg des Plutonismus werden sollten, und Goethe, der ein glühender Neptunist war – fast noch entschiedener als sein Freund und Lehrer A. G. Werner (1750 – 1817) –, zu überaus lehrreichen Diskussionen der Beteiligten hätte führen müssen, deren scharfsinnige Exegese ganzen Generationen von Wissenschaftstheoretikern inhaltsreiche Betrachtungen über Aufstieg und Niedergang von sogen. Paradigmen ermöglicht hätte.

Doch leider ist die Geschichte anders verlaufen. Die Sensation, die man eigentlich hätte erwarten dürfen, ist ausgeblieben. (…)

Es ist absolut sicher, daß Goethe in der ganzen Zeit Kontakt mit Hamilton hatte. Man kann als sicher unterstellen, daß er Hamiltons Schriften gelesen haben muß. Hamilton pflegte seine Kenntnisse und Beobachtungen gegenüber jedermann offenzulegen. Es gibt keinen vernünftigen Grund, warum er gerade Goethe gegenüber bei sonst sehr guten Beziehungen eine Ausnahme gemacht haben sollte. Doch Goethe war ganz offenkundig

der Ansicht, daß die Arbeiten Sir Williams keineswegs das letzte Wort seien und er bei eigenen und besseren Beobachtungen zu anderen Schlüssen kommen müsse (13. März 1787): „(…) Die vesuvianischen Produkte hab' ich auch nun gut studiert; es wird doch alles anders, wenn man es in Verbindung sieht. Eigentlich sollt' ich den Rest meines Lebens auf Beobachtung wenden; ich würde manches auffinden, was die menschlichen Kenntnisse vermehren dürfte (…)"

So müssen wir die befremdliche Tatsache hinnehmen, daß Goethe Hamilton zwar gut kannte, daß ihm aber dessen vulkanologische Forschungen als eher fehlerhaft und verbesserungsbedürftig erschienen. Sicherlich haben beide miteinander diskutiert. Da es aber offensichtlich keinem vergönnt war, den jeweils anderen zum Neptunismus bzw. Plutonismus zu missionieren, empfanden wohl beide die Gespräche als nicht sonderlich bemerkenswert. Dabei erwähnte Goethe Hamilton ausführlich in seiner „Italienischen Reise"; er fand ihn interessant und sympathisch, doch was er am meisten an dem „alten Ritter Hamilton" bewunderte, war nicht dessen Wissenschaftlichkeit, sondern der seigneurale Lebensstil, und fast noch mehr faszinierte ihn dessen junge Geliebte Emma Hart, die spätere zweite Gattin Sir Williams.

O. P. Krätz:
„Goethe und Hamilton oder:
Die ausgebliebene Sensation"

Die Krakatau-
katastrophe von 1883

Nach jahrhundertelanger Ruhe war der Krakatau am 20. Mai 1883 wiedererwacht. Eine dreimonatige Ouvertüre, deren Detonationen man im mehr als 800 km entfernten Singapur hörte, gipfelte schließlich in der Rieseneruption vom 27. August.

Unter allen historischen Vulkankatastrophen nimmt der Ausbruch des Krakatau vom 26./27. August 1883 eine besondere Stellung ein. Es war nach vielen Kriterien eine der gewaltigsten Eruptionen der Geschichte. Die Explosionen waren 5000 km weit zu hören, 20 km³ Aschen wurden ausgeworfen und 36000 Menschen kamen in den gewaltigen, durch die Eruption ausgelösten Flutwellen um. Die Eruption und ihre Auswirkungen erregten weltweiten Schrecken und Beachtung. Krakatau gehört mit der pompejanischen Vesuveruption und der Zerstörung von St. Pierre durch die Montagne Pelée zu den zur Legende gewordenen vulkanischen Ereignissen der Geschichte. 168 Jahre vorher hatte sich jedoch auf der ebenfalls indonesischen Insel Sumbawa die deutlich stärkere Tamboraeruption ereignet.

Die nach Batavia, dem heutigen Jakarta, fahrenden Schiffe passierten

Der Krakatau nach der Katastrophe.

den Vulkan in der Sundastraße zwischen Java und Sumatra oft als erste Landmarke Indonesiens. So gibt es sowohl von den einleitenden Eruptionen als auch vom katastrophalen Paroxysmus eine ganze Reihe von Berichten von Schiffen, die sich zufällig in der Nähe aufhielten. So der Bericht von Kapitän Watson auf dem englischen Schiff „Charles Bal", das sich in der Nacht vom 26. zum 27. August in allernächster Nähe befunden hatte, und der des Dampfers „Gouverneur Generaal Loudon".

Am 26. August gegen 6 Uhr morgens fuhren wir bei Südwestwind und etwas schwerem Regen am Prinzeneiland vorbei; gegen Mittag war der Wind Westsüdwest und das Wetter schön. Wir sahen die Insel Krakatau nordöstlich von uns, aber nur ein kleiner Teil der nordöstlichsten Spitze, dicht am Wasser, war sichtbar; die übrige Insel war mit einer dichten schwarzen Wolke bedeckt. Nachmittags gegen 2$^1/_2$ Uhr bemerkten wir eine Bewegung am Krakatau: Wolken oder ihnen ähnliche Gebilde wurden mit großer Schnelligkeit von der Nordostecke hergetrieben. Um 3$^1/_2$ Uhr hörten wir über uns und in der Nähe der Insel einen seltsamen Ton wie von einem mächtigen prasselnden Feuer oder Geschützdonner in kurzen Zwischenräumen. (…) Was es auch für eine Masse sein mochte, sie wurde mit erstaunlicher Schnelligkeit nach Nordosten gestoßen. Es erschien uns wie eine trübe Regenwolke und hatte den Anschein einer wilden Böe von aschgrauer Farbe. Sofort zogen wir die Segel bis auf das Top- und Vordersegel ein. Um 5 Uhr hielt das brüllende Geräusch noch an und nahm zu; der

Wind blies mäßig von Südsüdwest. Dunkelheit verbreitete sich über den Himmel, und ein Hagel von Bimssteinen fiel auf uns, von denen manche von beträchtlicher Größe und ganz heiß waren. Wir waren genötigt, die Oberlichtfenster zu bedecken, um das Glas zu sichern, während Füße und Kopf durch feste Stiefel und Südwester geschützt werden mußten. Gegen 6 Uhr hörte der Fall größerer Steine auf, aber ein beständiger Regen kleinerer hielt an, die die Augen blendeten und das Verdeck sehr schnell etwa 10 cm hoch bedeckten, während vollständige Dunkelheit Himmel, Land und Meer umhüllte.

Wir behielten unseren Kurs bei, bis wir das Leuchtfeuer von Anjer zu sehen glaubten. Dann drehten wir das Schiff vor den Wind, Südwest. Da wir nichts sehen konnten und nicht wußten, wie die Meeresstraße sich verändert hatte, war die Nacht schrecklich. Der alles verfinsternde Fall von Sand und Steinen, die undurchdringliche Dunkelheit über und um uns, nur von dem unaufhörlichen Glanz verschiedenartiger Blitze und die fortwährenden Explosionen des Krakatau erhellt, machten unsere Lage wirklich entsetzlich. Nachdem wir an der Küste Javas entlanggefahren waren, während der Wind stark aus Südwesten blies, wurde die Insel im Nordnordwesten in 11 Meilen Entfernung deutlicher sichtbar, indem Feuerketten zwischen ihr und dem Himmel auf- und niederzusteigen schienen, während man am südwestlichen Ende einen beständigen Wirbel weißer Feuerkugeln sah. Obgleich der Wind kräftig wehte, war er doch heiß, erstickend, mit Schwefeldämpfen und einem Geruch von verbrannter Asche erfüllt. Der Himmel war einmal tiefschwarz, im nächsten Augenblick bildete er ein Flammenmeer, auf den Mastspitzen und Enden der Rahen erschienen Elmsfeuer und seltsame rote Flammen, die aus den Wolken kamen und die Mastspitzen zu berühren schienen.

Um 6 Uhr sahen wir die Küste von Java, setzten die Segel auf und passierten um 8 Uhr den Leuchtturm vom „4. Punkt". Wir zeigten unsere Flagge, erhielten aber keine Antwort. Um 8 Uhr 30 Minuten kamen wir an Anjer vorbei, dicht genug, um die Häuser unterscheiden zu können, aber wir konnten keine Bewegung irgendwelcher Art bemerken. Durch die ganze Sundastraße hindurch haben wir nicht ein einziges Lebenszeichen weder auf der See noch auf dem Lande gesehen. (…) Um 11 Uhr 15 Minuten fand eine schreckliche Explosion in der Richtung des Krakatau statt, der jetzt mehr als 30 Meilen [55 km] von uns entfernt war. Wir sahen eine Welle sich gerade auf die Buttoninsel losstürzen, die anscheinend den südlichen Teil vollständig überflutete, während sie sich an der Nord- und Ostseite, etwa halbwegs, brach. (…) Dieselbe Welle schien dann auch an der Küste Javas hinaufzulaufen. Zu derselben Zeit bedeckte sich der Himmel sehr rasch; der Wind wehte stark aus Südwest zu Süd. Um 11 Uhr 30 Minuten waren wir in eine fast greifbare Dunkelheit eingehüllt, und gleichzeitig begann ein Niederströmen von Schlamm, Sand und Gott weiß was noch. Das Schiff fuhr Nordost zu Ost und legte unter den drei Marssegeln 7 Knoten in der Stunde zurück. Wir hingen unsere Seitenlichter aus, stellten zwei Mann

zum Ausguck vorn auf, und die beiden Steuerleute spähten nach beiden Seiten; ein Mann war fortwährend damit beschäftigt, den Schlamm vom Glas des Kompaßhäuschens abzuwaschen. Wir hatten, ehe sich der Himmer vollständig verfinsterte, zwei Schiffe im Norden und Nordwesten gesehen, was unsere Unruhe sehr vermehrte. Um Mittag war die Dunkelheit so stark, daß wir uns auf dem Verdeck vorwärts tasten mußten und daß wir uns nicht sehen konnten, als wir auf dem Hinterteil des Schiffes miteinander sprachen. Dieser schreckliche Zustand des Schlamm- und Aschenregens hielt bis 1 Uhr 30 Minuten an, wobei das Brüllen des Vulkans und die Blitze wirklich furchtbar waren. (…) Bis Mitternacht war der Himmel schwarz und dicht bewölkt; von Zeit zu Zeit fiel etwas Asche; das Brüllen des Vulkans war sehr deutlich zu hören, obwohl wir inzwischen 65 bis 70 Meilen davon entfernt waren. Eine solche Dunkelheit zu dieser Zeit werden sich wenige vorstellen können, und viele werden es wohl nicht glauben. Das Schiff erschien von der Flaggenspitze bis zur Wasserlinie wie mit Zement bedeckt, die Rahen, Segel, Kloben und Taue in einem schrecklichen Schmutz. Gott sei Dank, daß niemand verletzt und auch das Schiff unbeschädigt geblieben war. Aber wie mag es um Anjer, Merak und andere kleine Städte an der Küste Javas stehen?

Bericht Kapitäns Watson
von der „Charles Bal"

‚Loudon' fuhr am 26. August morgens 8 Uhr von Batavia nach Anjer und von dort um 3 1/2 Uhr nach der Lampongbai. Er kam 7 Uhr 25 Minuten unter leichtem Aschenregen auf der Reede von Telok Betong an.

Als es am Morgen des 27. August Tag wurde, sah man von der ‚Loudon' aus die Verwüstung, die die Wellen angerichtet hatten; man sah auch den Ort, der größtenteils am Meere lag, zum letztenmal. Daß die Verwirrung groß sei, konnte man daraus schließen, daß das Feuer des Leuchtturmes noch fortbrannte, wiewohl es schon Tag war. Gegen 7 Uhr kam ganz plötzlich eine riesenhafte Welle aus dem Meere herauf, zu der man im wirklichen Sinne aufsah, und die sich mit großer Schnelligkeit fortbewegte. Die ‚Loudon' bewegte sich unter Dampf, um der Welle den Bug zu bieten; (…) doch die Welle lief vorbei und die ‚Loudon' war gerettet. Die Flut überströmte Telok Betong und lief landeinwärts. Hintereinander kamen nun noch drei solche kolossale Wellen, welche vor den Augen der Passagiere den Ort verwüsteten; man sah das Küstenlicht umfallen, die Häuser verschwanden vom Strande, der Dampfer ‚Beromo' der schon auf dem Trocknen gesessen hatte, wurde aufgenommen und landeinwärts geschleudert – alles war Meer geworden, wo einen Augenblick vorher noch die Stadt gelegen hatte.

Da man vermutete, daß die telegraphische Verbindung gestört sei, entschloß man sich, nach Anjer zurückzudampfen, um das Vorgefallene zu melden. Bald hatte die ‚Loudon' die Reede hinter sich, doch ehe man die Lampongbai verlassen hatte, wurde es immer dunkler, so daß bereits um 10 Uhr eine ägyptische Finsternis herrschte. Die Dunkelheit nötigte die ‚Loudon' vor Anker zu gehen, da sie so tief war, daß man nicht einmal mehr die Umrisse weißer Gegenstände erkennen konnte; auf der ‚Loudon' fehlte jede Spur von Licht, und diese Dunkelheit dauerte 18 Stunden. Während derselben fiel ein dichter Schlammregen, der das Deck mehr als 0,5 m hoch bedeckte und es der Mannschaft beinahe unmöglich machte, ihren Dienst zu tun, da Augen, Ohren, Mund und Nase mit dieser Masse, welche das Atmen erschwerte, gefüllt wurden. Auch die atmosphärische Luft war durch die Eruptivmassen verändert worden; ein schrecklicher Geruch von schwefliger Säure verbreitete sich. (…) Von Zeit zu Zeit wechselte der Schlammregen mit einem Aschen- und Bimssteinregen. Der Kompaß zeigte die merkwürdigsten Abweichungen in allen Richtungen, der Barometerstand war ungewöhnlich hoch. (…) Dann folgte eine Reihe von Seebeben. Während dieser Zeit schlug der Blitz siebenmal in den Mast, lief erst am Ableiter entlang, sprang jedoch von einem höher als das Verdeck gelegenen Punkte mit einem gräßlich knatternden Geräusch in das Wasser über. In einem solchen Augenblick wurde die ganze Umgebung plötzlich hell erleuchtet, und man sah, daß alles durch den Schlammregen mit einer aschgrauen Farbe überzogen war; der Anblick war so schrecklich, daß man unwillkürlich sich an Bord eines Geisterschiffes glaubte. (…)

Da der Kapitän zunächst nach Anjer zurückkehren wollte, setzte man Kurs durch die Sundastraße, erst westlich, dann südlich von Krakatau und später zwischen dieser Insel und der Javaküste. Man sah hierbei, daß die Insel größtenteils verschwunden war. Eine steile Kraterwand stand noch, die andere Hälfte der Insel war im Meer versunken. In der senkrechten Kraterwand sah man große Risse und Sprünge, aus denen Dampf aufstieg. In dem Meere zwischen Krakatau und Sebassi, wo vor einigen Stunden noch die größten Schiffe passieren konnten, sah man vulkanische Risse, die sich aus dem Meere erhoben. Hier war die vulkanische Kraft noch in voller Wirkung. An acht Stellen sah man Säulen sich erheben, die sich aus einem schwarzen Punkt bildeten; ein solcher Punkt wurde nach und nach größer und bekam einen weißen Rand, die Säule erhob sich bis zu einer großen Höhe und verschwand, um bald einer neuen ähnlichen Erscheinung Platz zu machen. Waren dies Wasserhosen oder vulkanische Erscheinungen? Es ist schwer zu entscheiden. Von der Reede von Anjer sah man nur noch ein Stück des Leuchtturms, das gewissermaßen ein Grabmal bildet und allein die graue Färbung unterbricht, die, wie ein Totenkleid, über die Stelle ausgebreitet war, wo Anjer einmal stand. Selbst keine Ruinen sind stehen geblieben, nur hier und da ein paar ganz entblätterte, farblose Bäume. Ebenso sind die Inseln in der Straße verwüstet, das Meer überall mit Treibholz und Leichen bedeckt.

Bericht vom Dampfer
„Gouverneur Generaal Loudon"

Arno Schmidt verwendete Berichte über den Ausbruch des Krakatau für seinen zum 75. Jahrestag der Katastrophe erschienenen Dialog „Krakatau".

(Am 26. und 27. August 1883, vor 75 Jahren, erfolgte die größte aller historisch bekannten Katastrophen.) 2 Sprecher, A. und B., verschieden an Tonlage und Temperament.

A.: Sonntag und tropische Mittagshitze in der Südsee: „das weiße Meer ist eingeschlafen, / und purpurn steht ein Segel drauf",

B. (einfallend): Es sind sogar *mehrere* Segel, denn obwohl die Boote der eingeborenen Fischer längst auf den Strand gezogen wurden, und ihre Eigentümer Siesta halten, ist die Sunda-Straße (…) immer belebt.

A. (wieder aufnehmend): Und Kommodore Lindemann, vom holländischen Dampfer GOUVERNEUR-GENERAAL LOUDON, kann, wenn er gähnend das Doppelglas vor die Augen hebt, zumindest noch 2 Mastspitzen in der Ferne wahrnehmen: beide streben, von Nordwest beziehungsweise Südwest her, auf den sich zwischen Sumatra und Java verengenden großen Schiffahrtsweg zu. – Und wieder die gleißende Stille jenes 26. August.

B.: Gegen 14 Uhr beginnt ein dumpfes Rollen im Nordosten, wie wenn schwerkalibrige Schiffsgeschütze übten – aber schon nach wenigen Augenblicken zieht Kommodore Lindemann die Stirn: so schnell schießt Niemand, und wenns ein ganzes Geschwader wäre; das ist noch nicht erfunden: ein Salventakt von nur 1 Sekunde Abstand!

A.: Gleich darauf bildet sich etwas am Horizont, „Wolken vergleich-

Der Ausbruch des Krakatau.

bar", das sich langsam höher schiebt; bis, gegen 17 Uhr, der ganze Himmel damit überzogen ist.

B.: Gleichzeitig vernimmt man ein knisterndes Geräusch in der Atmosphäre; und die Kompaßnadel beginnt zu tanzen. Es wird immer finsterer;

und der Kommodore beschließt, solange das bißchen Sicht noch anhält, lieber linker Hand in die Bucht von Lampong einzulaufen, und dort vor Anker zu gehen.

A.: Und der Himmel ist entsetzlich geworden! Erfüllt mit klumpigem Schwarz, aus dem in rasender Folge Blitze wimmeln: „Weiße Riesenschlangen auf tintigem Grund", notiert einer der Offiziere.

B.: Schon atmet man schwerer, denn feinster Staub erfüllt die Luft des zur Nacht gewordenen Tages; greifbar geht Geruch um: nach glühender Asche, und wie Schwefelflammen.

A.: Dort im Südosten steigen „Feuerketten" in die Luft; ganze Katarakte weißglühender Bälle. (...)

B.: Und überall in der Sunda-Straße beginnen Szenen, wie wir sie atemloser und makabrer nicht aus Coleridge's ‚Ancient Mariner' kennen, oder dem ‚Gordon Pym' des sehr großen Edgar Allan Poe:

A.: Denn der Donner, in der oberen Luft, wie unten in der Erde, hat jedes Maß überschritten! Masten, Rahen und Aufbauten wimmeln plötzlich von St. Elms-Feuern. (...) Gegen Abend ertönt es wie schwerste Tritte über Deck, als gingen – dann liefen; dann rennten – Giganten: Bimssteinklötze sind es, erst faustgroß, dann wie Kürbisse, und brennend heiß dazu!

B.: Um Mitternacht beginnt ein Regen zu fallen; aber kein Regen gewöhnlicher Art: ein Gemisch aus Wasser und phosphoreszierendem Schlamm sinkt hernieder; rieselt emsiger; wird zum Wolkenbruch...

A.: Und damit beginnt eine neue lugubre Arbeit für die Besatzung:

es heißt *schnell* schaufeln; denn die Materie fällt so dicht, daß es sind: in 1 Minute 1¹/₂ Zentimeter; 20 pro Viertelstunde; einen Meter dick wäre die Schicht innerhalb einer einzigen Stunde geworden, und hätte den Dampfer unweigerlich versenkt, hätten sie nicht geschaufelt, blitzumzuckt, in Schwefelqualm und Donner, wie die Rasenden!

B.: Gegen Morgen wird es ein wenig ruhiger – aber nur ein wenig. Immer noch fällt, obwohl leichter, der Aschenregen, der Bimssteinschauer. (...)

A.: Aber dafür hat sich ein neues, beunruhigendes Phänomen hinzugesellt: von Zeit zu Zeit kommen Wellenfronten an – wenige Fuß hoch, gewiß; und in dieser Gestalt unschädlich. (...): bis um 5 Uhr 30 des 27. August es über die Wasser her rollt, mit einer bisher unvernommenen Lautstärke; sich wiederholt um 6 Uhr 44; – betäubt, mit aufnahmeunfähigem Trommelfell, stehen die wetterharten Seeleute...

B.: Um 10 Uhr 2 Minuten Ortszeit weckt sie – die schon nicht mehr hören zu können vermeinten – ein Schall, einzigartig in der Geschichte unseres Planeten, als bräche das Firmament zusammen! (...) Um 10 Uhr 2 Minuten also, am 27. August 1883, erfolgte jenes Ereignis, jene Katastrophe größten Ausmaßes, von der die von Menschen niedergeschriebene Geschichte weiß – das einzige bisher bekannte, *globale* Geschehnis, das der gesamte Erdball verspürte. – Immer noch das größte; trotz aller unserer Atombombenversuche.

A.: Was war geschehen? – Längst hatte man gewußt, daß sich,

über Java als Zentrum hinweg, ein großer sogenannter „Grabenbruch der Erdrinde" hinziehe.

B.: Auf der einzigen Insel Java kennt man 49 Vulkane, darunter diverse ‚Viertausender' (...); ein Teil davon befindet sich in ständiger Tätigkeit. (...) Erdbeben sind nichts weniger als selten (...).

A.: Und senkrecht zu dieser Ost-West-Linie unterirdischer Tätigkeit verläuft von Nord nach Süd eine zweite tiefe Spalte, längs deren sich die unterirdischen Kräfte manifestieren – beide kreuzen sich inmitten der flachen, selten über 200 Meter tiefen, Sunda-Straße in einem Punkt.....:

B. (laut): KRAKATAU!!! – – – (nach einer Pause): – –

A.: Und es war praktisch das erstemal, daß der wohlklingende Name..... (wie kostend): „KRAKATAU"..... der Menschheit geläufig wurde. (...)

B.: Am 11. August 1883 noch – also nur 14 Tage ‚vorher'; und man stelle sich das richtig vor: genau der bekannte „Tanz auf dem Vulkan", wenn je einer war! – besuchte Kapitän FERZENAAR, der Leiter der geographischen Abteilung in Bantam, die Insel; skizzierte ihre Küsten; sah Dampfsäulen; registrierte einen gewissen Schwefelgeruch. Auch schrieb er in sein Journal, daß die gesamte Vegetation der Insel verschwunden sei – nur ein paar vereinzelte Baumstämme noch ragten aus der Bimsstein- und Aschenwüste empor.....

A.: Aber das, wie gesagt, war auf einer Vulkan-Insel, wie Java, nichts ungewöhnliches. Bis eben...

B. (einfallend): Bis eben zu jener Mammutexplosion vom Morgen des

27. August 1883! – Da muß, geologisch betrachtet, folgendes geschehen sein: –

A.: Die Ausbrüche vom Nachmittag des 26. waren von heftigen Lavaflüssen begleitet gewesen. Inzwischen aber hatte die Spannung der inneren Dämpfe stetig zugenommen; bis sie, in den Vormittagsstunden des 27., so stark geworden war, besagten Pfropfen zu lüften; erst anzuheben – und endlich, in einer letzten überdimensionalen Kraftanstrengung abzuschleudern.

B.: Das eben war der letzte, der entscheidende, Stoß von 10 Uhr 2 Minuten des 27. August 1883. Er, der alle die globalen Folgen verursachte, von denen im Folgenden die Rede sein wird.

A. (wie nachdenkend): 10 Uhr Ortszeit Krakatau?: da ist es in Europa, um, sagen wir, Mitteleuropäische Zeit, rund 2 Uhr morgens; also noch tiefe Nacht liegt über Berlin, Paris, London.

B.: Aber durch die Sunda-Straße rennt bereits die riesige Wasserwand! –

A.: In Merak, 50 Kilometer entfernt, war sie höher, als die Bauten unserer westlichen Großstädte: 45 Meter hoch überrannte sie Strand und Ortschaften; bis 30 Meter Höhe wurden die Ufer rasiert: 36 380 Menschen ertranken; sämtliche Städte und Orte längs der angrenzenden Küsten, bis tief nach Nordaustralien hinein, wurden zerstört; die Leuchttürme weggeschwemmt – wochenlang danach noch war die Sunda-Straße, schon aus Mangel an Orientierungsmöglichkeiten, unpassierbar.

B.: In Batavia, 250 km entfernt, erlosch am hellen Mittag die Sonne,

und Lampen mußten angezündet werden. (…)

A.: Auf Ceylon, 3 000 km entfernt, begann das Wasser im Hafen zu schäumen; Boote und Schiffe wurden an den Strand geworfen (…) Aus Port Elizabeth in Südafrika – also auf der anderen Seite des Indischen Ozeans! – berichtet der Kapitän eines der großen Postdampfer, die dort vor Anker lagen: „Mein Schiff, die HAWARDEN CASTLE, lag in der Algoa Bay. Gegen 8 Uhr 30, am 27. August, bemerkte ich, daß sich plötzlich die Ankerkette bis zum Reißen spannte, so daß ich sofort in aller Eile einen zweiten Anker auswerfen ließ. Der Pegel zeigte eine Schwankung von mehr als 4 Fuß; und sie wiederholte sich viermal."

B.: Das war die große Flutwelle des Krakatau, die spürbar wurde, bis nach Europa hin, und den Pegeln des Ärmelkanals.

A.: Zuvor jedoch noch war der *Schall* um den Erdball gereist! – In Singapore „war keinerlei telefonische Verständigung mehr möglich; sobald man den Hörer abhob, vernahm man ein Brausen, wie von einem Wasserfall. (…)

B.: In Acheen auf Sumatra, 1 600 km entfernt, dachte der Kommandant der Garnison, ein Angriff erfolge auf sein Fort; und alamierte die gesamte Besatzung für viele Stunden.

A.: In Alice Springs, inmitten Australiens, hörte der Telegrafist Geräusche wie von Gewehrsalven, und meldete das unbegreifliche Ereignis weiter; das gleiche wurde aus Manila, Bangkok und Neuguinea berichtet.

B.: Auf der Insel Rodriguez, vor der afrikanischen Ostküste, in einer Weite von 4 500 km, vernahm man das

Gerolle, wie schweren Donner, oder Notschüsse von strandenden Schiffen.

A.: Und man vergesse nie, daß es sich dabei um eine Entfernung handelt, als hörten *wir* einen Knall aus NEW YORK: das ist bisher, gottlob, noch nicht der Fall gewesen; obwohl wir nichts verreden wollen!

B.: Staub fiel allerorten vom Himmel – unverkennbar vom Krakatau; denn die Gelehrten waren, und unter Risiko des eigenen Lebens, begierig gewesen, die Natur der dortigen Gesteine sogleich mikroskopisch, in Dünnschliffen, zu erforschen; – die meisten Daten kamen hier von Schiffen, fern im Indischen Ozean, von den Kerguelen bis hin nach Aden. Die größte Entfernung, bis zu welcher die Aschen- und Bimssteinschauer reichten, betrug 6 000 Kilometer in Richtung West-Nord-West – war doch eine Gesteinsmasse zerstäubt worden, die achtzehn Riesenblöcke ergeben hätte, jeder 1 km breit, lang und hoch: *dreiviertel der Insel waren verschwunden!*

A.: Zur gleichen Zeit ging, vom Krakatau als Zentrum aus, eine Luftdruckwelle um den Erdball: mit einer Geschwindigkeit von 1200 Kilometern pro Stunde schnellten allerorten die Barometer hoch um 63 Millimeter; und fielen Herzkranke um; bis zu den Antipoden…

B. (einfallend): die in diesem Fall bei Bogotá in Südamerika lagen: innerhalb von 17 Stunden verdichtete sich dort ein Luftdruckknoten; zerfloß wiederum in entgegengesetzter Richtung – und umreiste dergestalt siebenmal den Erdball, ehe die Atmosphäre wieder zur Ruhe kam!

A.: Die Magnetnadeln in den Observatorien sämtlicher Kontinente begannen zu zucken, sei es in Deklination oder Inklination, in durchaus ungewöhnlichen schnellen Schwankungen; in Pará – Südamerika – waren die einzigen nennenswerten Nadelausschläge des Jahres 83 die vom Tage des Krakatauausbruchs. –

B.: Aber das war alles nichts, gegen das, was folgte. – Nie noch hatte auf der Erdoberfläche eine auch nur annähernd ähnlich starke Explosion stattgefunden; nie noch waren Staub- und Aschenteilchen in gleiche Höhe getragen worden: 700 km weit hatte man die Rauchsäule wahrgenommen! Und der Himmel selbst entzündete sich; verfinsterte sich; erzeugte Farben, wie sie nie zuvor ein Menschenauge gesehen hatte!

A.: In den letzten Augusttagen des Jahres 1883 registrierte das Schiff EUTERPE aus dem Südatlantik einen Sonnenaufgang, mit *vier Ringen* um das Gestirn!

B.: Grün ging die Sonne auf; strahlenlos und platt. – Am 3. September meldete Kapstadt: „Seltsamste Morgen- und Abendröten! Um 18 Uhr 50, mehr als 1 Stunde *nach* Sonnenuntergang, Rosenlicht wie von einer Riesenfeuerbrunst; Ende erst gegen 19 Uhr 15."

A.: Medellin in Spanien: „Am 3. September ging die Sonne *violett* auf. Wurde dann *blau*; und (…) *grün*. (…) Aus unserem deutschen Berlin schrieb Professor Helmholtz von den Abenddämmerungen des 28., 29. und 30. November 1883: „Gegen 16 Uhr Untergang der *grünlichen* Sonnenscheibe. Anschließend ungewöhnlich hellroter Himmel mit auffälligen Lichtbalken im *Südwesten* (sic!). Um halb fünf lagen alle Straßen Berlins in einem seltsam bernsteinhaften Schein, als sähe man sie durch ein gelbes Glasstückchen. Dann folgte Dunkelheit, und die ersten Sterne wurden sichtbar. Eine halbe Stunde *danach* jedoch, weit nach 17 Uhr, färbte sich der Westhimmel erneut karminrot, oder präziser, wie ein dunkles Rosa. Man sprach allgemein entweder von einem Großfeuer; bzw. Andere, die sich über die Himmelsrichtung nicht klar waren, von einem ‚Nordlicht‘.“ (…)

B.: Die Ursache all dieser bezaubernden Schleiertänze von Himmelsfarben und zarten Luftgestaltungen war feinster Vulkanstaub aus dem Krakatau! Bis in Höhen von 50 km war er ausgeblasen worden; und wurde nun dort oben, schwebend in den kaum merklichen Ausgleichsströmungen, monatelangsam sinkend, um die ganze Erde getragen: von Transvaal bis Island sahen die staunenden Zeitgenossen die Bleischeiben der Sonnen, die grasgrünen Monde, Halos von wunderlichster Gestalt; und endlich, wenn längst hätte tiefe Nacht sein müssen, das Super-Alpenglühen der höchsten der Staubdecken. –

A.: Nie war dergleichen gesehen worden??

– Jetzt erst, aufmerksam gemacht durch den einundeinzigsten Krakatau, fiel klärendes Licht auf all die Berichte mittelalterlicher Chroniken, die von „kämpfenden Heeren am Himmel“ gesprochen hatten, und „Blutmeeren“: zu den Kometen und Nordlichtern, die man bisher als vernünftige Erklärungsversuche herangezogen hatte, mußte man neuerdings also auch das noch einkalkulieren: in die Stratosphäre getragener Vulkanstaub!

B.: Und schon erinnerte man sich weiterer Phänomene, die plötzlich in neuem Licht erschienen: einst, am 19. 6. 1783, waren aus ganz Norddeutschland alarmierende Nachrichten eingelaufen, von einem ‚Heerrauch‘, wie er in solchem Ausmaß noch nie gleich lästig registriert worden war. Sonne und Mond verloren ihren Schein; Pflanzen waren morgens mit ‚Meltau‘ belegt und begannen zu kümmern. (…)

B.: Nunmehr, fast genau 100 Jahre später, erinnerte man sich, daß damals, zwischen Ende Mai 1783 und dem 18. Juni, der Vulkan Skaptar Jökull auf Island in einer Kette maßloser Explosionen in die Luft geflogen war; worauf sich – mögen die Moorbrände redlich das Ihrige dazu beigetragen haben – pünktlich all die heute schon beschriebenen Phänomene einstellten; damals freilich noch unbeachtet und verkannt, auch im Ausmaß geringer; dennoch eine sehr vergleichbare historische Erscheinung. –

A.: 75 Jahre sind es jetzt her, daß dort, fern unterm Äquator, der Berg zerbarst; Wasser und Winde um die Erde pendelten; Schiffe mühsam durch Bimssteinfelder pflügten; und der Schall bis zu den Antipoden reiste.

B.: Daß 50 Tausende starben; während die Magnetnadeln verzückt tanzten, und die Gestirne erröteten und ergrünten – ein Tag, wohl wert, daß die Menschheit seiner gedenke: des 27. August 1883 –

A. (einfallend): und des donnernden Namens: KRAKATAU!!

Arno Schmidt:
„Krakatau“

Vulkanausbrüche im 20. Jahrhundert

Die moderne Vulkanologie löst viele der noch offenen Fragen zur Entstehung und zum Ausbruchsmechanismus der Vulkane. Doch auch im 20. Jahrhundert sind die „feuerspeienden Berge" noch unberechenbar genug, um den Menschen die Macht der Naturgewalten vor Augen zu führen.

Die verheerende Wirkung von Glutwolken an der Montagne Pelée

Ein vorher kaum bekanntes Phänomen löschte 1902 die Stadt St. Pierre auf der Antilleninsel Martinique in Sekundenschnelle aus: Glutwolken. Von 28 000 Einwohnern überlebten zwei.

Alfred Lacroix definiert diese Glutwolken „nuées ardentes" als „heiße, dichte Wolken, die sich mit hoher Geschwindigkeit über Grund fortbewegen, dabei alle Lebewesen verbrennen und ersticken sowie alle Pflanzen auf ihrem Weg zerstören".

Durch die Glutwolkenkatastrophe am 8. Mai 1902 trat das Phänomen ins volle Bewußtsein der Vulkanologen. T. Anderson und J. Flett sind vom Schiff auf der Reede vor St. Pierre aus die ersten

St. Pierre auf Martinique nach der Eruption von 1902.

Vulkanologen, die Glutwolken aus ziemlicher Nähe erleben:

Plötzlich brach eine rötliche Wolke, die anfänglich wohl 900 °C gehabt haben muß, horizontal aus einer Scharte im Kraterrand hervor und rollte rasend das Tal der Rivière Blanche hinunter. „In unglaublich kurzer Zeit erreichte die glühende Lawine das Meer (...). Sie war dunkelrot und hatte große Wirbel wie bei einer Schneelawine. Die Glutlawine führte auch große Lavablöcke mit, die beim Herabrollen rote Streifen zeichneten und Funkengarben versprühten." Die glühende Wolke der Lawine kam über das Meer auf sie zu, und ihr Bericht fährt fort: „Sie hatte kugelige Formen, mit eingedellter Oberfläche, aus der laufend und sehr rasch rundliche Protuberanzen entstanden. Diese wuchsen und vervielfachten sich mit einer ganz schrecklichen Energie. Die Wolke war nachtschwarz, dicht und massig. Die Blitze, die sie durchzuckten, gaben ihr ein unglaublich giftiges Aussehen. Sie bewegte sich mit großer Geschwindigkeit, wurde beim Herannahen immer größer, aber behielt ihre runde Form bei. Sie dehnte sich in der Breite kaum aus und wurde auch nicht höher, sondern glitt wie eine aus kugeligen Massen zusammengesetzte Woge über das Meer." Ihre Breite wurde mit 3 km und ihre Höhe mit 1,5 km geschätzt. Glücklicherweise verlor die Glutwolke 1,5 km vor dem Standort der beiden Vulkanologen ihre Energie und ihre Geschwindigkeit und kam zum Erliegen. Anderenfalls hätten Anderson und Flett ihre Beobachtungen nicht weitergeben können!

Zwischen Oktober 1902 und März 1903 kann der Vulkanologe Alfred Lacroix zahlreiche Glutwolken der Montagne Pelée beobachten. Er fotografiert die „nuées" vom 16. Dezember und vom 25. Januar und liefert genaueste Beschreibungen des Phänomens:

„Der Austritt einer Glutwolke war gewöhnlich von einem dumpfen Grollen begleitet. Dies kam vom Abbrechen der äußeren krustigen Teile des Lavadoms (...). Am Beginn und dem ersten Erscheinen der Glutwolke hatte das Ganze noch das Aussehen einer kompakten Masse geringer Ausdehnung, aber die warzenpockigen Wolkenballen dehnten sich schlagartig aus in Formen eines Blumenkohlkopfes, oder Gehirns mit vielen Windungen und Einbuchtungen, die sich bei der Ausdehnung der Wolke in fortlaufender Bewegung befanden. (...) Diese Windungen schlängelten sich ohne Unterlaß durcheinander und vergrößerten sich dabei fortlaufend. Das Volumen der Glutwolke wuchs mit der zurückgelegten Entfernung, so daß sie sich bald mit schrecklicher Majestät als eine senkrechte Mauer von bis zu 4 000 m Höhe fortbewegte. (...)

Die Glutwolken strömten mit Geschwindigkeiten zwischen 11 und 15 m pro Sekunde zum Meer, erlebten aber meist in ungefähr 3 km von der Küste, nämlich dort, wo sich die Hangneigung merklich verringert, eine deutliche Verlangsamung oder kamen fast zum Stillstand. (...) Die Glutwolken bestehen aus einer innigen Vermischung, einer Art Emulsion, einer Suspension von festen Partikeln in Wasserdampf und vulkanischen Gasen.

Am Krater betrugen die Temperaturen wohl nicht über 1100 °C, waren aber nach 6 km immer noch heißer als 200 °C."

Als die Montagne Pelée ab 1929 wieder Glutwolkenaktivität zeigte, ließ sich der unerschrockene amerikanische Vulkanologe Frank Perret an den Hängen eine Beobachtungshütte errichten. Hier konnte er zahlreiche Glutwolken aus nächster Nähe – manchmal in nur 30 m Abstand – vorbeirollen sehen. Eine dieser Glutwolken hüllte ihn sogar ein, aber er überlebte! Er beschrieb das Hervorbrechen der Glutwolken aus dem Dom aus zähflüssiger Lava am Gipfel mit folgenden Worten: „Zuerst sah man eine schräg austretende Masse, deren Volumen sich so schnell vergrößerte, daß man meinen konnte, sie würde in wenigen Augenblicken den ganzen Himmel ausfüllen. Dann stoppte plötzlich diese vertikale Ausdehnung der Wolke, und diese breitete sich horizontal nach der Seite hin und den Hang hinab aus. Zugleich stiegen aus der absteigenden Glutwolke blumenkohlartige Staub- und Aschenwolken auf.

Diese wogenden Wolkenballen erhoben sich über eine dichtere glühende Masse, die sich in unglaublich rollender Bewegung fortbewegte, wobei fortwährend Druckwellen aus der Front des Stromes hervorbrachen." Seither haben die Vulkanologen der ganzen Welt diese Glutwolken studiert, die allein seit dem Jahr 1500 über 60 000 Menschenleben gefordert haben.

Glutwolke (nuée ardente) am Vulkan Augustin in Alaska.

Die Montagne Pelée erhebt sich über St. Pierre.

Man erkennt nun in früheren Berichten mancher Vulkanausbrüche die Beschreibung von Glutwolken:

Bei der schrecklichen Eruption des Vesuvs von 1631, bei der 4000 Opfer zu beklagen waren, sprechen Augenzeugen von „Strömen glühender Aschen" und von „blitzdurchzuckten, brennenden Dampfwolken". Die zerstörerischen Ströme hatten eine derartige Geschwindigkeit, daß „einem Vater seine zwei Kinder aus den Armen fortgerissen wurden, während er selbst davonkam". In Torre del Greco lagen die Opfer wie schlafend, ihre Kleider waren unversehrt, aber alle „inneren Organe waren versengt". Alle diese Erscheinungen sind sehr charakteristisch für die Wirkung von Glutwolken.

Berichte von Ausbrüchen des San Jorge auf den Azoren von 1580 und 1808 erinnern ebenfalls an diesen Typ vulkanischer Erscheinungen.

Die Aktivität des San Jorge im Jahr 1808 wurde von einem Augenzeugen, Pater Joao Inacio Da Silveira, beschrieben. Als erster verwendet er das Wort ardente nuvem, also „nuée ardente":

„Am 17. Mai löste sich ein Feuertaifun vom Vulkan und strich als gewaltige ardente nuvem über die bebauten Felder und Weinberge, über Wälder und Hecken, bis sie schließlich die Kirche erreichte. Dreißig Personen wurden dadurch verbrannt. Manchen hing die Haut in Fetzen von Händen und Beinen, andere waren so schwarz und blasenübersät, daß sie völlig unkenntlich waren. Noch anderen waren sämtliche Glieder gebrochen oder sie lagen im letzten Atemzug. (...) Die Glutströme waren aschebeladen und dadurch so schwer, daß sie dicht über der Erde dahinkrochen und die Hänge bis hinunter zum Meer hinabrollten. Sie hatten eine große Gewalt und Beweglichkeit. Geringstes Einatmen dieser Wolken führte zum Tod."

Von 1873 an benutzt Ferdinand Fouqué den Begriff „nuée ardente" in seinen wissenschaftlichen Schriften. Dies war die Folge seiner Reisen auf die Azoren in den Jahren 1867 und 1868, wo er Einzelheiten über die Ausbrüche von 1580 und 1808 erfuhr. Doch mindestens ein weiterer Geologe hatte bereits vor dem Paroxysmus an der Montagne Pelée von 1902 von Glutwolken gesprochen: Theodor Wolf bei Beschreibungen des Cotopaxi in Ecuador.

Wolf gibt Berichte der Indios von Ecuador wieder, die besagen, daß der Cotopaxi bei seiner Eruption von 1877 „aufgekocht und übergeschäumt sei". Eine rauchende, schwarze Dampfmasse, welche jedoch bei Nacht glühend war, erhob sich über den Krater und floß dann nach allen Seiten über. Sie fegte mit großer Geschwindigkeit über die Vulkanflanken herab. „Wie der Schaum eines überkochenden Reistopfes". Die Eruption der gesamten siedenden und brodelnden Masse dauerte eine Viertelstunde. Sie brachte das Gletschereis zum Schmelzen und erzeugte während einer vollen Stunde gewaltige Schlammströme.

Maurice Krafft

Der Vesuv im 20. Jahrhundert

Seit 1944 ist der Vesuv sehr ruhig. Doch bis dahin versetzte er die Menschen noch zweimal in Angst und Schrecken. Der Ausbruch von 1906 fand große Beachtung in der Vulkanologie und in der Öffentlichkeit. In den letzten Tagen des Weltkrieges wurde dagegen der Ausbruch von 1944 weniger beachtet. Ein zeitgenössischer Bericht von Albert Zacher schildert die Eruption von 1906 und ihre Auswirkungen.

Der Ausbruch des Vulkans vom 5. April 1906 ist dem von 1872 zu vergleichen. Der Lavastrom war fünfzig Meter breit und zwei Meter tief und hatte eine Geschwindigkeit von sechs Meter in der Minute. Mit lautem Krache, der einer Kanonade ähnelte, stürzten die inneren Wände des Kraters zusammen. (...)

Am 7. April lauteten die Nachrichten vom Vesuv immer trauriger. Ein neuer Krater hatte sich vormittags am Westabhange geöffnet, der Lava nach Ottajano entsandte. In der Nacht vom 7. auf den 8. April gestaltete sich die Eruption zur Katastrophe. Unter großem Getöse des Vulkans erfolgten zwei gewaltige Erdbebenstöße. Ganz Neapel war auf den Beinen, alle Kirchen füllten sich, als die Nachricht eintraf, der Hauptkegel sei eingestürzt, das Oberservatorium zerstört, Cooks Drahtseilbahn vernichtet. Der Vesuv, der Boscotrecase schon vernichtet hatte, glich einem einzigen Feuerherde. Große Panik brach in Torre Annunziata aus, weil die Stadt nicht nur von der Lava bedroht, sondern auch von glühendem Aschenregen heimgesucht

Vesuveruption am 23. März 1944.

wurde. Stürmisch verlangte man Extrazüge und Kriegsschiffe, um die Bevölkerung aus den gefährdeten Städten fortzuschaffen.

Immer trostloser wurden die Meldungen im Laufe des 8. April. In Torre Annunziata meuterten die Gefangenen, die Einwohner von Ottajano flohen nach Neapel, San Sebastiano wurde geräumt, in San Giuseppe stürzten durch den Steinregen viele Häuser und die Pfarrkirche ein. Die Panik war unbeschreiblich. Die Behörden befürchteten Plünderungsszenen, auf den Landstraßen herrschte das Chaos, weil die Karren und Wagen der Flüchtigen ineinander fuhren. Der Nordwestwind trieb am Morgen den Aschenregen 200 Kilometer weit bis nach Apulien, überall die Luft verfinsternd, so daß in Cerignola, Barletta, Andria das Volk glaubte, der Jüngste Tag sei gekommen. Am 9. April verstärkte sich der Aschenregen, Ottajano bedeckte er zwei Meter hoch, in Neapel stieg die Aschendecke auf fünf Zentimeter. Die fremden Touristen flohen aus der Stadt, da die aufgeregten Insassen der

Vorstadtquartiere die Kirchen stürmten, um Prozessionen zu veranstalten, und so Aufruhrszenen befürchtet wurden. In der Vorstadt Giovanni Teduccio blieb ein Zug mit tausend Flüchtlingen stecken, weil das Zugpersonal im Schreck vor dem Aschenregen auf und davon gegangen war. Von den 30 000 Einwohnern Torre Annunziatas blieben nur 2 000 zurück. Neapel allein barg schon über hunderttausend Flüchtlinge aus der Umgegend. Der Lavastrom, der Torre Annunziata als Ziel erwählte, hatte eine Front von 150 m und war haushoch, er zerschnitt die Eisenbahn, zerstörte die elektrische Ringbahn um den Vesuv und bedrohte die Hauptstation der Stadt. Ein Arm der Lava wälzte sich, nachdem diese sich vor dem Kirchhof von Torre Annunziata gespalten hatte, auf Pompeji zu, blieb aber zum Glücke stehen. Gegen zehn Uhr morgens brach Sturm in Neapel aus, ein warmer Regen ergoß sich über die Stadt, die von zehn Zentimeter hoher Schlammschicht bedeckt wurde und vielfach litt, weil zahlreiche Dächer unter der Last von Asche und Schlamm einstürzten.

(…) Wenige Eruptionen, selbst die von 1872, waren so aufregend wie die jetzige, weil der Vesuv nicht nur mit Lava arbeitete, sondern auch weithin Asche verstreute, die durch den folgenden Regen zum Ätzschlamm wurde, der alle Vegetation im größten Teile seines Gebietes verwüstete. Was die Lava anbetrifft, so zerstörte sie von Nord nach Südost laufend alle Landhäuser bis Boscotrecase, dieses zum Teil selbst, und rückte bis Torre Annunziata vor, der industriellen, fleißigen Stadt, dieses derartig bedrohend, daß

neun Zehntel der Einwohner flohen. Der flüssige Strom war unübersehbar groß und an Stellen, wo er sich staute, haushoch und dabei von einer Kraft, daß er Blöcke von mehreren Metern Durchmesser wie Nußschalen spielend herumwarf. Ein Wunder scheint es, daß er vor Torre d'Annunziata Halt machte. Freilich fand er außer natürlichen Hindernissen noch künstliche, die schnell von Menschenhand aufgeworfen wurden. Die Errichtung von Dämmen gab man zwar als nutzlos auf, dafür zog man tiefe Gräben, die sich schäumend füllten und durch den Anprall Lavawellen erzeugten, die selbst stauend wirkten.

Außer den Landhäusern und Boscoreale zerstörte der Vulkan auf der Südseite noch die Ringbahn um seine mächtigen Flanken, im Westen die Cooksche Drahtseilbahn und das Observatorium. Dann verheerte er auch noch die Nordostseite nach Ottaiano und dessen Anhängsel San Giuseppe Vesuviano hin sowie einen Teil des Nordwestgebiets auf San Sebastiano zu. Wie groß der Schaden ist, der auf den Feldern angerichtet wurde, läßt sich noch nicht schätzen. (…)

Der Vesuv hat seine frühere Form eingebüßt, da der Hauptkegel glatt abrasiert erscheint.

Neapel, 10. April 1906. Erst jetzt kommen Nachrichten über das gestrige große Unglück in San Giuseppe. Die Kirche, die schon alt und baufällig war, wurde meterhoch mit Asche bedeckt. Am Morgen waren dreihundert Personen in ihr versammelt, als das Dach einstürzte. Etwa hundert Personen konnten sich retten, die übrigen wurden verschüttet. Gleichzeitig stürzten andere Häuser ein und erschlugen

Hunderte von Menschen. Nach der letzten optimistischen Schätzung zählt man über vierhundert Tote und zahllose Verwundete. Die Asche in den Straßen liegt vier Meter hoch. Die Verwundeten blieben lange ohne Pflege. Auch die Soldaten des Rettungsdienstes waren außerstande zu helfen, da sie selbst, weil der Ort vom Verkehr abgeschnitten ist, des Nötigsten ermangelten. Es scheint sich zu bestätigen, daß der Lavaausfluß zum Stillstand gekommen ist; gut unterrichtete Leute aber betrachten diese Meldung als zu optimistisch. (...)

Neapel, 11. April 1906 (nachmittags). Die Zeitungen erscheinen in sechs bis sieben Sonderausgaben; sie mahnen zur Ruhe und warnen vor falschen Gerüchten. Die Schulen und Theater sind geschlossen. In der Stadt wird Schwefelgeruch verspürt. Ganz Neapel wird vom Militär beherrscht, da man Unruhen fürchtet. (...)
Der Lavastrom steht still. Im ganzen Vesuvgebiet herrscht wegen der Brunnenverschüttung Wassermangel.

Albert Zacher:
„Im Lande des Erdbebens"

Die gewaltige Explosion des Mount St. Helens

Drei Vulkankatastrophen kennzeichnen das Dezennium der 80er Jahre: 1980 das Wiedererwachen des Mount St. Helens im Westen der USA, 1982 die Eruption des Chichon-Vulkans in Mexiko und 1985 die Eruption des Nevado del Ruiz in Kolumbien mit 22 000 in den Schlammströmen umgekommenen Einwohnern der Stadt Armero.

Aber es ist vor allem die Eruption des Mount St. Helens, die die wissenschaftliche Vulkanologie ein bedeutendstes Stück nach vorne gebracht hat: Denn zum ersten Mal konnten Vulkanologen in diesem Umfang und mit modernster Instrumentierung alle Stadien eines derart gigantischen explosiven Ausbruchs verfolgen.

Am Mount St. Helens ereignet sich am 18. Mai 1980 um 8.32 Uhr ein Erdbeben der Magnitude 5,1, dessen Zentrum in 1,6 km Tiefe direkt unter dem Vulkan lag. Als Folge davon bricht knappe zehn Sekunden später die

Wie Streichhölzer abgeknickte Bäume nach dem Ausbruch des Mount St. Helens.

Der Mount St. Helens; nach dem Ausbruch
von 1980 ist ein hufeisenförmiger Krater
anstelle der ehemaligen Kegelspitze zu sehen.

gesamte, durch die vorangegangene
Aufbeulung sehr instabil gewordene,
Nordflanke des Berges ab und gleitet
als riesiger Bergsturz zu Tal. Innerhalb
weiterer 15 Sekunden lösen sich fast
3 km³ Felsmasse vom Bergkegel ab
und rasen als gigantische Lawine mit
einer Geschwindigkeit von 250 km/h
den Vulkanhang hinab. Ein Teil der
Lawine überrollt den gesamten Spirit
Lake, aber die Hauptmasse teilt sich
nach Westen und ergießt sich in das
Tal des nördlichen Toutle River, das

auf eine Länge von 20 km verfüllt wird.
Die Bergsturzmassen aus Felstrümmern
des Vulkankegels jeder Größe, vermischt mit Gletschereis und Wasser,
erreichen eine Mächtigkeit von 100 m.
Selbst Bergrücken von 360 m Höhe
werden von dieser Lawine überrollt.
Die Massen, die sich in den Spirit Lake
ergießen, lassen dessen Seespiegel um
60 m aufstauen.

Nur Augenblicke nach dem
Beginn der Bergsturzlawine löst sich
aus der durch den Abbruch freigeleg-
ten Magmaintrusion des Kegels eine
ungeheuerliche Druckwelle heißer

Aschen, Gase und Gesteinstrümmer, die mit einer Temperatur von 300 °C fast horizontal ausgestoßen wird. Als „Blast" geht dieses Phänomen in die vulkanologische Literatur ein. In einem Sektor, der sich mit 170 ° Öffnung fächerförmig vom Vulkan nach Norden erstreckt, wird bis in 30 km Entfernung alles ausgelöscht. Die Geschwindigkeit des Blasts liegt anfangs bei 350 km/h, soll jedoch bis 1 100 km/h erreicht haben, das ist nahe an der Schallgeschwindigkeit und natürlich wesentlich höher als die Geschwindigkeit der darunter bewegten Bergsturzlawine. Der Blast dauert kaum eineinhalb Sekunden, und ein Gebiet von 600 km² ist danach völlig verwüstet. Millionen von Bäumen, mächtige Nadelbäume von bis zu 30 m Höhe, sind einfach ausgerissen und entwurzelt, hingestreckt wie Streichhölzer in der Richtung der Druckwelle. 60 Personen haben ihr Leben verloren.

Fast gleichzeitig mit der Druckwelle des Blasts entwickelt sich oben am Gipfel des Vulkans eine gigantische senkrechte Eruptionswolke, die innerhalb von 15 Minuten eine Höhe von 25 km erreicht und sich dann pilzförmig ausbreitet. Diese senkrechte Eruptionswolke besteht durch ununterbrochenen Magmanachschub fast zehn Stunden lang. Von 12 bis 17 Uhr an diesem 18. Mai können die Vulkanologen Lawinen und Glutwolken aus feinen Aschen und Bimsstücken beobachten, die wie überkochende Milch aus dem neuen Krater hervorbrechen und mit Geschwindigkeiten von 100 – 700 km/h über die Nordflanke herunterfegen. Als diese sich in den Spirit Lake ergießen, entstehen beim Kontakt der 300 – 400° heißen Bimsmassen mit dem Seewasser Dampfexplosionen, sogenannte phreatische Explosionen, und deren zahlreiche kleine Explosionstrichter.

Schließlich ergießen sich an demselben Vormittag gewaltige Schlammströme durch die Täler, die vom Vulkankegel strahlenförmig ausgehen. Bis in einer Entfernung von 40 km wird alles in ihrer Bahn zerstört.

Der mit 60 Mio. m³ größte der Schlammströme ergießt sich mit einer anfänglichen Geschwindigkeit von 100 – 150 km/h ins nördliche Toutle-River-Tal. Dabei schwankt die Temperatur des Stromes zwischen 30 und 100 °C. Gegen 19 Uhr erreicht er seine größte Stärke. Er hat eine Mächtigkeit von 20 m und kann sogar 90 m hohe Bergrücken überfließen. (…)

Als die Eruptionstätigkeit am Abend des 18. Mai abflaut, stellen die Vulkanologen fest, daß der Vulkankegel 430 m an Höhe verloren hatte. Anstelle seines Gipfels klafft jetzt ein gewaltiger, hufeisenförmig nach Norden geöffneter Krater. Dieser mißt 3,2 x 1,6 km und ist 700 m tief. Außer dem Volumen der Bergsturzlawine von 3 km³ wurde bei dem Ausbruch 1 km³ vulkanisches Material, die Hälfte davon frisch erstarrtes Lavamaterial, ausgeworfen. (…) Die durch diesen Ausbruch verursachten Schäden sind riesig: Millionen Hektar Wald sind vernichtet, 7 große Brücken, 300 km Straßen und 20 km Eisenbahnstrecke, dazu Hunderte von großen Lastwagen und die großen Maschinen zum Holzeinschlag und zur Holzverarbeitung wurden zerstört.

Katia und Maurice Krafft: *„Les Plus Beaux Volcans"*

Die Glutwolken des Unzen

Fast 200 Jahre gab der Vulkan Unzen Ruhe, bis im Sommer 1990 erste Beben den nahen Ausbruch ankündigen.

In der Chronik großer Vulkankatastrophen erscheint der Vulkan Unzen auf Kyushu, der Südinsel Japans, erstmals 1792. Eine gewaltige Trümmerlawine brach damals von einem Lavadom ab und begrub mehrere Ortschaften. Gewaltige Flutwellen entstanden beim Eintritt der Lawine ins Meer. Über 15 000 Opfer waren zu beklagen. Fast 200 Jahre lang dauerte dann die völlige Ruhe des Vulkans. Doch der Unzen war als gefährlicher Vulkan eingestuft, und bei der Stadt Shimbara, an seinem Fuß, war ein vulkanologisches Observatorium zur Überwachung errichtet worden.

Während des Sommers 1990 wurde eine Häufung von Erdbeben im Bereich des Vulkans registriert. Die Häufigkeit nahm stetig zu, und am

Ausbruch des Unzen auf der japanischen Südinsel Kyushu.

17. November 1990 erfolgten die ersten Ascheneruptionen, wobei die Aschenwolken 300 – 400 m Höhe erreichten.

Es handelte sich zunächst dabei um Dampfexplosionen, sogenannten phreatischen Eruptionen, ohne magmatisches Material. Diese hielten mit Unterbrechungen bis zum Frühjahr 1991 an. Doch am 17. Mai gibt das Krisenkomitee die Warnung heraus, daß die Lava zur Oberfläche durchbrechen könne. Dies bestätigt sich am 20. Mai, als festgestellt wurde, daß in einem der Krater ein Lavadom wie ein zäher Kuchen herausgepreßt wird. In der Folge brachen immer wieder Teile des aufsteigenden Domes ab, und dabei entstanden gefährliche Glutwolken, die mit großer Geschwindigkeit die Talrinnen des Vulkans herunterrollten. Die Glutlawinen erreichten die in einer Entfernung von 4 – 5 km liegenden dicht besiedelten Orte Fukae und Kita-Kamikoba und bedrohten die Hafenstadt Shimabara City. Evakuierungen verhinderten das Schlimmste. Während des Höhepunktes der Aktivität stieg die Zahl der Evakuierten auf 10 000 Personen. Hunderte von Häusern werden durch die aufeinanderfolgenden Glutwolken und durch Schlammströme zerstört.

Am 3. Juni 1991 überrollte eine Glutwolke – es ist der gasreiche und heiße, aber materialärmere Teil einer nuée – einen Bezirk der evakuierten Stadt Kita-Kimatake. Die Geschwindigkeit betrug ungefähr 100 km / h. In der Roten Zone hatten sich japanische Presse und Fernsehreporter, einige lokale Einwohner, Polizisten und Feuerwehrmänner aufgehalten. 43 fanden den Tod in der heißen Glutwolke. Darunter der Vulkanologe und Autor

dieses Buches, Maurice Krafft, seine Ehefrau Katia Krafft sowie ihr amerikanischer Freund und Kollege Harry Glicken, der den Mount St. Helens intensiv studiert hatte und sich nun zu Vergleichsstudien in Japan aufhielt. Der Transport- und Fließmechanismus dieser Glutwolkenströme sollte hier besonders intensiv untersucht und dokumentiert werden.

Die Extrusion von Lavadomen im aktiven Gipfelkrater des Unzen und die häufige Bildung von Glutwolken durch seitliches Abbrechen der Dome hielt auch über ein Jahr nach der Katastrophe vom 3. Juni 1991 unvermindert an. Dabei wurden pro Monat 150 – 500 Glutwolkenabgänge registriert.

Pinatubo, der gefährliche Unbekannte

Der Pinatubo gehörte bis zum April 1991 nicht zu den häufig genannten Vulkanen der Philippinen. Taal, Mayon, Bulusan waren als gefährlich bekannt und standen mit allen zur Verfügung stehenden modernen Überwachungsmethoden des Vulkanologischen Dienstes unter Kontrolle. Vom Pinatubo wußte man dagegen nur eher vage, daß er wohl vor ungefähr 600 Jahren aktiv gewesen war. Allerdings hatte die geologische Interpretation der Ablagerungen gezeigt, daß der Pinatubo, würde er wieder ausbrechen, eine erhebliche Gefahr für die umliegenden Siedlungen darstellen könnte.

Der 1 745 m hohe Vulkankegel, der ungefähr 100 km nordwestlich der Hauptstadt Manila liegt, zeigte dann sein Wiedererwachen am 2. April 1991

Die Caldera des Pinatubo, deren Durchmesser 2 km beträgt.

mit ersten Explosionen und Ascheneruptionen an. Einige Quadratkilo-
meter Land wurden dabei verwüstet,
und ungefähr 2 000 Bewohner wurden
sofort aus einer Zone im Umkreis von
10 km evakuiert. Als am 5. April ein
erster Seismometer am Vulkan instal-
liert wurde und zu registrieren begann,
zählte man bis 200 Beben pro Tag,
deren Zentren in 3 – 6 km Tiefe unter
dem Vulkan lagen, ein deutliches Zeichen für den Magmenaufstieg. Über
zwei Monate steigerte sich nun die
seismische Unruhe, die vulkanischen
Eruptionen und die Deformation des
Vulkankegels nahmen kontinuierlich

zu. Anfang Juni strebte die Entwicklung mit allen Anzeichen einem
Höhepunkt zu. Bis zu 2 000 Beben
werden pro Tag registriert. Der Vulkan
stößt täglich bis 5 000 t Schwefeldioxid aus, die aschenbeladenen Eruptionssäulen einzelner Ausbrüche steigen
bis 8 000 m in die Atmosphäre. Zig-
tausende Bewohner werden evakuiert
und die Sperrzone immer weiter ausgedehnt, zuletzt auf einen Radius von
30 km um den Vulkan.
 Als das Vulkanologische Institut
(PHILVOLCS) am 7. Juni 17 Uhr eine
Warnung der Alarmstufe 4 (mögliche
bedeutende Eruption innerhalb der

nächsten 24 Stunden) herausgibt, werden auch die 15 000 Bewohner und Familienangehörigen der amerikanischen Clark Air Base in einem Umkreis von 15 km evakuiert.

Vom 9. bis zum 14. Juni entwickelt sich ein Inferno aus Asche und Schlamm. Häuser und Brücken stürzen unter der Last zusammen. Die ausgestoßenen aschenreichen Eruptionswolken erreichen immer wieder Höhen von 20 und 25 km. Heiße Glutwolken, die seit der Eruption der Montagne Pelée auf Martinique berüchtigten nuées ardentes, entwickelten sich in der gesperrten Zone um den Krater, erreichten jedoch Entfernungen von bis zu 15 km. Sintflutartige Regenfälle verwandeln die Aschenmassen zu Schlammfluten, die sich mit großer Zerstörungskraft ausbreiten. Die Stadt Angeles mit ihren 300 000 Einwohnern ist bedroht. Viele Einwohner fliehen.

Doch das Schlimmste sollte noch kommen. Früh am 15. Juni teilte der vulkanologische Dienst die höchste Alarmstufe mit: Großeruption innerhalb von Stunden möglich. Die Zahl der Evakuierten stieg nun auf 200 000 bis 250 000, der Radius der offiziellen Gefahrenzone wurde auf 40 km ausgedehnt. Am Vormittag des 15. Juni begann die eigentliche klimaktische Phase, die mit pulsierendem An- und Abschwellen bis zum darauffolgenden 16. Juni andauerte. Eine stetige Eruptionssäule stieg bis in 30–40 km Höhe, Aschen fielen noch im 2 500 km entfernten Singapur. Der Gipfel des Kegels wurde weggesprengt und stürzte ein, wodurch ein Riesenkrater, eine Caldera von 2 km Durchmesser entstand. Glutwolken breiteten sich lawinenartig bis in eine Entfer-

nung von 18 km aus. Ihre Ablagerungen verfüllten Täler mit bis zu 200 m Mächtigkeit. Das 100 km entfernte Manila lag am Nachmittag in völliger Dunkelheit. Wegen des Aschenfalls mußte der Flughafen für Tage geschlossen werden. Taifunregen mobilisieren die vulkanischen Aschen und erzeugen die gefürchteten Schlammströme.

Die Eruptionen des Pinatubo gingen mit verminderter Stärke das ganze Jahr 1991 weiter und hielten auch 1992 noch an. Der Paroxysmus vom 15./16. Juni hatte sich zu einer der größten Vulkankatastrophen dieses Jahrhunderts entwickelt. Schätzungen der Todesopfer liegen bei ungefähr 700. Das ausgeschleuderte Material wird auf ein Volumen von 10 km^3 geschätzt. Durch die intensive Überwachung des Vulkans seit seinem ersten Lebenszeichen und die daraus abgeleiteten Maßnahmen der Vorwarnung und Evakuierung konnten mit Sicherheit viele tausend Menschenleben gerettet werden.

Jörg Keller

Vulkanologie und Vulkanüberwachung heute

Die Forschungsziele der Vulkanologie sind nicht nur wissenschaftlicher Natur. Für die Menschen in den gefährdeten Gebieten können sie überlebenswichtig sein.

Erdbebenschema am Piton de la Fournaise.

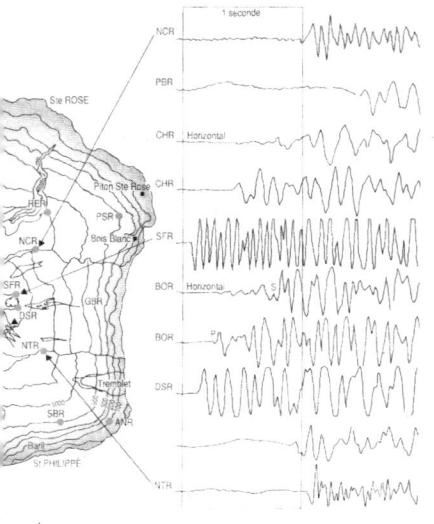

Das Verständnis für die Erdkrustenbewegungen (Plattentektonik) ist für die Vorhersage von Vulkanausbrüchen außerordentlich wichtig. Vor einem Vierteljahrhundert wurde die Plattentektonik formuliert, die die „Verschiebung der Kontinente" und die gesamte Dynamik des Globus durch die horizontale Bewegung von starren, ungefähr 100 km dicken Platten erklärt. Ein Vorläufer der Plattentektonik ist Alfred Wegeners 1912 formulierte Kontinentalverschiebung. Sechs große und eine Reihe kleinerer Platten bilden die Oberfläche unseres Planeten. An den mittelozeanischen Rücken entsteht fortlaufend neue Kruste, die an den Kontinenträndern wieder in die Tiefe des Erdkörpers versinkt. Eine „kopernikanische Wende" in der Geologie wurde dieses neue dynamische Bild der Erde, die neue „globale Tektonik", genannt. Maurice Krafft hat ihre Bedeutung für die Geologie mit der Bedeutung der Relativitätstheorie Einsteins für die Physik verglichen. Für die Vulkanologie führte die Theorie der Plattenbewegungen unter anderem zum Verstehen der gesetzmäßigen Verteilung der Vulkane auf der Erde und zur Erklärung der Verschiedenartigkeit der Magmen und der Ausbruchsarten der Vulkane.

Schlafende und aktive Vulkane

Bernhard Varenius stellte um 1650 eine Liste der Vulkane der Erde zusammen, die 27 Vulkane umfaßt. Der Katalog aktiver Vulkane ist heute auf über 1 000 angestiegen. Hier ist aber eine schwierige Definitionsfrage zu klären: Was ist ein aktiver Vulkan? Alle Vulkane, von denen wir Berichte über

Ausbrüche haben, also alle jene, die in historischer Zeit Ausbrüche hatten, sind sicherlich als aktiv einzustufen. Das sind ungefähr 600. Viele Vulkane haben in historischer Zeit nur einen Ausbruch erlebt. Aber die „historische Zeit" ist in manchen Teilen der Erde noch kaum einige 100 Jahre alt, in anderen einige 1000. Außerdem hat die Vulkanologie erkannt, daß die Ruhepausen zwischen den Ausbrüchen eines Vulkans bis einige 1000 Jahre oder noch länger dauern können. Deshalb werden heute die Vulkane gezählt, von denen man Eruptionen während der letzten 10 000 Jahre, also einer geologisch kurzen Zeitspanne, nachweisen kann. Dies sind etwa 1 400. Ein Großteil dieser 1 400 Vulkane ist heute im Ruhezustand, es handelt sich um „schlafende" Vulkane. Ihre Tätigkeit kann jedoch jederzeit wieder aufleben. Im Durchschnitt eines Jahres sind immer ungefähr 50 bis 60 Vulkane aktiv. Einige davon, wie der Stromboli, sind andauernd aktiv, also jedes Jahr in der Statistik dabei. Von anderen hatte man noch kaum etwas gehört, wie vom El Chichon in Mexiko oder vom Pinatubo auf den Philippinen.

Verteilung der Vulkane

Die Vulkane sind nicht gleichmäßig auf dem Globus verteilt. Im Gegenteil: sie treten bevorzugt in ganz bestimmten Zonen der Erdkruste auf. Das sind zunächst vorwiegend die Plattengrenzen. Die Plattengrenzen sind die Schwächezonen der Erde. Dort entstehen magmatische Schmelzen bevorzugt, und dort ist ihr Aufstieg am leichtesten. Neun Zehntel

aller Vulkane sind an Plattengrenzen gebunden. Vulkanismus und Plattentektonik sind also ganz eng miteinander verknüpft. Wie die Plattentektonik unterscheidet, ob sich die Platten auseinanderbewegen oder sich zusammenschieben, so erkennt die Vulkanologie grundverschiedene Magmen- und Vulkantypen, je nachdem, ob diese in „Konvergenzzonen" oder in „Spreizzonen" auftreten. Das restliche Zehntel der aktiven Vulkane, die nicht an Plattengrenzen gebunden sind, also irgendwo auf den Platten vorkommen, heißt folglich „Intraplattenvulkane". Hawaii gehört hierzu und der Ätna, auch die Kanarischen Inseln und alle geologisch jungen Vulkangebiete Deutschlands.

Wo die Platten auseinanderdriften, entsteht durch fortwährend aufsteigendes Basaltmagma andauernd neue vulkanische Erdkruste. Diese Nahtstellen liegen alle unter dem Meeresspiegel und sind als die mittelozeanischen Rücken zu erkennen. Dieses Basaltrückensystem durchzieht die Ozeane mit einer Länge von über 60 000 km. Von dieser langen aktiven Vulkanzone bemerken wir an der Oberfläche allerdings wenig. Nur an besonderen Stellen wachsen die mittelozeanischen Rücken über den Meeresspiegel hinaus und bilden vulkanische Inseln. Hierfür ist Island ein wichtiges Beispiel.

Aber zwei Drittel bis drei Viertel aller aktiven Vulkane liegen in einem engen Gürtel, der den ganzen Pazifik umspannt. Die Plattentektonik kann diesen „pazifischen Feuerring" erklären. Es sind die Zonen, Subduktionszonen genannt, in denen die Platten zusammenstoßen und dann in steilem

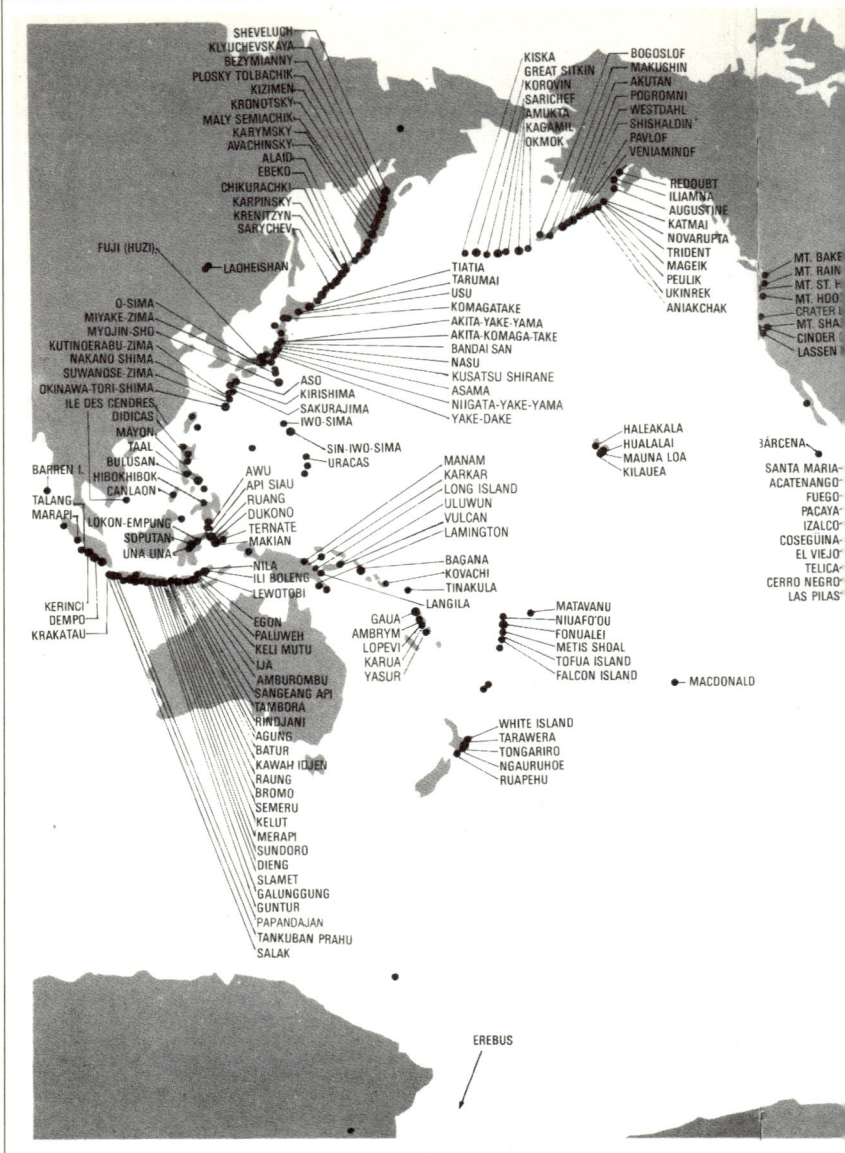

SHEVELUCH
KLYUCHEVSKAYA
BEZYMIANNY
PLOSKY TOLBACHIK
KIZIMEN
KRONOTSKY
MALY SEMIACHIK
KARYMSKY
AVACHINSKY
ALAID
EBEKO
CHIKURACHKI
KARPINSKY
KRENITZYN
SARYCHEV

KISKA
GREAT SITKIN
KOROVIN
SARICHEF
AMUKTA
KAGAMIL
OKMOK

BOGOSLOF
MAKUSHIN
AKUTAN
POGROMNI
WESTDAHL
SHISHALDIN
PAVLOF
VENIAMINOF

REDOUBT
ILIAMNA
AUGUSTINE
KATMAI
NOVARUPTA
TRIDENT
MAGEIK
PEULIK
UKINREK
ANIAKCHAK

MT. BAKE
MT. RAIN
MT. ST. H
MT. HOO
CRATER L
MT. SHA
CINDER
LASSEN

FUJI (HUZI)
LAOHEISHAN

O-SIMA
MIYAKE-ZIMA
MYOJIN-SHO
KUTINOERABU-ZIMA
NAKANO SHIMA
SUWANOSE-ZIMA
OKINAWA-TORI-SHIMA
ILE DES CENDRES
DIDICAS
MAYON
TAAL

TIATIA
TARUMAI
USU
KOMAGATAKE
AKITA-YAKE-YAMA
AKITA-KOMAGA-TAKE
BANDAI SAN
NASU
KUSATSU SHIRANE
ASAMA
NIIGATA-YAKE-YAMA
YAKE-DAKE

ASO
KIRISHIMA
SAKURAJIMA
IWO-SIMA

SIN-IWO-SIMA
URACAS

HALEAKALA
HUALALAI
MAUNA LOA
KILAUEA

BÁRCENA

BULUSAN
BARREN I.
HIBOKHIBOK
CANLAON
TALANG
MARAPI
LOKON-EMPUNG
SOPUTAN
UNA UNA

AWU
API SIAU
RUANG
DUKONO
TERNATE
MAKIAN

MANAM
KARKAR
LONG ISLAND
ULUWUN
VULCAN
LAMINGTON

SANTA MARIA
ACATENANGO
FUEGO
PACAYA
IZALCO
COSEGUINA
EL VIEJO
TELICA
CERRO NEGRO
LAS PILAS

NILA
ILI BOLENG
LEWOTOBI

BAGANA
KOVACHI
TINAKULA

LANGILA

MATAVANU
NIUAFO'OU
FONUALEI
METIS SHOAL
TOFUA ISLAND
FALCON ISLAND

MACDONALD

KERINCI
DEMPO
KRAKATAU

EGON
PALUWEH
KELI MUTU
IJA
AMBUROMBU
SANGEANG API
TAMBORA
RINDJANI
AGUNG
BATUR
KAWAH IDJEN
RAUNG
BROMO
SEMERU
KELUT
MERAPI
SUNDORO
DIENG
SLAMET
GALUNGGUNG
GUNTUR
PAPANDAJAN
TANKUBAN PRAHU
SALAK

GAUA
AMBRYM
LOPEVI
KARUA
YASUR

WHITE ISLAND
TARAWERA
TONGARIRO
NGAURUHOE
RUAPEHU

EREBUS

BEERENBERG

KRAFLA
SVEINAGJA
ASKJA
KVERKFJÖLL
ELDEYJAR GRIMSVÖTN
TRÖLLADYNGJA ÖRAEFAJÖKULL
HEKLA LAKI
HEIMAEY ELDGJA
SURTSEY KATLA

ISCHIA
MONTE NUOVO
VESUVE
STROMBOLI
VULCANO
ETNA

FAYAL I.
PICO I.
SAN JORGE I.

GIULIA-FERDINANDEO

NISYROS
SANTORIN

EBORUCO
OLIMA
ARICUTIN
ORULLO
OPOCATEPETL
RIZABA
HICHON

MOMOTOMBO
MASAYA
CONCEPCION
RINCÓN DE LA VIEJA
ARENAL
POAS
IRAZU

LA PALMA I.
LANZAROTE I.
TENERIFE I.

MT. MISERY
LA SOUFRIÈRE DE LA GUADELOUPE
MT. PELÉE Mgne PELÉE
SOUFRIÈRE DE ST. VINCENT
KICK-EM-JENNY

FOGO I.

ERTA ALÉ
DUBBI ARDOUKOBA
AFDERA

MT. CAMEROON

TELEKI LONGONOT
OL DOINYO LENGAI
NYAMURAGIRA
NYIRAGONGO
MERU KILIMANDJARO
KARTALA

TOLIMA
PURACÉ
WOLF REVENTADOR
ALCEDO COTOPAXI
CERRO AZUL SANGAY
FERNANDINA

EL MISTI
UBINAS
SAN PEDRO
LASCAR

PITON DE
LA FOURNAISE

SAN JOSÉ
CERRO AZUL
LLAIMA
VILLARICA
RINIHUE
NILAHUE
PUYAHUE
OSORNO
CALBUCO

TRISTAN DA CUNHA

ST. PAUL

HEARD ISLAND

MT. DARNLEY

DECEPTION I.

Weltweite Verbreitung der Vulkane

Winkel wieder in den Erdmantel eintauchen, subduziert werden. Hier vollzieht sich der plattentektonische Kreislauf am deutlichsten. Wenn an den mittelozeanischen Rücken immer neue Kruste entsteht, muß sie auch wieder „verschluckt" werden. Dies geschieht in den vulkanisch besonders aktiven Subduktionszonen. Viele der bekannten Vulkane gehören hierzu: Der Fujiyama und alle anderen japanischen Vulkane, der Pinatubo steht als Beispiel für die Vulkane der Philippinen und der Krakatau für Indonesien. Neuseeland, Südamerika, Mexiko, der Mount St. Helens sowie Alaska und Kamchatka sind alles Beispiele für den Subduktionszonentypus. Im Mittelmeer gehören Santorin hierzu sowie Vulcano und Stromboli. Die Liste bekannter Vulkannamen ließe sich beliebig verlängern. Alle Vulkane dieses Typs sind besonders explosiv und bauen bevorzugt die regelmäßigen Vulkankegel auf, für deren klassische Form und Schönheit der Fujiyama als Beispiel steht.

Vorhersage vulkanischer Eruptionen

Eine Viertelmillion Menschen haben während der letzten 500 Jahre ihr Leben bei Vulkanausbrüchen verloren. Heute ist die Gefahr in vielen Gebieten dadurch gewachsen, daß viele Vulkanzonen sehr dicht besiedelt sind. Bevölkerungswachstum und Bevölkerungsdruck gerade in den Entwicklungsländern haben auch Hochrisikovulkane zu dichtbesiedelten Zentren gemacht. Dies gilt zum Beispiel besonders für Indonesien, die Philippinen, Mittelamerika und viele der Andenstaaten.

Ein anschauliches Beispiel ist auch der Vesuv. Würde sich heute der pompejanische Vesuvausbruch ohne vulkanologische Vorwarnung wiederholen, die Zahl der Opfer könnte in die Hunderttausende gehen. Präzise Vorwarnungen zu geben, wann, wo und in welcher Weise ein Ausbruch stattfinden wird, damit die Behörden geeignete Schutz- und Evakuierungsmaßnahmen ergreifen können, ist eine wichtige und vornehme Aufgabe der heutigen Vulkanologie. Den richtigen Zeitpunkt zu verpassen, wäre katastrophal. Man stelle sich jedoch auch das Gegenteil vor: falscher Alarm. Trotz gefährlicher Vorzeichen stellt sich keine Eruption ein oder nur ein grandioses, ungefährliches Schauspiel. Wer wollte hinterher die Evakuierung von 2 Millionen Menschen mit all ihren Auswirkungen, wie am Vesuv nötig, verantworten? Die Konsequenz ist eindeutig: Es bedarf technologischer Höchstleistungen für die Überwachung, es bedarf aber ebenso großer wissenschaftlicher Anstrengung, die Naturgesetze des Vulkanismus zu verstehen und sicher zu interpretieren.

Überwachung tätiger Vulkane und die Vorhersage kommender Ausbrüche heißt, Vorläuferphänomene zu erkennen. Diese Vorläufererscheinungen zeigen an, daß das Magma aufzusteigen beginnt. Kaum ein Ausbruch, der sich nicht durch derartige Vorzeichen ankündigt. Dies kann Wochen vorher sein, Tage oder auch nur wenige Stunden. So ist es die Aufgabe der Vulkanologie, die Vorzeichen rechtzeitig zu erkennen und zu analysieren, damit Evakuierungsmaßnahmen rechtzeitig eingeleitet werden können.

Erdbeben und Vulkanismus

Daß Erdbeben und Vulkanismus sehr eng verknüpft sind, haben schon die Vorstellungen der Antike bezeugt. Für die Vulkanüberwachung spielen Seismometer und seismische Registrierungen daher eine ganz hervorragende Rolle. Es interessieren hier jedoch weniger die großen tektonischen Beben, welche aus der Verschiebung der Platten resultieren. Vulkanische Beben sind meist schwächer, sie zeigen den Druck und den Aufstieg des Magmas an. Daher sind fast alle Eruptionen von seismischen Erschütterungen begleitet und auch eingeleitet. Die seismischen Vorzeichen brauchen noch nicht einmal ohne Instrumente bemerkt werden, ihre Zahl kann sich zu richtigen seismischen Krisen steigern mit Hunderten und gar Tausenden von Beben pro Tag. Eine derartige seismische Krise ist ein sehr deutliches Alarmzeichen. In günstigsten Fällen kann man auch ein kontinuierliches Annähern der Bebenzentren an die Erdoberfläche feststellen: die Front des nach oben steigenden Magmas.

Anschwellen und Aufbeulen des Vulkans

Das zur Erdoberfläche drängende Magma wird in vielen Fällen den Vulkan meßbar anschwellen lassen. Mit exakter Entfernungsmessung zwischen zwei Beobachtungspunkten, die heute mit großer Genauigkeit durch den Einsatz von Laserstrahlgeräten durchführbar sind, und mit Hilfe von Neigungsmessungen, mit sogenannten Tiltmetern, können diese Deformationen nachgewiesen werden. Tiltmetrie

hat in Hawaii zu sehr präzisen Vorhersagen geführt, und beim Mount St. Helens hatte sich eine große Beule in der Vulkanflanke als äußerst kritisches Vorzeichen um über 1 m pro Tag herausgehoben.

Temperatur und Fumarolen

Der Magmenaufstieg kann sich auch durch deutliche Temperaturerhöhungen anzeigen. Infrarotmessungen können dies sogar vom Satelliten aus nachweisen. Besonders aber die vulkanischen Gasaustritte, Fumarolen und Solfataren, zeigen diese Temperaturveränderungen an. Der Krater von Vulcano, der 1888–1890 seinen letzten großen Ausbruch gehabt hatte, zeigte in den sechziger und siebziger Jahren immer Fumarolentemperaturen von 100–150 °C. Dann stiegen die Temperaturen, erst 200, dann 300 und schließlich über 600 °C. Dies ist ein alarmierender Anlaß für die besonders intensive Überwachung dieser Insel.

Chemie der vulkanischen Gase und heißen Quellen, elektrische und magnetische Felder

Die „Vulkanmaschine" ist ähnlich wie das Wetter ein sehr komplexes System mit vielen Komponenten, Ursachen und Wirkungen. Vorhersage und Risikoabschätzung müssen alle Faktoren, besonders alle Veränderungen, die sich plötzlich einstellen, registrieren. Änderungen der chemischen Zusammensetzung der vulkanischen Gase und der heißen Quellen, der magnetischen Eigenschaften des Untergrundes, seiner elektrischen Leitfähigkeit sind unerläßliche Informationen und verlangen einen hohen personellen und technischen Aufwand. Wenn alle diese Voraussetzungen gegeben sind, stellen sich auch erste Erfolge einer wissenschaftlich fundierten Vorhersage ein. Auch die „Jahrhunderteruption" des Pinatubo ist hier als positives Beispiel anzuführen.

Vulkanobservatorien

Einige der gefährlichsten Vulkane werden durch gutausgerüstete Vulkanobservatorien ständig überwacht. In Europa sind dies vor allem Vesuv und Ätna, auch die isländischen Vulkane stehen unter ständiger Beobachtung. In den französischen Überseegebieten liegen so gefährliche Vulkane wie die Montagne Pelée auf Martinique und die Soufrière auf der benachbarten Insel Guadeloupe. Nahe an diesen beiden Vulkanen und ebenso am Piton de la Fournaise auf der Insel Réunion unterhält das Institut de Physique du Globe in Paris moderne Vulkanobservatorien. Weltberühmt ist das Observatorium am Kraterrand des aktiven Kilauea auf Hawaii, und der dafür verantwortliche Geologische Dienst der USA hat nach der Eruption des Mount St. Helens 1980 in unmittelbarer Nähe das Cascaden-Vulkanobservatorium gegründet. In allen diesen Instituten wird nicht nur unmittelbare Überwachung betrieben. Vulkanologische Grundlagenforschung an diesen Brennpunkten des magmatischen Geschehens soll im Verein mit der Forschung an Universitäten und an Forschungsinstituten die Gesetzmäßigkeiten und tieferen Ursachen der Magmenentstehung, des Magmenaufstiegs und des Auslösens von Vulkan-

ausbrüchen erforschen und verstehen helfen.

Weiterhin hat Japan aufgrund seiner hohen Dichte an sehr gefährlichen, explosiven Vulkanen eine ganze Reihe von Vulkanobservatorien eingerichtet, auch Indonesien, die Philippinen und die heutige GUS in Kamchatka. Dennoch zählen wir immer noch nur wenig mehr als 30 Observatorien und eine Reihe kleinerer Stationen für rund 1000 möglicherweise aktive Vulkane. Ein Weg, der sich abzeichnet, ist die Fernüberwachung. Automatisch arbeitende, solarenergie-betriebene Meßgeräte vor Ort geben ihre Meßdaten drahtlos und automatisch an eine entfernte Zentrale, wo diese Daten von verschiedenen Stationen ausgewertet werden. Satellitenüberwachung und Nutzung geostationärer Satelliten als vulkanologische Datenzentralen werden zunehmend berücksichtigt.

Hier liegen noch große Aufgaben und Herausforderungen für die moderne Vulkanologie. Vulkanüberwachung und Risikovorhersage stehen neben der wissenschaftlichen Analyse des Vulkanismus und seiner erdgeschichtlichen Bedeutung. Brennende Fragen für die Menschheit betreffen den Einfluß des Vulkanismus auf Klima und Wetter und die zukunftsträchtige Nutzung geothermaler Energie. Seit der Antike und durch die Geschichte der Vulkanologie hindurch zieht sich jedoch auch die Erkenntnis, daß Vulkanismus nicht nur Gefahr und Bedrohung bedeutet, sondern als Lebens- und Fruchtbarkeitsspender unerläßlich für die Entwicklung und Zukunft unseres Planeten war und ist.

Jörg Keller (1992)

Vulkanausbrüche im Spiegel der Literatur

Von Vergil bis Malaparte sind nicht nur die Schriftsteller Italiens von den so allgegenwärtigen Vulkanen fasziniert und zu literarischer Wiedergabe angeregt. Auch französische, deutsche und angelsächsische Autoren gelangen in diesen Sog.

Ganz besonders seit Mitte des 18. Jahrhunderts reisen viele Schriftsteller und Künstler nach Italien. Das erwachende Interesse für die Kunst und Geschichte Italiens fällt in eine Zeit, in der der Vesuv – nach dem Wiedererwachen in der Vulkankatastrophe von 1631 – in sehr großer Regelmäßigkeit spektakuläre Ausbrüche bietet.

Vergil beschreibt den Ätna

Im dritten Buch der „Aeneis" beschreibt Vergil im Jahre 29, wie sich Aeneas und seine Gefährten dem qualmenden und feuerspeienden Ätna nähern. Dabei treffen sie auf Polyphem, womit Vergil an den Aufenthalt von Odysseus am Ätna und bei den Kyklopen erinnert.

Ätnaausbruch im Jahre 1669.

Und wir trieben, nicht kundig des Wegs, zum Strand der Kyklopen.
Ruhig, vom Wind nicht berührt, und geräumig dehnt sich der Hafen
Selbst; doch donnert nah der Ätna mit furchtbaren Trümmern.
Manchmal wirft er zum Äther empor eine düstere Wolke,
Pechschwarz wirbelt ihr Qualm, durchgleißt von glühender Asche;
Flammenkugeln treibt er hinaus, leckt feurig die Sterne.
Manchmal speit er Klippen, zerrissenes Bergeingeweide,
Würgend hervor, wirft flüssige Felsbrocken hoch in die Lüfte
Stöhnend in Klumpen empor und kocht vom untersten Grunde.
Sage erzählt, des Enkelados Leib, halbverbrannt vom Blitzstrahl,
Werde bedrängt von dieser Last; der gewaltige Ätna,
Über ihm wuchtend, stoße die Flamme aus berstenden Essen;
Und sooft der Erschöpfte sich wälze, wanke und dröhne
Ganz Trinakrien dumpf und umwölke den Himmel mit Qualme.
Jene Nacht nun ertragen, geborgen in Wäldern, wir grause
Wunderzeichen und sehen die Ursache nicht des Getöses.
Denn es flammte kein Stern, nicht strahlte in heiterer Klarheit
Hell der gestirnte Pol, nein, dunkelumwölkt war der Himmel,
Düstere Nacht umhüllte den Mond mit nebligem Schleier,
da sahen wir hoch auf dem Berg ihn
Selbst inmitten des Viehs in Riesengestalt sich bewegen,
Ihn, Polyphemus, den Hirten: er schritt zum vertrauten Gestade,
Ungetüm, grausig, unförmig, gewaltig, das Auge geblendet.
Als es unmöglich aber ihm bleibt, mit der Hand uns zu greifen,
Als er auch nicht der jonischen Flut gleichkommt beim Verfolgen,
Brüllt er in maßlosem Klagelaut; das Meer und die Wogen
Alle erzittern davor, Italien bebt, von Entsetzen
Tief gepackt, aufbrüllt aus zerklüfteten Höhlen der Ätna.
Doch der Kyklopen Geschlecht stürzt aufgeregt aus den Wäldern
Und vom Gipfel der Berge zum Hafen und füllt das Gestade.
Wir aber sahn, wie vergeblich sie stehn mit dräuendem Auge,
Jene Ätnabrüder, das Haupt hochreckend gen Himmel,
Schauererregende Schar: so steht auf ragendem Gipfel
Eichen hoch in der Luft oder zapfenbehangne Zypressen,
Juppiters hoher Wald, oder auch ein Hain der Diana.
Heftige Angst hetzt uns, in Hast zu entrollen die Taue
Und – ganz gleich auch wohin! – bei günstigem Winde zu segeln.
Helenus' Wort aber mahnt, zwischen Skylla sei und Charybdis
Jede Fahrt nur knapp vom Tod geschieden, wofern man Kurs nicht
    halte.

Vergil:
„Aeneis"

Goethes Vesuvbesteigungen während der „Italienischen Reise"

Goethe erblickt während seiner „Italienischen Reise" am 25. Februar 1787 den „gewaltsam dampfenden" Vesuv zum ersten Mal. Er besteigt den Berg dreimal, das zweite Mal am 6. März, als der Vulkan kräftig tätig war, zusammen mit dem Maler Tischbein, der unter anderem durch sein Goetheportrait und seine Zeichnungen der Hamiltonschen Vasensammlung bekannt geworden ist. Am 20. März kehrt er zu einer dritten Besteigung zurück, nachdem er von ausfließenden Lavaströmen gehört hatte. Die Beschreibung seines letzten Abends in Neapel ist wiederum dem unvergleichlichen Schauspiel des tätigen Vulkans gewidmet.

25. Februar

Der Vesuv blieb uns immer zur linken Seite, gewaltsam dampfend! und ich war still für mich erfreut, daß ich diesen merkwürdigen Gegenstand endlich auch mit Augen sah.

Den 2. März

bestieg ich den Vesuv, obgleich bei trübem Wetter und umwölktem Gipfel. Fahrend gelangt' ich nach Resina, sodann auf einem Maultiere den Berg zwischen Weingärten hinauf; nun zu Fuß über die Lava vom Jahre einundsiebenzig, die schon feines aber festes Moos auf sich erzeugt hatte; dann an der Seite der Lava her. Die Hütte des Einsiedlers blieb mir links auf der Höhe. Ferner den Aschenberg hinauf, welches eine saure Arbeit ist. Zwei Dritteile dieses Gipfels waren mit Wolken bedeckt. Endlich erreichten wir den alten nun ausgefüllten Krater, fanden die neuen Laven von zwei

Monaten vierzehn Tagen, ja eine schwache von fünf Tagen schon erkaltet. Wir stiegen über sie an einem erst aufgeworfenen vulkanischen Hügel hinauf, er dampfte aus allen Enden. Der Rauchzog von uns weg, und ich wollte nach dem Krater gehn. Wir waren ungefähr fünfzig Schritte in den Dampf hinein, als er so stark wurde, daß ich kaum meine Schuhe sehen konnte. Das Schnupftuch vorgehalten half nichts, der Führer war mir auch verschwunden, die Tritte auf den ausgeworfenen Lavabröckchen unsicher, ich fand für gut umzukehren und mir den gewünschten Anblick auf einen heitern Tag und verminderten Rauch zu sparen. Indes weiß ich doch auch, wie schlecht es sich in solcher Atmosphäre Atem holt.

Neapel, den 6. März

Am Fuße des steilen Hanges empfingen uns zwei Führer, ein älterer und ein jüngerer, beides tüchtige Leute. Der erste schleppte mich, der zweite Tischbein den Berg hinauf. Sie schleppten, sage ich: denn ein solcher Führer umgürtet sich mit einem ledernen Riemen, in welchen der Reisende greift und, hinaufwärts gezogen, sich an einem Stabe, auf seinen eigenen Füßen, desto leichter empor hilft. So erlangten wir die Fläche, über welcher sich der Kegelberg erhebt, gegen Norden die Trümmer der Somma.

Ein Blick westwärts über die Gegend nahm wie ein heilsames Bad alle Schmerzen der Anstrengung und alle Müdigkeit hinweg, und wir umkreisten nunmehr den immer qualmenden, Stein und Asche auswerfenden Kegelberg. Solange der Raum gestattete in gehöriger Entfernung zu bleiben, war es ein großes geisterhebendes Schauspiel. Erst ein gewaltsamer Donner, der aus dem tiefsten Schlunde hervortönte, sodann Steine, größere und kleinere, zu Tausenden in die Luft geschleudert, von Aschenwolken eingehüllt. Der größte Teil fiel in den Schlund zurück. Die andern, nach der Seite zu getriebenen Brokken, auf die Außenseite des Kegels niederfallend, machten ein wunderbares Geräusch: erst plumpten die schwereren und hupften mit dumpfem Getön an die Kegelseite hinab, die geringeren klapperten hinterdrein, und zuletzt rieselte die Asche nieder. Dieses alles geschah in regelmäßigen Pausen, die wir durch ein ruhiges Zählen sehr wohl abmessen konnten.

Zwischen der Somma und dem Kegelberge ward aber der Raum enge genug, schon fielen mehrere Steine um uns her und machten den Umgang unerfreulich. Tischbein fühlte sich nunmehr auf dem Berge noch verdrießlicher, da dieses Ungetüm, nicht zufrieden häßlich zu sein, auch noch gefährlich werden wollte.

Wie aber durchaus eine gegenwärtige Gefahr etwas Reizendes hat und den Widerspruchsgeist im Menschen auffordert ihr zu trotzen, so bedachte ich, daß es möglich sein müsse, in der Zwischenzeit von zwei Eruptionen, den Kegelberg hinauf an den Schlund zu gelangen und auch in diesem Zeitraum den Rückweg zu gewinnen. Ich ratschlagte hierüber mit den Führern, unter einem überhängenden Felsen der Somma, wo wir, in Sicherheit gelagert, uns an den mitgebrachten Vorräten erquickten. Der jüngere getraute sich das Wagestücke mit mir zu bestehen, unsere Hutköpfe

Ein Beispiel für frühen Vulkantourismus aus dem 18. Jahrhundert.

fütterten wir mit leinenen und seidenen Tüchern, wir stellten uns bereit, die Stäbe in der Hand, ich seinen Gürtel fassend.

Noch klapperten die kleinen Steine um uns herum, noch rieselte die Asche, als der rüstige Jüngling mich schon über das glühende Gerölle hinaufriß. Hier standen wir an dem ungeheuren Rachen, dessen Rauch eine leise Luft von uns ablenkte, aber zugleich das Innere des Schlundes verhüllte, der ringsum aus tausend Ritzen dampfte. Durch einen Zwischenraum des Qualmes erblickte man hie und da geborstene Felsenwände. Der Anblick war weder unterrichtend noch erfreulich, aber eben deswegen weil man nichts sah, verweilte man um etwas heraus zu sehen. Das ruhige

Zählen war versäumt, wir standen auf einem scharfen Rande vor dem ungeheuern Abgrund.

Auf einmal erscholl der Donner, die furchtbare Ladung flog an uns vorbei, wir duckten uns unwillkürlich, als wenn uns das vor den niederstürzenden Massen gerettet hätte; die kleineren Steine klapperten schon, und wir, ohne zu bedenken, daß wir abermals eine Pause vor uns hatten, froh, die Gefahr überstanden zu haben, kamen mit der noch rieselnden Asche am Fuße des Kegels an, Hüte und Schultern genugsam eingeäschert.

Von Tischbein aufs freundlichste empfangen, gescholten und erquickt, konnte ich nun den älteren und neueren Laven eine besondere Aufmerksamkeit widmen. Der betagte Führer wußte genau die Jahrgänge zu bezeichnen. Ältere waren schon mit Asche bedeckt und ausgeglichen, neuere, besonders die langsam geflossenen, boten einen seltsamen Anblick: denn indem sie, fortschleichend, die auf ihrer Oberfläche erstarrten Massen eine Zeitlang mit sich hinschleppen, so muß es doch begegnen, daß diese von Zeit zu Zeit stocken, aber, von den Glutströmen noch fortbewegt, übereinander geschoben, wunderbar zackig erstarrt verharren, seltsamer als im ähnlichen Fall die übereinander getriebenen Eisschollen. Unter diesem geschmolzenen wüsten Wesen fanden sich auch große Blöcke, welche, angeschlagen, auf dem frischen Bruch einer Urgebirgsart völlig ähnlich sehen. Die Führer behaupteten, es seien alte Laven des tiefsten Grundes, welche der Berg manchmal auswerfe.

Goethe:
„Italienische Reise"

Vom Sneffels zum Stromboli: In den Eingeweiden der Vulkane

In der 1864 erschienenen „Reise zum Mittelpunkt der Erde" läßt Jules Verne den Hamburger Mineralogieprofessor Lidenbrock mit seinen Begleitern in den Krater des isländischen Vulkans Sneffels einsteigen und die Tiefen der Erde erforschen, bis sie von einer Eruption des Stromboli wieder ausgeworfen werden. Wenn der berühmte Schriftsteller sich auch viele erstaunliche Entwicklungen der Technik schon ein halbes Jahrhundert im voraus vorstellen konnte – die Reise ins Erdinnere bleibt leider ein Traum . . .

Der Krater des Sneffels glich einem umgekehrten Kegel, und seine Öffnung mochte einen Durchmesser von

Buchillustrationen zu Jules Vernes Roman „Reise zum Mittelpunkt der Erde".

einer halben Meile haben. Seine Tiefe schätzte ich auf etwa zweitausend Fuß.

Wie mochte es in einem solchen Behälter zugehen, wenn er sich unter Donner und Blitz füllte? Der Boden des Trichters hatte einen Umfang von sicher nicht mehr als tausend Fuß, so daß man auf den ziemlich sanften Hängen leicht hinuntergelangen konnte. Unwillkürlich verglich ich diesen Krater mit einer riesigen Blunderbüchse, und der Vergleich erschreckte mich. In eine Blunderbüchse hinunterzusteigen, wenn sie vielleicht geladen ist und bei dem geringsten Stoß losgehen kann, das tun nur Narren.

Auf dem Boden des Kraters öffneten sich drei Kamine, durch die bei Ausbrüchen des Sneffels das innere Feuer seine Lava und seine Dämpfe ausstieß. Jeder dieser Kamine hatte einen Durchmesser von ungefähr hundert Fuß. Sie klafften dort neben uns. Ich hatte nicht den Mut, hineinzublicken.

Der Abstieg begann in dieser Reihenfolge: Hans, mein Onkel und dann ich. Es herrschte tiefe Stille, und man hörte nur hin und wieder Felsbrocken in den Abgrund kollern.

Die Temperatur blieb erträglich. Unwillkürlich mußte ich daran denken, wie stark die Hitze gewesen war, als die vom Sneffels ausgespiene Lava sich durch den heute so harmlosen Weg ergoß. Ich malte mir die Feuerströme aus, die sich an den Ecken des Tunnels brachen, und wie sich in diesem engen Raum die überhitzten Dämpfe sammelten.

„Wenn nur der alte Vulkan nicht auf den Gedanken kommt, Feuer zu speien", dachte ich. (…)

Angst überfällt mich. Ich will nicht weiter. Ich werde, wenn es sein muß, das Tau des Segels durchschneiden. Ich bin wütend auf den Professor, der mir nicht antwortet.

Plötzlich steht Hans auf und zeigt mit dem Finger auf den bedrohlichen Punkt.

„Holme!" sagt er.

„Eine Insel!" ruft mein Onkel.

„Eine Insel", sage ich, die Schultern zuckend.

„Natürlich", sagt der Professor und lacht schallend.

„Aber diese Wassersäule?"

„Geysir", sagt Hans.

„Ja, bestimmt ein Geysir", erwidert mein Onkel. Ein Geysir, ähnlich dem, den es in Island gibt."

„Wir steigen!"

„Was meinst du damit?" rief ich.

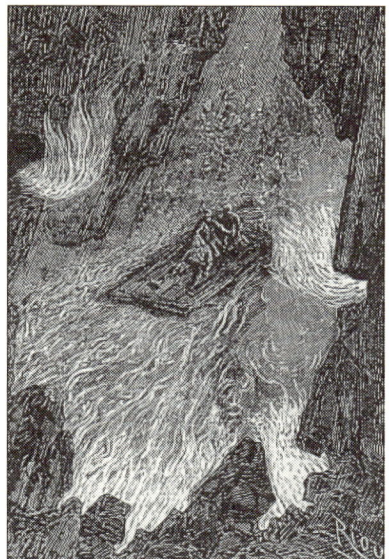

„Ja, wir steigen. Wir steigen!"

Ich streckte den Arm aus, ich berührte die Wand. Meine Hand begann zu bluten. Wir fuhren mit rasender Schnelligkeit aufwärts.

Unterdessen stieg die Temperatur stark, und wir waren in dieser glühenden Atmosphäre in Schweiß gebadet. Ich konnte sie nur noch mit der Hitze vergleichen, die Schmelzöfen ausströmen. Nach und nach hatten wir unsere Jacken und Westen ausziehen müssen. Jedes Kleidungsstück wurde zur Qual.

„Fahren wir denn auf einen glühenden Ofen zu?" rief ich, als die Hitze noch stärker wurde.

„Nein", antwortete mein Onkel, „das ist unmöglich. Das ist unmöglich!"

„Aber", sagte ich, die Wand betastend, „die ist ja glühend heiß."

In diesem Augenblick hatte meine Hand das Wasser berührt, und ich mußte sie schnellstens zurückziehen.

„Das Wasser ist siedend heiß!" rief ich. (…)

„Wie, du erkennst die Symptome nicht?"

„Eines Erdbebens? Nein! Ich erwarte etwas Besseres!"

„Was meinst du damit?"

„Einen Ausbruch, Axel."

„Einen Ausbruch", wiederholte ich. „Wir sind im Krater eines Vulkans, der in Tätigkeit ist!" (…)

„Was", rief ich, „wir sind in eine Eruption gelangt? Das Schicksal hat uns auf den Weg der glühenden Lava geführt, der brennenden Felsen, des kochenden Wassers, aller vulkanischen Stoffe! Wir werden hin und her geschüttelt, hinausgeschleudert, mit den Felsbrocken, dem Aschen- und Schlackenregen in einem Flammenwirbel ausgespien, in die Lüfte gespuckt werden, und nichts Besseres kann uns passieren!"

„Ja", erwiderte der Professor und blickte mich über seine Brille hinweg an, „denn das ist die einzige Chance, die wir noch haben, wieder auf die Erdoberfläche zu gelangen."

Eine gewaltige Kraft, die Kraft von mehreren hundert Atmosphären, erzeugt durch aufgespeicherte Dämpfe im Erdinnern, stieß uns unwiderstehlich vorwärts. Und was für Gefahren setzte sie uns aus! Bald drangen fahlrote Reflexe in den sich ausweitenden Schacht. Rechts und links entwichen dichte Dämpfe aus Gängen, die riesigen Tunneln glichen.

Flammenzungen leckten knisternd die Wände.

„Sieh doch, Onkel! Sieh doch", rief ich.

„Ja, das sind Schwefelflammen. Das ist bei einem Ausbruch ganz natürlich."

„Aber wenn sie uns einhüllen?"

„Sie werden uns nicht einhüllen."

„Aber wenn sie uns ersticken?"

„Wir werden nicht ersticken. Der Tunnel wird breiter, und wenn es sein muß, werden wir das Floß verlassen und in einer Felsenspalte Schutz suchen."

„Und das Wasser, das steigende Wasser?"

„Es ist kein Wasser mehr da, Axel, sondern eine Art Lavamasse, die uns bis zur Krateröffnung emporträgt."

Die flüssige Säule war tatsächlich verschwunden, und an ihre Stelle war eine ziemlich zähe, wenn auch brodelnde Masse aus Eruptivgestein getreten.

Die Temperatur wurde unerträglich. (…)

Gegen acht Uhr morgens kam es zum erstenmal zu einem neuen Zwischenfall. Die Bewegung hörte plötzlich auf. Das Floß rührte sich nicht mehr vom Fleck.

„Was ist das?" fragte ich, entsetzt über dieses plötzliche Anhalten.

„Eine Pause", antwortete mein Onkel.

„Ist der Ausbruch zu Ende?"

„Ich hoffe nicht." (…)

„Gut", sagte mein Onkel, auf die Uhr sehend, „in zehn Minuten wird es sich wieder in Bewegung setzen."

„In zehn Minuten?"

„Ja. Wir haben es mit einem Vulkan zu tun, bei dem der Ausbruch immer wieder aussetzt. Er läßt uns mit ihm Atem schöpfen." (…)

Ich habe keine genaue Erinnerung an das, was in den folgenden Stunden geschah. Ich habe das verworrene Gefühl von anhaltenden Detonationen, Erschütterung der Felsmassen und einem unaufhörlichen Kreisen des Floßes. Es schaukelte auf Lavawogen inmitten eines Aschenregens. Die zischenden Flammen hüllten es ein. Ein Orkan, von dem man hätte glauben können, er käme aus einem riesigen Ventilator, fachte die unterirdischen Feuer an. Zum letztenmal sah ich Hans im Schein eines Feuers, und mir war nicht anders zumute als jenen zum Tode Verurteilten, die an die Mündung eines Kanonenrohrs gebunden sind und deren Glieder im Augenblick, da der Schuß losgeht, in alle Winde verstreut werden.

Als ich die Augen aufschlug, spürte ich, daß mich die kräftige Hand des Führers am Gürtel festhielt. Mit der anderen stützte er meinen Onkel. Ich war nicht schwer verletzt, aber mein ganzer Körper war wie zerschlagen. Ich lag am Hang eines Berges dicht an einer Schlucht, in die ich bei der kleinsten Bewegung hineingestürzt wäre. Hans hatte mich vom Tode errettet, als ich an der Flanke des Kraters hinunterrutschte. (…)

„Sieh doch, Axel, sieh doch!"

Höchstens fünfhundert Fuß über unserem Kopf öffnete sich der Krater eines Vulkans, aus dem jede Viertelstunde unter lautem Getöse eine hohe Flammensäule, vermischt mit Bimsstein, Asche und Lava, schoß. Ich spürte die Zuckungen des Berges, der nach Art der Walfische atmete und immer wieder Feuer und Luft durch

Der Lavasee des Kilauea auf Hawaii: Marc Twain

Von rot- und gelbglühenden Lavaschmel-
zen erfüllte, andauernde Lavaseen ge-
hören zu den großartigen und erhaben-
sten vulkanischen Erscheinungen. Auf
Hawaii bestand bis zum Jahr 1924 der
Lavasee des Halemaumau im Kilauea-
vulkan. Marc Twain, der auch den
Vesuv gesehen hatte, bezeichnet diesen
in seiner Reisebeschreibung von 1892
als „Spielzeugvulkan" gegenüber dem
Kilauea.

Wir kamen rechtzeitig zu unserem
Schoner zurück und segelten dann
hinunter nach Kau, wo wir uns aus-
schifften und endgültig Abschied
vom „Bumerang" nahmen. Am nächsten Tag kauften wir uns Pferde und
lenkten unseren Weg über sommerli-
che Bergterrassen zu dem großen Vulkan Kilauea. Wir brauchten fast zwei
Tage bis dorthin.
    Nicht lange danach kam der Kra-
ter in Sicht. Inzwischen habe ich den
Vesuv gesehen, aber der ist im Vergleich zu diesem hier bloß ein Spielzeugvulkan, ein Suppenkessel. Der
Vesuv ist ein etwa elfhundert Meter
hoher, wohlgestalteter Kegel und sein
Krater ein umgestülpter Kegel von nur
neunzig Meter Tiefe und dreihundert
Meter Durchmesser, wenn überhaupt
so groß; seine Feuer sind dürftig,
bescheiden und fügsam. Hier dagegen
war ein riesiger, von senkrechten
Wänden umschlossener Keller, an
manchen Stellen zweihundertfünf-
undsiebzig, an anderen vierhundert
Meter tief, mit ebenem Boden und
einem Umfang von zehn Meilen!
Hier war eine gähnende Grube, in der

seine Luftlöcher ausstieß. Darunter, an
einem ziemlich steilen Hang, erstreck-
ten sich in einer Tiefe von sieben- bis
achthundert Fuß Felder aus Eruptivgestein. Der Vulkan konnte demnach
nicht höher als dreihundert Klafter
sein. Sein Fuß verlor sich in einem
Garten von grünen Bäumen, Oliven-
bäumen, Feigenbäumen und Wein-
stöcken voll purpurfarbener Trauben.
    Stromboli!
    Wie regte dieser unerwartete
Name meine Phantasie an! Wir waren
im Mittelmeer, auf dem Äolischen
Archipel der Sage, wo Äolos die
Winde und Stürme angekettet hatte.
Und diese blauen Berge im Osten
waren die Berge Kalabriens, und dieser am südlichen Horizont aufragende
Vulkan war der Ätna, der wilde,
unheimliche Ätna.
    „Stromboli! Stromboli!" sagte ich
immer wieder.

Jules Verne:
„Reise zum Mittelpunkt der Erde"

sich unten die gesamte russische Armee lagern könnte und dennoch Platz übrig wäre. (…)

Nach einem herzhaften Abendbrot warteten wir, bis es völlig dunkel war, und machten uns dann zum Krater auf. Der erste Blick in diese Richtung enthüllte ein Bild von wilder Schönheit. Über dem Krater hing ein drückender Nebel, von den Feuern unten prachtvoll angestrahlt. Diese Illumination reichte vielleicht zwei Meilen in die Breite und eine in die Höhe, und falls man schon mal bei dunkler Nacht und aus der Entfernung gesehen hat, wie das Licht von dreißig bis vierzig gleichzeitig brennenden Häuserblocks von darüberhängenden Wolken stark zurückgestrahlt wurde, kann man sich einen leidlichen Begriff davon machen.

Unmittelbar über dem Krater türmte sich eine gewaltige Wolkensäule ganz hoch in die Luft, und der äußere schwellende Rand einer jeden ihrer riesigen Falten glänzte in sattem Hochrot, das sich in den dazwischenliegenden Vertiefungen zu einem Blaßrosa abtönte. Sie glühte wie eine gedämpfte Fackel und reichte bis in schwindelerregende Höhe zenitwärts. (…)

Der größte Teil des riesigen Wüstenbodens unter uns war so schwarz wie Tinte und allem Anschein nach glatt und eben, aber über eine Quadratmeile davon war durchwebt und durchkreuzt und durchfurcht von tausend sich verästelnden Bächen flüssigen und strahlend leuchtenden Feuers! Das sah aus wie eine von Kettenblitzen auf mitternächtlichem Himmel gemalte überdimensionale Eisenbahnkarte des Staates Massachu-

setts. Man muß sich das vorstellen: ein kohlpechrabenschwarzer Himmel, zersplittert zu einem verworrenen Netzwerk von wütendem Feuer!

Hier und da schimmerten in die dunkle Kruste eingebrochene Löcher von hundert Fuß Durchmesser, und darin die geschmolzene Lava – in der Farbe ein blendendes Weiß mit leichtem Anflug von Gelb –, die wild brodelte und wallte; und aus diesen Löchern zweigten sich wie Speichen eines Rades zahllose helle Rinnsale nach vielen Richtungen ab und hielten eine Zeitlang ziemlich geraden Kurs und schwenkten dann in riesigen Regenbogenkurven herum oder schlugen eine lange Folge scharfer Haken, die haargenau wie der wildeste Zickzackblitz aussahen. Diese Bäche stießen auf andere Bäche und vermengten und durchkreuzten einander mehrfach in allen denkbaren Richtungen wie Schlittschuhspuren auf einer bevölkerten Eisbahn. Manchmal strömten aus den Löchern zwanzig bis dreißig Fuß breite Flüsse irgendwohin, ohne sich zu teilen, und durch den Feldstecher konnten wir sehen, daß sie kleine steile Hügel hinuntersprudelten – echte Feuerkatarakte, an ihrer Quelle weiß, sich aber bald zum sattesten Rot abkühlend, das mit abwechselnd schwarzen und goldenen Linien geädert war. Hin und wieder bröckelten Stücke dunkler Kruste ab und glitten wie Flöße auf einem Fluß langsam diese Ströme hinunter. Gelegentlich brach die unter der Kruste fließende geschmolzene Lava durch – riß wie ein plötzlicher Blitz einen blendenden Streifen von fünfhundert bis tausend Fuß Länge auf, und dann spaltete sich Fläche auf Fläche der kalten Lava, und die Stücke kanteten sich hoch wie Eisschollen, wenn ein Fluß aufbricht, und stürzten hinunter in den dunkelroten Kessel und wurden verschluckt. Diese weite „tauende" Fläche bewahrte ein Weilchen ein rötliches Glühen, kühlte sich dann aber gleich wieder ab und wurde schwarz und genau wie zuvor. Während des „Tauens" waren alle zerstückelten Schollen durch einen schimmernden weißen Rand gekennzeichnet, von Nordlichtstrahlen prachtvoll getönt, die, wo sie auf den weißen Saum trafen, gelb flammten und von dort aus zu ihren Spitzen hin zuerst in ein glühendes Hochrot ausliefen, dann in ein sattes Ziegelrot und schließlich in ein schwaches Blaßrot, das sich einen Augenblick behauptete und dann erlosch und schwarz wurde. Einige dieser Ströme zogen es vor, sich zu einem Durcheinander von phantastischen Kreisen zu vermischen, und da sahen sie aus wie das Gewirr von Tauen, das man auf Deck erblickt, wenn das Schiff gerade Segel eingezogen und Anker geworfen hat – vorausgesetzt, man kann sich diese Taue in Flammen stehend vorstellen.

Durch das Glas boten die ringsum aufsprühenden kleinen Fontänen ein schönes Bild. Sie brodelten und gurgelten und spuckten und verspritzten Duschen zähflüssigen roten Feuers – von einer Konsistenz wie beispielsweise Maisbrei – zusammen mit Schauern von strahlend weißen Funken zehn bis fünfzehn Fuß hoch in die Luft – ein seltsames und unnatürliches Gemisch von Blutgerinnseln und Schneeflocken! (...)

Ich habe vergessen zu sagen, daß der durch die blubbernde Lava verursachte Lärm nicht erheblich ist, wenn man ihn so wie wir von der hohen Warte dort oben hört. Er verursacht drei deutlich unterschiedene Geräusche – ein Rauschen, ein Zischen und ein Husten oder Puffen, und wenn man auf dem Rand steht und die Augen schließt, ist es kinderleicht, sich vorzustellen, daß man auf einem großen Niederdruckdampfer einen Fluß hinunterfährt und das Zischen aus den Kesseln und das Puffen der Ablaßventile und das stampfende Rauschen des Wassers hinter den Schaufelrädern hört. Der Geruch nach Schwefel ist stark, einem Sünder aber nicht unangenehm.

Wegen der Hitze aus Peles Feuerungslöchern verließen wir in halbgekochtem Zustand um zehn Uhr das Aussichtshäuschen, und in Decken gewickelt, denn die Nacht war kalt, kehrten wir in unser Hotel zurück. (...)

Der nächste Abend war für einen Besuch auf den Grund des Kraters bestimmt, denn wir wollten seinen Boden beschreiten und uns den zwei Meilen auf die ferne Wand zu liegenden Nord-See (einen Feuersee) begucken. Nach dem Dunkelwerden machten sich ein halbes Dutzend von uns mit Laternen und eingeborenen Führern auf und kletterten in einer Spalte in der Kratermauer einen dreihundert Meter langen halsbrecherischen Pfad hinunter und langten wohlbehalten an. (...)

Unter uns und weit vor uns ausgedehnt, wogte ein Meer aus flüssigem Feuer von scheinbar grenzlosem Umfang. Sein Schein blendete derart, daß es ein Weilchen dauerte, bis wir es aushalten konnten, ständig die Augen dort hinzuwenden. Es war wie ein

Der Lavasee des Kilauea.

Starren in die Mittagssonne, nur daß das Licht nicht ganz so weiß war. Rings um die Ufer des Sees befanden sich in ungleichmäßigen Abständen vier bis fünf Fuß hohe, nahezu weißglühende Schornsteine oder Hohlzylinder aus Lava, und aus diesen schossen prachtvolle Sprühregen von Lavaklumpen und Flitterwerk hervor, manche weiß, manche rot und manche golden – ein endloses Bombardement, dessen unübertrefflichen Glanz das Auge gebannt hielt. Die entfernteren Springquellen, die durch einen dazwischenhängenden Dampfschleier aufglitzerten, schienen Meilen entfernt zu sein, aber je weiter die geschwungenen Reihen von Feuerfontänen zurücktraten, um so märchenhafter und schöner wirkten sie.

Hin und wieder wurde der wogende See dort unter uns beunruhigend still und schien Kraft zu neuem Anlauf zu sammeln; und ganz plötzlich hob sich dann eine rote Lavakuppel vom Umfang eines normalen Wohnhauses wie ein entweichender Ballon hoch, zerplatzte, und aus ihrem Innern spritzte ein blaßgrüner Dampfnebel und flutete nach oben und verschwand im Dunkel – sicher eine sich aus der Gefangenschaft bei den Verdammten heim- und himmelwärts schwingende befreite Seele. Das klatschende Wiedereintauchen der zerstörten Kuppel in den See ließ eine Unzahl kochender Wogen gegen das Ufer peitschen und erschütterte das Fundament unseres Sitzplatzes. Schließlich stürzte von dem hängenden Sims, auf dem wir saßen, ein locker gewordenes Stück in den See, ließ die Umgebung erdbebengleich erzittern und deutete etwas an, was vielleicht und vielleicht auch nicht als Wink gemeint war. Wir warteten es nicht ab.

Marc Twain:
„Durch dick und dünn"

Der Feuerregen – der tote Gott

Curzio Malaparte schildert in „Die Haut" (1950) das Italien im Zweiten Weltkrieg. Leiden und Leidenschaften, Krankheit, Triebe und Lust, „hier gibt es keine Sieger, keine Besiegten, nur Menschen, die versuchen zu überleben". In den Schlußkapiteln beschreibt Malaparte die Vesuveruption von 1944 und die Reaktionen der Betroffenen als apokalyptische Vision für Chaos und Not des zeitgenössischen Menschen.

Der Himmel klaffte im Osten in einer gewaltigen Wunde, er blutete, und das Blut färbte das Meer tiefrot. Der Horizont zerbröckelte und stürzte in einen feurigen Abgrund. Von tiefem Schluchzen geschüttelt, zitterte die Erde, die Häuser schwankten in ihren Fundamenten, und schon hörte man Ziegel und Mauerwerk sich von den Dächern und Terrasseneinfassungen lösen und mit dumpfem Poltern aufs Straßenpflaster hinabstürzen, warnende Vorboten allgemeinen Unheils. Ein unheimliches Knistern und Knakken fegte durch die Luft, wie von brechenden und zermalmten Knochen. Und über diesem Lärm, über dem Jammern und Angstgeschrei des Volkes, das schwankend, wie blind, kreuz und quer durch die Straßen lief, erhob sich, den Himmel zerspaltend, ein schauerliches Brüllen.

Der Vesuv heulte in die Nacht, Blut und Feuer speiend. Seit dem Tag, da Herculanum und Pompeji lebend in ihr Grab von Asche und vulkanischem Gestein versanken, hatte man niemals am Himmel eine so fürchterliche Stimme vernommen. Ein riesenhafter Feuerbaum entquoll himmelhoch dem Schlunde des Vulkans; es war eine riesige, staunenerregende Säule aus Rauch und Flammen, die zum Firmament emporklomm, bis sie an die bleichen Gestirne hinanreichte. Längs der Flanken des Vesuvs züngelten Lavaströme abwärts, auf die im Grün der Weingärten verstreuten Dörfer zu. Der blutige Schein der weißglühenden Lava war so strahlend, daß er in unermeßlichem Umkreis Berge und Ebene mit unvorstellbarer Strahlkraft packte. Bäume, Wasserläufe, Häuser, Wiesen, Äcker, Wege waren klar und scharf erkennbar, wie es bei Tage niemals vorkommt; die Erinnerung an die Sonne war fern und verblaßt.

Man sah die Berge bei Agérola und die Einschnitte bei Avellino sich plötzlich zerlegen und die Geheimnisse ihrer grünen Täler und Wälder enthüllen. Und obwohl die Entfernung zwischen Vesuv und Monte di Dio, von dessen Höhe wir stumm vor Entsetzen das gewaltige Schauspiel betrachteten, viele Meilen beträgt, erkannte unser Auge, forschend und prüfend auf die eben noch so mondstille Vesuvlandschaft gerichtet, wie Männer, Frauen, Tiere, als seien sie von einer starken Linse herangezogen und vergrößert, in die Weingärten, auf die Felder, in die Obstpflanzungen flüchteten oder zwischen den Häusern der Dörfer umherirrten, die die Flammen schon von allen Seiten beleckten. Und das Auge nahm nicht nur Stellungen und Bewegungen der Menschen wahr, sondern unterschied sogar die gesträubten Haare, die zerrauften Bärte, die starrenden Augen und weitaufgerissenen Münder. Ja, man hatte den Eindruck, als höre man das Ächzen und Stöhnen, das sich ihrer Brust entrang.

Der Anblick des Meeres war vielleicht noch grauenerregender als der der Erde. So weit der Blick reichte, sah man nichts als eine harte, fahle Kruste, übersät mit Löchern gleich den Narben einer ungeheuerlichen Blatternerkrankung; und unter dieser regungslosen Kruste ahnte man den Druck einer urweltlichen Kraft, eines mit Mühe gebändigten grimmigen Tobens, wie wenn das Meer drohe, sich aus der Tiefe zu heben, seinen harten Schildkrötenpanzer zu sprengen, um der Erde den Krieg anzusagen und ihren grausigen Aufruhr auszulöschen. Vor Portici, Torre del Greco, Torre Annunziata, Castellammare sah man Boote in Hast und Eile vom gefahrdrohenden Strand absetzen. (…) Schlammströme wälzten sich träge die Hänge des Monte Somma hinab, wie schwarze Ottern sich ringelnd, und wo Schlammbäche mit Lavaflüssen zusammentrafen, erhoben sich hohe Wolken purpurnen Dampfes, und schreckliches Zischen wie das Sengen in Wasser getauchten glühenden Eisens drang bis zu uns herüber.

Eine gewaltige, schwarze Wolke, ähnlich dem Sack eines Tintenfisches – und wirklich heißen diese Wolken in Neapel „seppia", wie der Tintenfisch –, aus Asche und glühenden Lapilli bestehend, riß sich mühsam vom Gipfel des Vesuvs los, und vom Wind getrieben, der zum unvorstellbaren Glück Neapels aus Nordwesten wehte, schleppte sie sich langsam über den Himmel in Richtung auf Castellammare di Stabia. Der dröhnende Lärm, mit dem diese schwarze lapilliträchtige Wolke am Himmel dahinrollte,

glich dem Gepolter eines mit Steinen beladenen Wagens, der sich über eine holprige Straße vorwärts bewegt. Von Zeit zu Zeit ergoß sich aus einem Riß der Wolke eine Sturzflut von Lapilli über Land und Meer, fiel auf die Felder und die starre Kruste der Wellen mit eben dem Getöse eines Fahrzeugs, das seine Steinladung auskippt; und wenn die Lapilli auf den Erdboden und die harte Meereskruste aufschlugen, wirbelten sie Wolken rötlichen Staubes empor, der sich, die Sterne verdunkelnd, am Himmel ausbreitete. Der Vesuv brüllte fürchterlich in die rote Finsternis der angsterfüllten Nacht, und ein Schluchzen der Verzweiflung legte sich über die unglückliche Stadt. (…)

Aus den entferntesten Stadtvierteln strömte das Volk zu diesen Plätzen, die seit ältesten Zeiten als die geheiligten Stätten Neapels gelten: auf die Piazza Reale, um die Tribunali, am Maschio Angioino, am Dom, wo das wundertätige Blut des heiligen Gennaro aufbewahrt ist. Hier brandete der Tumult am heftigsten und nahm zeitweise die Formen eines richtigen Aufstandes an. Die amerikanischen Soldaten, die unter diese fürchterliche Menge geraten waren, welche sie in ihrer Kopflosigkeit kreuz und quer herumzerrte, sie hin und her stieß und verprügelte wie in einem Danteschen Höllensturm, selbst diese armen Amerikaner schienen von uralter Angst und Wut befallen zu sein. Ihre Gesichter waren verkrustet von Schweiß und Asche, die Uniformen in Fetzen. Auch sie waren jetzt gedemütigte Menschen, nicht mehr freie Männer, nicht mehr stolze Sieger, sondern elende Besiegte, Beute des blinden Wütens der Natur; zu Asche gebrannt auch sie, bis in die Tiefe ihrer Seele, von diesem Feuer, das Himmel und Erde verzehrte.

Die Massen erreichten das Meer dort, wo sich das schreckliche Schauspiel des lodernden Vesuvs, der sich über die Hänge des Vulkans hinabschlängelnden Lavaströme und der in Flammen stehenden Ortschaften den Blicken darbot – der Widerschein des Brandes erstreckte sich bis hin zu der am Horizont schwebenden Insel Capri, bis hin zu den schneeweißen, hohen Bergen des Cilento –; und die Menge sank in die Knie; beim Anblick des Meeres, ganz bedeckt mit einer grausigen, grün und gelb gefleckten Haut gleich der Haut eines ekelhaften Reptils, erflehte sie sich den Beistand des Himmels. (…)

Nach langem Umherirren wurden wir schließlich auf den gewaltigen Platz hinausgepreßt, der von der Zwingburg des Maschio Angioino beherrscht wird und bis zum Hafen hinabreicht. Und dort vor uns, ganz in seinen purpurroten Mantel gehüllt, zeigte sich uns der Vesuv. Dieser gespensterhafte Caesar mit dem Hundekopf, auf seinem Thron von Lava und Asche sitzend, spaltete den Himmel mit flammengekrönter Stirn und bellte grauenhaft. Der Feuerbaum, der seinem Rachen entstieg, senkte sich tief ins Himmelsgewölbe und verschwand in den höchsten Schlüften. Ströme von Blut pulsten aus seinen weit aufgesperrten roten Fängen, und Erde, Himmel und Meer erbebten.

(…) Dichte Menschenscharen strömten zum Meer hinab, aus den hundert Gassen, die von allen Seiten auf den Platz münden, hervorquellend, und sie liefen, das Gesicht nach oben gekehrt, zu den schwarzen Wolken glühender Lapilli, die sich am Himmel über dem Meere hinwälzten, zu den brennenden Steinen, welche wie Kometen die schmutzige Luft kreischend durchfurchten.

Am Nachmittag bat General Cork Oberst Jack Hamilton, sich in das Gebiet von Pompeji zu begeben, wo die Gefahr am größten war. Das Band der Autostraße war mit einem dicken Aschenteppich bedeckt, auf dem sich die Räder unseres Jeeps mit dem sanften Rauschen von Seide drehten. Eine seltsame Stille war in der Luft, nur hin und wieder vom rollenden Donner des Vulkans unterbrochen. Mich überraschte der Kontrast zwischen dem Schreien, dem Hin und Her der Menschen, und der stummen Reglosigkeit der Tiere, die, ohne sich unter dem Aschenregen zu rühren, mit erstaunten leidvollen Augen um sich blickten.

(…) Kaum hatten wir Herculanum passiert, peitschte ein heißer Schlammregen uns das Gesicht. Hoch über uns knurrte drohend der Vesuv, hohe Fontänen glühender Steine ausspeiend, die zischend zur Erde herabfielen: Kurz vor Torre del Greco überraschte uns ein plötzlicher Lapilliregen. Wir suchten Schutz hinter der Mauer eines Hauses an der Marina. Das Meer hatte einen wunderbar grünen Farbton und sah aus wie eine Schildkröte aus altem Kupfer. (…)

Im April 1944 war der Vesuv erloschen, nachdem er tagelang die Erde geschüttelt und Sturzfluten von Feuer erbrochen hatte. Nicht nach und nach war er erloschen, sondern ganz plötzlich: die Stirn in ein Schweißtuch kalter Wolken gehüllt, hatte er unvermittelt einen gewaltigen Schrei ausgestoßen, dann hatte die Kälte des Todes seine Adern glühender Lava erstarren lassen. Der Gott Neapels, das Totem des neapolitanischen Volkes, war tot. Ein endloser Schleier aus schwarzem Flor hatte sich über die Stadt, über den Golf, den Höhenzug des Posillipo herabgesenkt. Die Menschen gingen auf Fußspitzen durch die Straßen, sprachen mit leiser Stimme, wie wenn in jedem Hause ein Toter läge.

Düsteres Schweigen lastete über der Stadt in Trauer; die Stimme Neapels, die uralte, heilige Stimme des Hungers, des Erbarmens, des Schmerzes, der Freude, der Liebe, die laute, heisere, klangvolle, fröhliche, triumphierende Stimme Neapels, sie war verstummt. Und wenn zuweilen das Feuer des Sonnenuntergangs, der silberne Widerschein des Mondes oder ein Strahl der aufgehenden Sonne das weiße Gespenst des Vulkans zu entflammen schienen, stieg ein Schrei, ein durchdringender Schrei wie der einer Frau in den Wehen, aus der Stadt empor. Alles lief an die Fenster, stürzte auf die Straße, die Menschen umarmten einander, weinend vor Freude, jauchzend vor Hoffnung, daß durch ein Wunder das Leben in die erloschenen Adern des Vulkans zurückgekehrt sei, daß die blutrote Berührung der sinkenden Sonne, der Widerschein des Mondes, der zaghafte Glanz der Morgendämmerung die Auferstehung des Vesuvs ankündigte, des toten Gottes, der als ein riesenhafter nackter Leichnam den trauernden Himmel Neapels füllte.

Doch rasch folgten auf solche Hoffnung Enttäuschung und Wut; die

Augen wurden trocken, die Menge löste die in betender Geste gefalteten Hände, hob drohend die Fäuste oder machte dem Vulkan das Zeichen der Hörner, mischte Flehen und Wehklagen mit Verwünschungen und Schmähungen: „Erbarmen mit uns, du Verfluchter! Sohn einer Hure, oh, habe Erbarmen mit uns!"

Der alte Krater hat die Form einer Mulde von fast einer Meile Breite mit scharfen lavaschwarzen und schwefelgelben Rändern. An manchen Stellen haben die Lavamassen beim Erkalten menschliche Form angenommen, das Aussehen von Giganten, die in lautlosem, schwarzem Handgemenge zusammengeballt sind. Es sind jene Statuen aus Lava, die die Bewohner der Vesuvdörfer „die Sklaven" nennen, vielleicht in Erinnerung an die Sklavenscharen, die einst dem Spartacus gefolgt waren und monatelang, das Signal zum Aufstand erwartend, in den Weinpflanzungen verborgen lebten, mit denen vor dem plötzlichen Ausbruch, der Herculanum und Pompeji zerstörte, Hänge und Gipfel des friedfertigen Vesuvs bekleidet waren. Der Mond erweckte dieses Heer von Sklaven, die sich langsam aus dem Schlafe lösten, die Arme erhoben und sich quer durch den roten Nebel des Mondes der Menge der Gläubigen entgegenbewegten.

Inmitten des gewaltigen Amphitheaters der ursprünglichen Kratermulde erhebt sich der Kegel des jetzt stumm und kalt daliegenden neuen Kraters, der fast zwei Jahrtausende lang Flammen, Asche, Steine und Lavaströme ausgespien hatte.

Curzio Malaparte:
„Die Haut"

Chronologie

Die größten Vulkankatastrophen der Geschichte

Jahr	Vulkane	Land	Art der Eruption	Opfer
79	Vesuv	Italien	Aschenfall, Glutwolken	2000
1586	Kelud	Indonesien	Schlammströme	10000
1631	Vesuv	Italien	Aschenfall, Glutwolken	4000
1638	Raung	Indonesien	Schlammströme, Glutwolken	1000
1672	Merapi	Indonesien	Glutwolken	3000
1711	Awu	Indonesien	Schlammströme	3000
1760	Makian	Indonesien	Schlammströme	2000
1772	Papandajan	Indonesien	Trümmerstrom	2957
1783	Asama	Japan	Schlammströme	1200
1783	Laki	Island	Aschenfall, Gase (und Hungersnot)	10521
1792	Unzen	Japan	Trümmerstrom und Flutwelle	15188
1815	Tambora	Indonesien	Aschenfall (und Hungersnot)	92000
1822	Galunggung	Indonesien	Glutwolken	4011
1856	Awu	Indonesien	Schlammströme	2806
1883	Krakatau	Indonesien	Flutwelle	36417
1888	Bandaisan	Japan	Trümmerstrom	461
1892	Awu	Indonesien	Schlammströme	1532
1902	Soufrière	St. Vincent	Glutwolken	1500
1902	Montagne Pelée	Martinique	Glutwolken	28000
1902	Santa Maria	Guatemala	Glutwolken	6000
1911	Taal	Philippinen	surge-Ablagerungen aus sog. Bodenwogen	1334
1919	Kelud	Indonesien	Schlammströme	5110
1930	Merapi	Indonesien	Glutwolken	1369
1938	Tavurvur und Vulcan	Neu-Guinea	Aschenfall und surge-Ablagerungen	505
1951	Lamington	Neu-Guinea	Glutwolken	2942
1951	Hibok-Hibok	Philippinen	Glutwolken	500
1963	Agung	Indonesien	Schlammströme	1900
1982	El Chichon	Mexiko	Glutwolken und Aschenfall	3500
1985	Nevado del Ruiz	Kolumbien	Schlammströme	22000
1986	Nyos-See	Kamerun	CO_2-Gasausbruch	1700
1991	Pinatubo	Philippinen	Aschenfall, Glutwolken und Schlammströme	700
1991	Unzen	Japan	Glutwolken	43

Glossar

Asche: Zu Staub bis Sandgröße zerriebenes Auswurfmaterial explosiver, vulkanischer Ausbrüche.

Basalt: Vulkanisches Ergußgestein, aufgrund seiner Zusammensetzung meist dunkel, relativ schwer und kompakt. Als Säulenbasalt in regelmäßig geklüfteten, meist sechsseitigen Säulen abgesondert.

Bimsstein: Aufgeschäumt erstarrtes Vulkanglas geringen spezifischen Gesamtgewichts. Das blasige Gefüge entsteht bei der Eruption sehr gasreicher Magmen. Bei hohen Porengehalten schwimmt Bimsstein auf dem Wasser.

Bodenwogen: In der Vulkanologie meist als base surges bezeichnete turbulente Explosionsdruckwellen aus Gasen, Wasserdampf und Aschen, welche sich mit hoher Geschwindigkeit und direkt über Grund in radialer Richtung vom Eruptionszentrum ausbreiten.

Caldera: Mehr oder weniger runde Großkraterform von meist 5 – 20 km Durchmesser, entstanden durch Einbruch nach gewaltiger Magmaförderung.

Dom: Vulkanform aus massig erstarrter Lava, die sich aufgrund ihrer hohen Zähflüssigkeit über der Austrittsstelle aufstaut. Auch als Staukuppe bekannt.

Erdkruste, Erdmantel, Erdkern: Die Hauptgliederung des Schalenbaus der Erde. Der Erdmantel reicht von 10 – 30 km Tiefe bis zur Grenze des Erdkerns in 2900 km Tiefe.

Eruptionssäule: Mehr oder weniger senkrecht aus dem Schlot aufsteigende Eruptionswolke aus heißen Gasen und vulkanischen Komponenten. Kann mit Luft vermischt bis in die Stratosphäre aufsteigen.

Fumarolen: Austrittsstellen heißer vulkanischer Gase.

Gang: Das erstarrte vulkanische Gestein als Füllung einer Spalte, in die aufsteigende Lava eingepresst wurde.

Geysir: Heißwasserquelle, die in regelmäßigen Zeitabständen von Minuten bis Tagen eine Wasserfontäne ausstößt.

Glutwolken, Glutlawinen: Besonders dynamische Form der explosiven Tätigkeit, wobei eine Mischung aus heißen pyroklastischen Partikeln (s.d.), vulkanischen Gasen und erhitzter Luft als Gas-Partikel-Suspension der Schwerkraft folgend und mit großen Geschwindigkeiten die Vulkanhänge herunterfließt.

Intrusion: Ein Erstarrungsgesteinskörper, der sich bildet, wenn magmatische Schmelze nicht bis zur Erdoberfläche gelangt, sondern in Gesteine der Erdkruste eindringt und dort erstarrt. Auch der Vorgang des Eindringens selbst wird Intrusion genannt.

Lapilli: Explosiv ausgeworfene vulkanische Partikel der Korngrößenklassen von 2 – 64 mm Durchmesser.

Maar: Explosionskrater von bis zu 1 – 2 km Durchmesser und meist sehr regelmäßig runder Gestalt. Maare entstehen typischerweise durch phreatomagmatische Eruptionen (s.d.), junge Maare sind oft wassergefüllt.

Magma: Die silikatische Gesteinsschmelze aller vulkanischen Vorgänge, enthält oft gelöste Gase und bereits kristallisierte Mineralkomponenten. Magmen entstehen durch Aufschmelzungsprozesse vorwiegend im oberen Erdmantel und fallweise auch in der Erdkruste.

Nuée ardente (franz.): Glutwolken, Glutlawinen, die sich aus Aschen, heißen Gasen und Lavablöcken zusammensetzen und sich mit großer Geschwindigkeit bewegen.

Obsidian: Vulkanisches Glas, oft als zähplastische Lavaströme oder Dome gefördert und erstarrt.

Paroxysmus: Höhepunkt einer explosiven Eruption, mit katastrophalen Ausmaßen der Magmen- und Gasförderung.

Phreatomagmatische Eruption: Vulkanausbruch, bei dem im Kontakt mit dem heißen Magma explosiv verdampfendes Grund- oder Oberflächenwasser einen wesentlichen Beitrag zur Explosionsenergie liefert.

Plattentektonik: Das seit ungefähr 30 Jahren erkannte Bewegungsbild der Erde, nach dem die Globusoberfläche aus wenigen, ca. 100 km dicken Platten besteht, die sich dauernd mit Geschwindigkeiten der Größenordnung von 1 – 10 cm. pro Jahr gegeneinander verschieben. Die Tektonik der Erde und die Entstehung von Vulkanen ist in den Zonen besonders aktiv, an denen die Platten auseinanderbewegt werden, oder sich zusammenpressen und gegenseitig unterschieben.

Plinianische Eruptionen: Explosive Eruption mit sehr hoher Förderrate an magmatischem Material und Gasen, wodurch eine hohe und stetige Eruptionssäule entsteht, aus der flächenhaft weitausgebreitete Aschen und Bimssteinablagerungen entstehen.

Pyroklastisch, Pyroklastite: Begriffe für Trümmergesteine, deren Fragmente durch explosive vulkanische Tätigkeit entstanden sind.

Schlammströme: Wasserreiche vulkanische Trümmerströme von sehr zerstörerischer Wirkung. Können primär und unmittelbar bei der Eruption entstehen oder durch starke Regenfälle auf vulkanische Auswurfmassen sekundär erzeugt werden.

Schlot: Die Förderröhre und Austrittsstelle vulkanischer Eruptionen zur Erdoberfläche.

Seismograph: Instrument zur Registrierung von Erdbeben.

Solfataren: Austrittsstellen schwefelreicher Vulkangase.

Stratovulkan: Vulkankegel mit meist steilen Flanken, der durch abwechselnde explosive Tätigkeit und Lavaeffusionen entstanden ist und deshalb aus abwechselnden Schichten von Lavaströmen und vulkanischen Trümmergesteinen (Pyroklastiten s. d.) besteht.

Tephra: Zusammenfassender Begriff für alle durch explosive Tätigkeit entstandenen vulkanisches Lockermaterial.

Tephrochronologie: Datierung und Korrelation geologischer Ablagerungen durch eingelagerte Schichten vulkanischer Aschen, oft von weit voneinander entfernten Vulkanen.

Tuff: Verhärtete Schichten vulkanischer Asche.

surge-Ablagerungen: Charakteristische Ablagerungen von Bodenwogen oder base surges. Gekennzeichnet durch unregelmäßige Kreuzschichtung der Aschen- und Lapillilagen.

Vulkanische Bomben: Magmakomponenten explosiver Ausbrüche mit Durchmessern größer als ca. 6 cm (64 mm). Beim Flug durch die Luft noch plastische Lavaklumpen nehmen charakteristische Bombenformen an.

Kleine Auswahl der weiterführenden Literatur

Allgemeine Werke

F. D. Adams: The birth and development of the geological sciences, Maryland 1938 und New York 1954.

R. J. Blong: Volcanic hazards, New York 1984.

Robert u. Barbara Decker: Vulkane, 1992.

Archibald Geikie: The foundes of geology, New York 1962.

Helmut Hölder: Geologie und Paläontologie in Texten und ihrer Geschichte, Freiburg-München 1960.

Gordon A. MacDonald: Volcanoes, New Jersey 1972.

Alfred Rittmann: Vulkane und ihre Tätigkeit. 3. Auflage, Stuttgart 1981.

Karl Sapper: Vulkankunde, Stuttgart 1927.

Hans-Ulrich Schmincke: Vulkanismus, Darmstadt 1986.

Tom Simkin, L. Siebert, L. McClelland, D. Bridge, C. Newhall und J. H. Latter: Volcanoes of the World, Washington 1981.

Vulkane, Amsterdam 1982.

Howel Willimas, R. Alexander und McBirney: Volcanology, San Fransisco 1979.

Karl A. v. Zittel: Geschichte der Geologie und Paläontologie, bis Ende des 19. Jahrhunderts, München und Leipzig 1899.

1. Kapitel

J. V. Luce: Atlantis-Legende und Wirklichkeit, Bergisch-Gladbach 1969.

S. Marinatos: Some words about Atlantis, Athen 1950.

Vittorio Paliotti: Der Vesuv, eine feurige Geschichte, Neapel 1981.

Thera and the Agean world III, London 1990.

Dorothy B. Vitaliano: Legends of the earth, their geologic origins, Bloomington/London 1973.

William D. Westerfeld: Hawaiian legends of volcanoes, Rutland Vermont und Tokyo 1963.

2. Kapitel

Conrad Gesner: De rerum fossilium, lapidum et gemmarum figuris, Zürich 1565.

Athanasius Kircher: Mundus Subterraneus, Amsterdam 1678.

Antonio Lazzaro Moro: De crostacei e degli altri marini corpi che si truovano su'monti, Venedig 1740.

Oviedo: Historia general y natural de las Indias, Madrid 1855.

Sigurdur Thorarinsson: Hekla, a notorious volcano, Reykjavik 1970.

Bernhardi Varenius: Geographia generalis, Neapel 1715.

3. Kapitel

St. Lazare Bertholon: De l'électricité des météores, Lyon 1787.

Georges Louis Leclerc Buffon: OEuvres complètes, Paris 1829.

Barthélémy Faujas de Saint-Fond. Recherches sur les volcans éteints du Vivarais et du Velay, Paris 1778.

James Hutton: Theory of the earth, London 1795.

Guiseppe Maria Mecatti: Raconto storico-filosofico del Vesuvio …, Neapel 1752.

John Playfair: Illustration of the Huttonian theory of the earth, New York 1964.

Giuseppe Recupero: Storia naturale e generale dell'Etna, Catania 1815.

Giovanni Maria Della Torre: Histoire et phénomènes du Vésuve, Paris, 1760.

Abraham Gottlob Werner: Von den äusserlichen Kennzeichen der Fossilien, Leipzig 1774.

4. Kapitel

Jean François d'Aubuisson de Voisins: Traité de géognosie, Paris 1828, 1834, 1835.

Jean Baptiste Bory de Saint Vincent: Voyage dans les quatre principales îles des mers d'Afrique, Paris 1804.

Scipione Breislak: Physikalische und mineralogische Erkundungsreisen. Übersetzung von F. A. Reuß, o. O. 1802.

Leopold von Buch: Physikalische Beschreibung der canarischen Inseln, Berlin 1825.

Leopold von Buch: Über Erhebungskrater und Vulkane, Berlin 1985.

Nicolas Desmarest: Mémoire sur l'origine et la nature du basalt à grandes colonnes polygones, Paris 1771.

Nicolas Desmarest: Mémoire su la détermination de trois époques de la Nature par les produits des volcans, Paris 1775.

Déodat de Dolomieu: Reise nach den Liparischen Inseln 1781, Leipzig 1783.

Barthélémy Faujas de Saint Fond: Minéralogie des volcans, ou description ..., Paris 1784.

William Hamilton: Campi Phlegraei, Observations on the volcanos of the two Siciles. As they have been communicated to the Royal Society of London 1776 und Supplementband: Supplement to the Campi Phlegraei, being an account of the great eruption of mount Vesuvius 1779.

Alexander von Humboldt: Südamerikanische Reise.

Alexander von Humboldt. Kosmos, Versuch einer physischen Weltbeschreibung, Paris 1859.

Lazzaro (abbé) Spallanzani: Viaggi alle due Sicilie e in alcune parti dell'Appennino, 6. Bände, Pavia 1792–1797.

5. Kapitel

G. B. Alfano und I. Friedlaender: Die Geschichte des Vesuvs, Ulm 1929.

Norman L. Bowen: The Evolution of the igneous rocks, Princeton 1928 und New York 1956.

Albert Brun: Recherches sur l'exhalaison volcanique, Genf und Paris 1911.

Charles Darwin: Geologische Beobachtungen über die Vulcanischen Inseln mit kurzen Bemerkungen über die Geologie, Stuttgart 1899.

William F. Forshag und Jenaro Ganzales: Birth and development of Paricutin Volcano Mexico, Washington 1956.

Ferdinand Fouqué: Santorin et ses éruptions, Paris 1879.

Carlo Gemmellaro: La vulcanologia dell'Etna, Catania 1858.

Robert F. Griggs: The valley of Ten Thousand Smokes, Washington 1922.

Georg Hartung: Die Azoren in ihren äusseren Erscheinungen und nach ihrer geognostischen Natur, Leipzig 1860.

Ferdinand von Hochstetter: Geologie von Neu-Seeland, Wien 1864.

Thomas A. Jaggar: Origin and development of craters, o.O. 1947.

Franz Junghuhn: Java, Leipzig 1854.

Alfred Lacroix: La montagne Pelée et ses éruptions, Paris 1904.

Charles Lyell: Principles of geology, London 1833.

Giuseppe Mercalli: I vulcani attivi della terra, Mailand 1907.

Luigi Palmieri: The eruption of Vesuvius, in 1872, London 1873.

Frank A. Perret: The Vesuvius eruption of 1906, study of a volcanic cycle, Washington 1924.

Frank A. Perret: The eruption of Mt. Pelée 1929–1932. Washington 1935.

George Poulett Scrope: Über Vulkane, Berlin 1872.

Deville Charles Saint Claire: Voyage géologique aux Antilles et aux îles de Ténériffe et de Fogo, Paris, 1848.

Walter Sartorius von Waltershausen: Über die vulkanischen Gesteine in Sicilien und Island..., Göttingen 1853.

Walter Sartorius von Waltershausen: Der Aetna, Leipzig 1880.

Julius F. Schmidt: Vulkanstudien, Santorin 1866 bis 1872, Leipzig 1874.

Karl von Seebach: Ueber Vulkane Centralamerikas, Göttingen 1892.

Tom Simkin und Richard S. Fiske: Krakatau 1883. Washington 1983.

Johann Steininger: Die erloschenen Vulkane in der Eifel am Niederrhein, Mainz 1820.

Henry und Elizabeth Stommel: 1816: Das Jahr ohne Sommer, Heidelberg 1985.

Alphons Stübel: Die Vulkanberge von Ecuador, Berlin 1897.

Th. Thoroddsen: Island, Grundriss der Geographie und Geologie, Gotha 1905–1906.

Rogier D.M. Verbeek: Krakatau, Batavia 1886.

Internationale Vulkanologische Zeitschriften

Bulletin Volcanologique, Rom 1924 bis 1984.

Bulletin of volcanology, Heidelberg ab 1986.

Journal of volcanology and geothermal research, Amsterdam ab 1976.

Volcano Letter, Hawaii 1925 bis 1955, Nachdruck 1988.

Zeitschrift für Vulkanologie, Berlin 1914 bis 1938.

Bücher von Katia und Maurice Krafft

Führer zu den Vulkanen Europas, 3 Bände, Stuttgart 1984.

A l'assaut des volcans, Islande-Indonésie, Paris 1975.

Les Volcans, Paris 1975.

La Fournaise, La Réunion 1977.

Volcans et dérive des continents, Paris 1984.

Volcans, le réveil de la Terre, Paris, 1979.

Dans l'antre du Diable, volcans s'Afrique, Canaries et Réunion, Paris 1981.

Questions à un volcanologue: Maurice Krafft répond, Paris 1981.

Volcans et Eruptions, Paris 1985.

Au coeur de la Fournaise, La Réunion 1986.

Vulkane der Welt, Vevey 1986.

Volcans du Monde, Paris 1987.

Objectifs volcans, Paris 1988.

Führer zu den Virunga Vulkanen, Stuttgart 1990.

Verwendete Literatur

Aetna. Übersetzung von Siegfried Sudhaus (1898).

Gaius Plinius Secundus: Briefe VI 16,4-20. Übersetzung von Helmut Kasten. © Artemis Verlag, München und Zürich.

Lucas Holstenius: Copia eines Schreibens aus Rom, Berlin 1635.

Giambattista Basile: Sonett auf den Ausbruch des Vesuvs; aus: Der Vesuv, it 1245. Übersetzt von Dieter Richter. © Insel Verlag Frankfurt am Main 1990.

William Hamilton: Beobachtungen über den Vesuv, den Ätna und andere Vulkane, Berlin 1773.

Georg Christoph Lichtenberg: Der Ausbruch des Jahres 1794. Göttinger Taschenkalender auf das Jahr 1797.

Leopold von Buch: Der Versuvausbruch im Jahre 1794. In: Gesammelte Schriften, Berlin 1867–1885.

Jean-Etienne Guettard: Memoire de l'Academie royale des sciences (1752). Übersetzung von Jörg Keller.

Rudolf Erich Raspe an M. Maty M. D., den Sekretär der Royal Society. Übersetzung von Jörg Keller.

Rudolf Erich Raspe: Beitrag zur alterältesten und natürlichen Historie von Hessen oder Beschreibung des Habichtswaldes und verschiedener anderer niederhessischer Vulkane in der Nachbarschaft von Cassel. Kassel 1774.

Abraham Gottlob Werner: Kurze Klassifikation und Beschreibung der verschiedenen Gebirgsarten (1787); aus: H. Hölder, Geologie und Paläontologie in Texten und ihrer Geschichte. © Verlag Karl Alber GmbH, Freiburg/München 1960.

Johann Wolfgang von Goethe: Xenien (1795).

Johann Wolfgang von Goethe: Vergleichsvorschläge, die Vulkanier und Neptunier über die Entstehung des Basalts zu Vereinigen (um 1789). In: Naturwissenschaftliche Schriften, Hamburg 1955.

Johann Wolfgang von Goethe: Darstellung meines geologischen Ganges (1820). Ebd.

Johann Wolfgang von Goethe: Verschiedene Bekenntnisse (um 1823). Ebd.

Johann Wolfgang von Goethe: Eines verjährten Neptunisten Schlußbekenntnis. Abschied von der Geologie (1819). Ebd.

Goethe und Hamilton oder: Die ausgebliebene Sensation; aus: Berninger, Giesler, Krätze: Beobachtungen über den Vesuv, den Ätna und andere Vulkane. © VCH Verlagsgesellschaft mbH, Weinheim 1986.

Bericht d. Kapitän Watson von der Charles Bal (1883).

Bericht vom Dampfer „Gouverneur Generaal Loudon" (1883).

Arno Schmidt: Krakatau; aus: Arno Schmidt, Trommler beim Zaren. © 1966 Stahlberg Verlag GmbH, Karlsruhe. Abdruck mit Genehmigung der S. Fischer Verlag GmbH, Frankfurt am Main.

Maurice Krafft: Vulkanausbrüche im 20. Jahrhundert 1991. Übersetzung von Jörg Keller.

Katia und Maurice Krafft: Les Plus Beaux Volcans (1985). Übersetzung von Jörg Keller. © Editions Gallimard, Paris.

Albert Zacher: Im Lande des Erdbebens; aus: Vom Vesuv zum Ätna. Die vulkanische Katastrophen von 1905 – 1908. © Deutsche Verlags-Anstalt GmbH, Stuttgart.

Jörg Keller: Vulkanologie und Vulkanüberwachung heute. © beim Autor.

Jörg Keller: Die Glutwolken des Unzen. © beim Autor.

Jörg Keller: Pinatubo, der gefährliche Unbekannte. © beim Autor.

Vergil: Aeneis (um 29). © Artemis Verlag, München und Zürich.

Johann Wolfgang von Goethe: Italienische Reise, Stuttgart/Tübingen 1829.

Jules Verne: Reise zum Mittelpunkt der Erde. Übersetzung von Hansjürgen Wille und Barbara Klau. © 1976 by Diogenes Verlag AG, Zürich.

Marc Twain: Durch dick und dünn. Übersetzung von Otto Wilck. © Aufbau Verlag Berlin und Weimar 1960.

Curzio Malaparte: Die Haut. Deutsche Ausgabe: © 1950 by Stahlberg Verlag Karlsruhe. Arnoldo Mondadori Editore, Mailand 1949.

Bildnachweis

Vorderseite: Eruption des Stromboli bei Nacht. Gouachemalerei (Gouache). Paris, Sammlung Krafft.

Buchrücken: Eruption des Ternate und den Molukken 1680. Zeichnung von H. Muche. Paris, Bibliothèque centrale du Museum d'historie naturelle.

Rückseite: Eruption der Hekla 1822. Stich. Königliche Bibliothek Kopenhagen.

Bildvorspann

1 Ansichten der Eruptionen des Vesuv von 1777 und 1779. Zeichunung (1779) von P. Fabris; aus: Supplement to Campi Phlegraei von Sir William Hamilton. Paris, Sammlung Krafft. Foto: Gallimard, Paris.

2 (oben) Ansicht eines Lavaausbruchs im verschneiten Vesuvkrater. Zeichnung (1776) von P. Fabris, Tafel V; aus: Supplement to Campi Phlegraei. Ebd.

2 (Mitte) Ansicht des Ätna von Catania aus. Tafel XXXVI, aus: Supplement to Campi Phlegraei. Ebd.

2 (unten) Ansicht der Insel Stromboli. Tafel XXXVII, aus: Supplement to Campi Phlegraei. Ebd.

3 (oben) Ablagerungen aus der Solfatara. Tafel LIII, aus: Supplement to Campi Phlegraei. Ebd.

3 (Mitte) Gesteine und Kristalle, die gemeinhin Edelsteine des Vesuvs genannt werden. Tafel LIV, aus: Supplement to Campi Phlegraei. Ebd.

3 (unten) Laven, Schlacken und Bimssteine vom Vesuv. Tafel LI, aus: Supplement to Campi Phlegraei. Ebd.

4/5 Ansicht des Versuvausbruchs, der am 23. Dezember 1760 begann und am 5. Januar 1761 endete. Tafel XII. Ebd.

6/7 Ansicht des Inneren des Vesuvkraters, vor der großen Eruption von 1767. Tafel IX. Ebd.

8/9 Ansicht eines Lavastroms der am Abend des 11. Mai 1771 vom Vesuv in Richtung auf Resina floß, als der Autor die Ehre hatte, die Majestäten des Königreichs Sizilien auf den Berg zu begleiten, um dieses einmalige Schauspiel zu sehen. Tafel XXXVIII. Ebd.

11 Eruption des Stromboli bei Tag. Gouache. Sammlung Krafft. Foto: Gallimard, Paris.

Erstes Kapitel

12 Dritte Eruption des Vulkans von 1789. Lithographie in der Zeitung La Caricature. n° 135. Ebd.

13 Eruption des Hasan Dag. Wandmalerei in der neolithischen Siedlung Çatal Hüyük, Türkei (nach J. Mellaart). Foto: Gallimard, Paris.

14 Schiffsfresko im Westhaus der minoischen Siedlung von Akrotiri, Santorin, Ca. 1600 v. Chr. Athen, Nationalmuseum. Foto: Krafft.

15 (oben) Die Ausgrabungen in der minoischen Siedlung von Akrotiri, Santorin. Foto: Ebd.

15 (Mitte) Vulkan im Meer in der Santorin-Caldera während der Eruption von 1866. Farblithographie. Sammlung Krafft. Foto: Gallimard, Paris.

15 (unten) Die Safranpflückerin. Fresko aus der minoischen Siedlung Akrotiri, Santorin. Foto: Krafft.

16 (oben) Plan der Insel Vulcano und das kleinen Vulkans, genannt Vulcanello. Gezeichnet von J. Houel; aus: Voyage pittoresque des Isles de Sicile, de Malthe et de Lipari, 1782. Sammlung Kraft. Foto: Gallimard, Paris.

16 (unten) Vulcanus und die Kyklopen beim Schmieden des Schildes von Achill (Ausschnitt). Halbrelief. Rom, Konservatorenpalast. Foto: Alinari-Giraudon.

17 Enkelades unter dem Berg Ethna. Stich 17. Jh. Sammlung Krafft. Foto: Gallimard, Paris.

18 (oben) Krater des Vulkans Ngauruhoe, Neuseeland. Foto: Krafft.

18 (unten) Die Legende vom Devil's Tower. Sammlung Krafft. Foto: Gallimard, Paris.

19 Ansicht des Fuji an einem schönen Tag oder „Roter Fuji". Holzschnitt von Hokusai. Ebd.

20 Mont Tarawera in Eruption, Juni 1886 (Neuseeland). Lithographie nach einem Gemälde von C. Blomfield. Ebd.

21 (oben) Popocatepetl. Mexikanische Zeichnung aus einem Kodex von 1609. Foto: Ebd.

21 (unten) Opfer am Masaya nach einem Stich von 1520; aus: Les Volcans von Ch. Velain. Sammlung Krafft. Foto: Ebd.

22 Hekla. Ausschnitt aus der Karte Islands von Ortelius, 1585. Ebd.

23 Thingvellir, Island. Gemälde von Gollingwood. London, British Museum.

24/25 St. Januarius wacht nach der Eruption von 1631 über dem Vesuv. Stich. Aus: I. B. Masculus, De Incendio Vesuvi exitato…, 1633. Sammlung Krafft. Foto: Gallimard, Paris.

24 (unten) Kreuzförmige Augit-Zwillingskristalle von Stromboli, Italien. Foto: Ebd.

25 (unten) Darstellung der Augitzwillinge in Continuatione di successi del prossimo Incendio del Vesuvio… von Zupo, 1661. Sammlung Krafft. Fotod: Ebd.

26/27 Aschenregen am Vesuv. Gemälde von G. Tomma. Florenz, Galleria d'Arte Moderna. Foto: Scala.

27 (oben) Ausbruch des Vesuvs von 1906. Titelseite des Journals La Domenica del Corriere vom 15. April 1906. Sammlung Krafft. Foto: Gallimard, Paris.

28 (oben) Die Kirche San Juan Parangaricutiro in den Lavaströmen des Paricutin, Mexiko. Foto: Krafft.

28/29 Der Vulkan Guntur. Lithographie in Beschreibung der Insel Java…, von J. Müller, 1860. Paris, Bibliothèque nationale.

30 (oben) Prozession für die Göttin Pele am Rand des Halemaumaukraters, Kilauea, Hawaii, 1984. Foto: Krafft.

30 (unten) Lavastrom des Mauna Loa, Hawaii, April 1984. Foto: Ebd.

31 (oben) Kapiolani fordert Pele 1824 am Kilauea heraus. Gemälde von Peter Hurd. Hawaii, Amfac Honolulu. Foto: Gallimard, Paris.

31 (unten) Die Göttin Pele. Gemälde von Hitchkock. Hawaii, National Park. Foto: Krafft.

Zweites Kapitel

32 Der letzte Tag von Pompeji. Gemälde von K. P. Bruelow. Leningrad, Russisches Museum. Foto: Scala.

33 Abguß eines Opfers in Pompeji. Foto: Krafft.

34 (oben) Ausbruch des Ätnas am 29. Sept. 1838 um 6 Uhr. Gezeichnet von Busse und in Rom 1839 gestochen. Sammlung Krafft. Foto: Gallimard, Paris.

34 (unten) Profil eines Vulkans zwischen den Linien des großen Feuerschlots, speziell des Ätnas. Stich. Aus: Théorie des Volcans von Graf A. von Bylandt Palstercamp, Atlas, 1836. Sammlung Krafft. Foto: Ebd.

35 Empedokles. Ausschnitt aus dem Fresko von Luca Signorelli. Dom von Orvieto. Foto: Scala.

36 (unten) Pyriphlegethon von Platon. Deutscher Stich aus dem 17. Jh. Foto: Gallimard, Paris.

37 Forum Vulcani. Solfatarakrater. Phlegräische Felder. Stich von 1612. Sammlung Krafft. Foto: Ebd.

38 Einsturz des Jupitertempels in Pompeji beim Erdbeben 62 n. Chr. Relieff. Rom, Museo Civico. Foto: Roger Viollet.

ANMERKUNGEN 215

39 Bacchus und der Vesuv. Fresko aus Pompeji. Neapel, Nationalmuseum. Foto: Scala.

40 Eruption des Vesuvs vom Oktober 1822 von Neapel aus gesehen. Lithographie Day & Son, in G. Poulett Scrope, Les Vulkans, leurs caractères et leurs phénomènes, Masson, 1864. Sammlung Krafft. Foto: Gallimard, Paris.

41 Mons Hekla. Stich. Aus: Magnus Olaus, Historia delle genti et della Natura delle cose settentrionali, Nicolini, 1565. Sammlung Krafft. Foto: Ebd.

42 Eruption des Monte nuovo in den Phlegräischen Feldern. Stich. Aus: Porzio De Conflagrazione, Agri Puteolani, 1538. Ebd.

43 (oben) Schwefelgewinnung an einem Vulkan, aus: Dioscurides, tractatus de herbis. Manuskript des 15. Jh. Modena, Bibliotheca Estense. Foto: Giraudon

43 (unten) Demonstracion del Volcan. Stich. Aus: Prodigioso Volcan de Fuego... de la Isla San Miguel... Terceras... 1638. Açores, Madrid, 1638. Sammlung Krafft. Foto: Gallimard, Paris.

44 (oben) Kristallisation. Darstellung von Basaltsäulen; aus: Conrad Gesner, De rerum fossilium, lapidum et gemmarum figuris, 1565. Ebd.

45 (oben) Die Weltprinzipien von Descartes. Stich. Foto: Ebd.

45 (oben) Der Berg Aetna, heute Monte Gimbello genannt. Stich von Sebastian Münster in Cosmographia, Basel 1550. Sammlung Krafft. Foto: Ebd.

46 (oben) Typus Montis Vesuvii. Stich. Aus: Athanasius Kircher, Mundus Subterraneus, Amsterdam 1678. Ebd.

46/47 Systema ideale pyrophylaciorum subterraneorum... Stich. Ebd.

48 (oben) Veduta del Monte Etna, con la Città di Catania... destruzione. Stich der Eruption des Ätna von 1669. Ebd.

48/49 Vero disegno dell'Incendio nella montagna di Somma altrimente detto Mons Vesuvii... am 16. Dezember 1631 von G. Battista Passari, 1631. Ebd. Foto: Gallimard, Paris.

49 (oben) Titelseite des Werkes von A. L. Moro, De Crostacei e degli altri Marini Corpi... Venezia, 1740. Ebd.

Drittes Kapitel

50 Eruption des Vesuvs von 1794. Gouache (Guaschmalerei) von Saverio Della Gatta. Ebd.

51 Baron von Münchhausen wird im Ätna von Venus und Vulcanus empfangen. Lithographie von T. Hosemann für die Berliner Ausgabe von 1840. Foto: Archiv für Kunst.

52/53 (oben) Eruption des Ternate auf den Molukken im Jahr 1680. Aquarelle von Henri Muche. Paris, Bibliothèque centrale du Museum d'histoire naturelle.

52 (unten) Buffon (Georges Louis Leclerec, Comte de Buffon). Stich von Martini nach Pajou. Paris, Bibliothèque nationale.

53 (unten) Karte der Insel Bourbon (Réunion) mit dem Piton de la Fournaise in Tätigkeit. Stich, in France pittoresque, 19. Jh. Sammlung Krafft. Foto: Gallimard, Paris.

54 (oben) Wappen von Guatemala City. Ebd.

54/55 (unten) Der Cotopaxi bei der Explosion von 1743, mit Regenbogen. Stich, in Relacion historica del Viaje a la America Meridional, Madrid, 1748. Ebd.

55 (oben) Joseph Canonicus Recupero. Stich in Storia naturele e generale dell'Etna von G. Recupero, Catania, 1815. Ebd.

56/57 Eruption des Vesuv von 1779. Stich nach einem Gemälde von Alexandre d'Anna. Ebd. Foto: Krafft.

57 Brunnen aus Lavagestein in Moulins, Auvergne.

58 (links) B. Faujas de Saint Fond. Stich, in A journey through England and Scotland to the Hebrides in 1784, Glasgow, 1907. Sammlung Krafft. Foto: Gallimard, Paris.

58/59 Der Krater der Montagne de la Coupe mit einem Lavastrom, der zu Säulenbasalt erstarrt. Stich. Aus: Recherches sur les Volcans éteints du Vivarais et du Velay von B. Faujas de Saint Fond, 1778. Ebd.

59 (oben) Titelseite von Faujas de Saint Fond. op. cit., 1778. Ebd.

60 (oben) Abraham 'Theophil' Werner. Stich von Tardieu nach Vogel. Paris, Bibliothèque nationale.

60/61 Theoretischer Schnitt durch geologische Formationen. Stich von J. J. Huot. Sammlung Krafft. Foto: Gallimard, Paris.

61 (oben) Basaltfelsen bei Schloß Stolpen in Sachsen. Stich, in: Atlas géologique ou Vues d'amas de colonnes basaltiques..., von Scipione Breislak, Mailand, 1818. Ebd.

62 (unten) James Hutton. Gemälde von H. Raeburn. National Galleries of Scotland. Foto: National Galleries of Scotland.

62/63 (oben) Zeichnungen von John Clerk für eine Ausgabe von James Huttons „Theoriy of the Earth". Foto: Sir John Clerk of Penicuik/Scottish Academic Press Ltd.

64 Die Insel Staffa. Eingang der Basaltgrotte, am Ort selbst gezeichnet von C. L. F. Pankoucke, aus: Voyage pittoresque aux îles Hebrides von C. L. F. Pankoucke, Paris, 1831. Sammlung Krafft. Foto: Gallimard, Paris.

65 West view of the Giants Causeway, Antrim. Basaltorgeln der Chaussée der Riesen in Nordirland. Lithographie bei Stark Brothers, Dublin. Ebd.

66 Der Mondsüchtige. Lithographie von A. Gery-Bichard für die Ausgabe Aventures du Baron von Münchhausen. Hachette, Paris 1879. Foto: Archiv für Kunst.

67 (oben) Vulkanische Kegel in der Eifel und im Gebiet des Laacher Sees. Ausschnitt aus einer Panoramaansicht. Stich. Aus: Orthographische Briefe über das Siebengebirge… von C.W. Nose, Frankfurt 1790. Sammlung Krafft. Foto: Gallimard, Paris.

67   (unten) Ansicht eines inneren Teils des Monte Somma… Tafel XXXV, aus: Supplement to Campi Phlegraei a.a.O. Foto: Ebd.

Viertes Kapitel

68   Ansicht des Vesuvgipfels mit dem stetigen Wachstum des Kraterkegels vom 8. Juli bis zum 29. Oktober 1767; aus: Supplement to Campi Phlegraei a.a.O. Foto: Ebd.

69   Sir William Hamilton. Gemälde von D. Allan. London, National Portrait Gallery.

70   (oben) Eruption des Vesuv von 1754. Stich. Tafel II; aus: Histoire naturelle, Volcans, Minéralogie, der Encyclopédie von Diderot und d'Alembert, Paris 1751–1772. Sammlung Krafft. Foto: Gallimard, Paris.

70/71   (unten) Topographische und mineralogische Karte eines Teils des Départements Puy-de-Dôme in der Auvergne, mit dem Verlauf und den Grenzen der geschmolzenen und vom Vulkan ausgeworfenen Materialien von Nicolas Desmarest. Stich. Paris 1823. Ebd. Foto: Krafft.

71   (oben) Gipfel des Vesuv und eine andere Ansicht des gleichen Gipfels während einer kleineren Eruption. Stich. Tafel IV; aus: Histoire naturelle, Volcans… a.a.O. Foto: Ebd.

72   (oben) Frontseite des Buches von Bory de Saint Vincent, Essais sur les Isles Fortunées…, Paris 1803. Sammlung Krafft. Foto: Ebd.

72/73   Mamelon Central am Piton de la Fournaise. Zeichnung von Bory de Saint Vincent. Stich. Aus: Voyage dans les quatre principales îles de mers d'Afrique… en 1801 et 1802 von Bory de Saint Vincent, Tafel XXXIV, Paris 1804. Ebd.

73   (oben) Ansicht des Vulkans aus der Vogelschau. Zeichnung des Piton de la Fournaise von Bory de Saint Vincent. Kolorierter Stich. Tafel LXI. Ebd.

74   Reste des Tempels des Jupiter Serapis, Pozzuoli. Lithographie von Maria. Ebd.

74/75   Topographia dell'Agro Napoletano con le sue adjacente (Topographische Ansicht des Agro Napoletano und seiner Umgebung). Zeichnung von G. A. Rizzi Zannoni, 1793. Ebd.

75   (unten) Dolomieu. Zeichnung, Anonymus. Paris, Bibliothèque nationale.

76/77   Der Ätna in Sizilien, das Innere des Kraters. Encyclopédie Bertuch, vol 21, n° 10. Sammlung Krafft. Foto: Ebd.

77   Manuskriptanmerkungen von Dolomieu auf den Rändern der Minéralogie des Volcans von Faujas de Saint Fond. Paris, Bibliothèque centrale du Museum d'histoire naturelle.

78   (oben) Eruzione del Vesuvio seguita la notte degl'8 Agosto, nel 1779 (Ausbruch des Vesuvs während der Nacht vom 8. August 1779). Stich von F. Morghen. Sammlung Krafft. Foto: Gallimard, Paris.

78   (Mitte) Plan der von der Vesuvlava von 1794 überfluteten Stadt Torre del Greco. Stich aus der Encyclopédie Bertuch, vo. III, n° 54. Ebd.

78   (unten) Veduta della Torre del Greco, incendiata e distrutta nella magior parte, dell'eruzione, che fece il Monte Vesuvio alli 15 di Guigno 1794… (Ansicht der Stadt Torre del Greco, die von dem Vesuvausbruch vom 15. Juni 1794 in Brand gesteckt und größtenteils zerstört wurde). Stich von G. Morghen, Neapel 1794, nach einem Gemälde von Alexandre d'Anna. Ebd.

79   Ansicht vom Inneren des Vesuvkraters im Jahr 1756 nach dem am Ort des Geschehens aufgenommenen Plan. Tafel X; aus: Supplement to Campi Phlegraei a.a.O. Foto: Ebd.

80   (oben) Ansicht der ersten Entdeckung des Isistempels von Pompeji… Tafel XXXXI; aus: Supplement to Campi Phlegraei a.a.O. Foto: Ebd.

80   (unten) Ansicht der Solfaterra, einem Krater im alten Vulkan, den Strabo 'Forum Vulcani' genannt hat. Tafel XXV; aus: Supplement to Campi Phlegraei a.a.O. Foto: Ebd.

81   Ansicht der Eruption des Vesuvs am Morgen des 9. August 1779 mit der prächtigen Rauchwolke …Tafel III; aus: Supplement to Campi Phlegraei a.a.O. Foto: Ebd.

82   (unten) Lacus Anianus, der See von Agnano und das Experiment der Hundsgrotte. Stich. Aus: Nouveau Théâtre d'Italie ou Description… von Blacu (Excud), Mortier, Amsterdam 1704. Sammlung Kraft. Foto: Ebd.

82/83   Karte des Golfes von Pozzuoli mit einem Teil der Phlegräischen Felder in Kampanien. Stich n° 18. Ebd.

84   (oben) Karte der Lavaströme der Lakagigar (Skaftarelddrahaun). Stich. Aus: Kort Beskrivelse over den nye Vulcans Ildsprudelse: Vester-Skaptefields-Syssel paa Island; Aaret 1783, Kiöbenhavn, 1785 von Magnus Stephansen. Sammlung Krafft. Foto: Ebd.

84   Karte der Kraterreihe der Lakagigar (Ausschnitt). Stich. Aus: Lakis Kratere og Lavaströmme Universitets programm, Kristiania 1886 von A. Helland. Ebd.

85   Eruption des Asama in Japan und Gebiete der Zerstörung von 1783. Zeichnung. Sammlung des Vulkanologischen Asama Observatoriums. Foto: Krafft.

86/87   Eruption des Asama von 1783. Zeichnung. Komoro, Sammlung Kenichi Maruyama. Foto: Ebd.

88/89   Eruption des Asama von 1783. Zeichnung. Sammlung des Asamamuseums. Foto: Ebd.

90   Alexander von Humboldt. Lehmann zugeordnetes Gemälde. Sammlung Krafft. Foto: Charmet.

91   Der Vulkan Cayambe bei Quito in Ecuador; aus: Voyages des Humboldt, Vincennes. Service historique de la Marine. Foto: Dagli Orti.

92/93   (oben) Lithographie „Der Chimborazo von Fumagalli" nach A. von Humboldts „Der Chimborazo vom Plateau von Tapia aus gesehen"; aus:

Vues des cordillères et monuments des peuples indigènes de l'Amérique, Paris 1810. Sammlung Krafft. Foto: Gallimard, Paris.

92/93 (unten) Der Chimborazo und der Cotopaxi, nach A. v. Humboldt. Stich von Riedel, 1808. Ebd.

93 (unten) Der noch rauchende Jorullo. Stich nach A.v. Humboldt. Encyclopédie Bertuch. Sammlung Krafft. Foto: Ebd.

94/95 Ausbruch des Vesuvs vom 12. August 1805. Gouache. Ebd.

95 (oben) Basaltsäulen von Chenavari. Stich. Aus: Recherches sur les Volcans a.a.O. Foto: Ebd.

95 (unten) Leopold von Buch. Stich. Foto: Ebd.

Fünftes Kapitel

96 Die Eruption des Galunggung und Flucht der Bevölkerung im Jahr 1982. Gemälde des Augenzeugen S. Barnas. Sammlung Krafft. Foto: Gallimard, Paris.

97 Modell eines Vulkans und seines Mechanismus. Lithographie von Th. Schneider; aus: Beitrag zur Physik der Eruption und der Eruptiv-Gesteine von Ed. Reyer, Wien 1877. Ebd.

98 (unten) Profil der Berge zwischen dem Puy de Dôme und Riom. Lithographie. Aus: Mineralogische Briefe aus der Auvergne von L. von Buch, Berlin 1809. Ebd.

99 (oben) Querschnitt vom Mont Dore zum Gipfel des Puy de Chopine. Lithographie nach Poulett Scrope. Tafel IV; aus: Maps and plates of the Memoir on the Geology and Volcanic formations of Central France von G. Poulett Scrope, 1827. Ebd.

98/99 (unten) Ansicht der Chaîne des Puys vom Gipfel des Puy de la Rodde. Panoramazeichnung von Poulett Scrope. Tafel VI; aus: Maps and plates... Ebd.

100 (oben) Titelblatt der „Physischen Karte der Insel La Palma". Stich von Tardieu. Aus: Description physique des îles Canaries von L. von Buch, Paris 1824. Ebd.

100/101 Topographische und geologische Skizze des Ätna von L. Elie de Beaumont; aus: Recherches sur la structure et sur l'origine du mont Etna, Paris 1838. Ebd.

101 (unten) Physische Karte der Insel La Palma von Leopold von Buch, von ihm selbst 1814 gezeichnet. Stich. Aus: Description physique... a.a.O. Foto: Ebd.

102 (oben) Eruption des Vesuvs von 1882, bei Nacht. Gouache. Sammlung Krafft. Foto: Ebd.

102 (unten) Portrait und Unterschrift von Poulett Scrope; aus: Geological Magazine 1870. Foto: Ebd.

103 Eruption des Vesuvs von 1822, bei Tag. Gouache. Sammlung Krafft. Foto: Ebd.

104 Charles Lyell. Lithographie nach Wright. Paris, Bibliothèque nationale.

105 (oben) Caduta di lava del Monte Etna nel Trifoglietto nel 1819 (Laveerguß des Ätna im Trifoglietto-Tal 1819). Gouache. Sammlung Krafft. Foto: Gallimard, Paris.

105 (unten) Historische und topographische Karte der Eruptionen des Ätna bis zum Jahr 1823. Aufnahme von M. Gemmellaro. Manuskript. Ebd.

106 (oben) Ansicht der Eruption von Graham Island, 1831. Aquarell. Ebd.

106 (unten) Nuovo vulcano uscito nel mare della Sicilia, 13 Iuglio 1831 (Der am 13. Juli 1831 aus dem Meer aufgetauchte neue Vulkan). Gouache von Camillo de Vito. Ebd.

107 (oben) Ansicht von Graham Island, nachdem im Sommer 1831 Britanniens Union Jack aufgerichtet war. Aquarell. Ebd.

107 (unten) Nuovo vulcano uscito nel mare della Sicilia nel 1831. Gouache von Camillo de Vito. Ebd.

108/109 Eruption des Georgvulkans auf Nea Kameni am 22. Februar 1866. Lithographie; aus: Vulkanstudien, Santorin 1866 bis 1827 von Julius Schmidt, Leipzig 1874. Ebd.

109 (unten) Entwicklung der Insel Nea Kameni auf Santorin, vom Februar 1866 bis zum September 1867. Lithographie; aus: Vulkanstudien... Ebd.

110 (oben) Im Krater der Hekla. Lithographie von 1868. Ebd.

110/111 (unten) Veduta del nuovo Cratere die eruzione e della origine della lava del 1852 (Ansicht des neuen Ausbruchskraters und des Ursprungs der Lava von 1852); aus: Breve Ragguaglio delle eruzione dell'Etna del 1852 von C. Gemmelaro, Catania. Ebd.

111 (oben) Geysirs, oder Springquellen auf Island. Kolorierter Stich; aus: Thirty plates illustrative of natural phenomena, etc., London 1849. Ebd.

112 (oben) Gasanalysen am Kilauea auf Hawaii, 1912. Foto: Ebd.

112/113 (unten) Dünnschliff einer Lava von Santorin unter dem Mikroskop im polarisierten Licht betrachtet. Lithographie. Tafel LVIII; aus: Santorin et ses éruptions von F. Fouqué, Paris 1879. Sammlung Krafft. Foto: Ebd.

113 (oben) Derselbe Dünnschliff in natürlichem Licht. Ebd.

114 (oben) Der Lavasee des Kilauea im Jahre 1887. Gemälde von J. Nawahi. Ebd.

114 (unten) Vulkan Merapi. Lithographie; aus: Beschreibung der Insel Java von J. Müller. Ebd.

115 Vulkanische Eruption des Mauna Loa, Sandwich Inseln (Hawaii). Stich von Palmer. Titelseite von The Illustrated London News, n° 1736, vol. LXI, 1872. Ebd.

116/117 Dämmerungs- und Abendroterscheinungen in Chelsea bei London, am 26. November 1883. Chromolithographie nach Zeichnungen von W. Ascroft; aus: The Eruption of Krakatau and subsequent phenomena von Symons G. J. (ed.), London 1888. Ebd.

116 (unten) Professor Palmieri's seismographischer Apparatus; aus: The Engineer, 7 Juli 1872. Foto: Ebd.

117 (unten) Ansicht des Krakatau während des anfänglichen Stadiums der Eruption. Lithographie nach einer Photographie vom 27. Mai 1883. Tafel I; aus: The Eruption of Krakatoa… a.a.O. Foto: Ebd.

118 (oben) Durch den bei der Eruption der Montagne Pelée von 1902 ausgelösten Brand von Saint-Pierre geschmolzenes Glas. Museum von Saint-Pierre. Foto: Krafft.

118 (unten) Die zur Küste hin gerichtete 'nuée ardente' (Glutlawine) vom 16. Dezember 1902. Photo von A. Lacriox. Tafel I; aus: La Montagne Pelée et ses éruptions, Paris 1904. Sammlung Krafft. Foto: Gallimard, Paris.

119 (oben) Alfred Lacroix, mit seiner Frau und seinen Mitarbeitern im Vallée Blanche an der Montagne Pelée. Ebd.

119 (Mitte) Alfred Lacroix. Zeichnung. Paris, Bibliothèque nationale.

120 (oben) Professor Thomas Jaggar. Foto: Gallimard, Paris.

120 (unten) Nach der Eruption der Montagne Pelée. Illustration; aus: Petit Parisien, 1902. Foto: Edimédia.

121 (oben) Gruppe von Beobachtern vor einer phreatomagmatischen Explosion des Kilauea auf Hawaii im Jahre 1924. Foto: Gallimard, Paris.

121 (unten) Das von dem Vulkanologen Th. Jagger erfundene Amphibienfahrzeug 'Honokai'. Hawaii, Vulkanologisches Observatorium. Foto: Ebd.

122 (oben) Menschen auf der Flucht vor dem Aschenregen des Vesuvs von 1906. Zeichnung von A. Beltrame. Titelseite der Zeitung La Domenica del Corriere vom 22. April 1906. Sammlung Krafft. Foto: Ebd.

122 (unten) Experimentelles Modell des Stromboli, in seinem Laboratorium vorgeführt von F. Perret; aus: Volcanological Observations von F. Perret, Washington, 1950. Ebd.

123 (oben) Der Vulkanologe Matteucci im Jahr 1906 auf der Eingangstreppe des Vesuvobservatoriums, die von den Aschen des Vesuvs bedeckt ist. Foto von F. Perret, Neapel. Ebd.

123 (unten) Frank Perret hört bei Pozzuoli in Italien unterirdische Geräusche an. Aus: The Vesuvius eruption of 1906, F. Perret, Washington 1924.

124 (oben) Die Auswirkungen der Druckwelle bei der gerichteten Explosion des Bandaisan im Jahr 1888. Druck. Sammlung Krafft. Foto: Ebd.

124 (unten) Der japanische Seismologe Professor Fusakichi Omori; aus der Zeitschrift für Vulkanologie, Band VIII, 1924-1925, Berlin. Ebd.

125 Die große Eruption des Bandaisan von 1888, mit Glutlawinen (nuées ardentes). Druck. Ebd.

126 (unten) Explosion des Mount St. Helens am 22. Juli 1980. Foto: Krafft.

126/127 Eruption des Eldfells auf der isländischen Insel Heimaey am 25. Januar 1973. Foto: Ebd.

127 (oben) Der zerstörte Wagen des Fotografen Reid Blackburn, der am 8. Mai 1980 in den heranrollenden Aschewolken des Mont St. Helens noch

in 12 km Entfernung vom Krater den Tod fand. Foto: Krafft.

128 Vulkanologen der „Équipe Vulcain" bei der Beobachtung von phreatomagmatischen Explosionen am Eldfell in Island, 1973. Foto: Ebd.

Zeugnisse und Dokumente

129 Plinianische Eruptionssäule des Mount St. Helens am 22. Juli 1980. Foto: Krafft.

130 Der Ätna. Stich aus Athanasius Kircher, Mundus Subterraneus, Amsterdam 1678. Sammlung Krafft. Foto: Gallimard, Paris.

136 Der Tod des Plinius. Stich von Laudon. Paris, Bibliothèque nationale. Foto: Ebd.

142 Titelblatt der Originalausgabe von Hamiltons „Beobachtungen über den Vesuv, den Ätna und andere Vulkane in Briefen an die Kgl. Großbr.Gesellschaft der Wissenschaften. Aus dem Englischen. Berlin bey Hande und Spener, 1773. Sammlung J. Keller.

145 Ausbruch des Vesuvs im Jahre 1767 wie derselbe von Torre dell Annunziata her anzusehen war. Stich; aus: William Hamilton, Beobachtungen über den Vesuv… Ebd.

147 Zerstörung Torre del Grecos nach dem Vesuvausbruch von 1794; aus: „The Gentleman's Magazine", Mai 1822. Foto: Gallimard, Paris.

149 Basalte bei Saint-Flour. Stich. Paris, Bibliothèque nationale.

151 Felsberg, ein auf einem Basalthügel in Hessen gelegenes Schloß von Rudolf Erich Raspe 1769 gezeichnet. Stich; aus: „Nachrichten von einigen Niederhessischen Basalten, besonders aber einem Säulen-Bastaltstein-Gebürge bei Felsberg, und Spuren eines verlöschten brennenden Berges am Habichtswalde über Weissenstein nahe bei Cassel". Deutsche Schriften der Kgl. Societät der Wissenschaften in Göttingen 1771.

153 Porträt Abraham Gottlob Werners. Ölbild von Müller-Steinla im Mineralogischen Institut der Bergakademie Freiberg. Reproduktion bei J. Keller mit freundlicher Genehmigung der Bergakademie.

156 Johann Wolfgang von Goethe in der Campagna. Gemälde von Johann Heinrich Wilhelm Tischbein. © Archiv für Kunst und Geschichte, Berlin.

157 Durch Gletscherschliff angeschnittene Basaltsäulen bei Kirkjubaejarklaustur, Südisland. Foto: Jörg Keller, Freiburg.

160 Naturalistische Expeditonen am Vesuv nach einem zeitgenössischem Kupfer von 1834. Sammlung Krafft. Foto: Gallimard, Paris.

162 Der Krakatau nach dem Ausbruch 1883. Stich; aus: N. W. Meyer, Von St. Pierre bis Karlsbad. Studien über die Entwicklungsgeschichte der Vulkane. Allgemeiner Verein für Deutsche Literatur, Berlin 1903. Sammlung J. Keller.

167 Ausbruch des Krakatau 1883. Stich; aus: Von St. Pierre bis Karlsbad. Ebd.

172 Saint-Pierre auf Martinique nach der Eruption der Montagne Pelée von 1902. Sammlung Krafft.

174 Glutwolke (nuée ardente) am Vulkan Augustin in Alaska August 1986. Foto: Krafft.

175 Montagne Pelée über St. Pierre. Foto: Jörg Keller, Freiburg.

177 Vesuveruption am 23. März 1944. Foto: Imperial War Museum, London.

179 Verwüstete Wälder nach dem Ausbruch des Mount St. Helens. Foto: Krafft.

180 Mount St. Helens, 1984. Foto: Ebd.

182 Ausbruch des Unzen auf der japanischen Insel Kyushu am 3. Juni 1992. © Keystone, Hamburg.

184 Caldera des Pinatubo, aufgenommen am 4.11.1991. © dpa, Frankfurt.

186 Erdbebenschema am Piton de la Fournaise. Dokument des JPGP. Foto: Gallimard, Paris.

188/189 Karte der weltweiten Verbreitung der Vulkane. © Hachette/Krafft.

193 Catania und Ätna während des Ausbruchs von 1669. Stich; aus: L. Spallanzani, Viaggi alle due Sicilie e in alcune parti dell'Appennino (1792).

196 Ein Beispiel für frühen Vulkantourismus. © Gallimard, Paris.

197 Der Abstieg. Vignette von Riou zur „Reise zum Mittelpunkt der Erde" von Julien Verne. Edition Hetzel.

198 Der majestätische Geysir. Vignette von Riou. Ebd.

199 Das Floß auf den Lavawogen. Vignette von Riou. Ebd.

201 Auf dem Gipfel des Stromboli. Vignette von Riou. Ebd.

204 Lavasee des Kilauea. Zeichnung von Lauderbach aus „Scribners Monthly".

219 Krater des Mount St. Helens nach dem Ausbruch 1980. Foto: Jörg Keller, Freiburg.

Register

Inhalt